船舶管理理论与安全探索

游军伟 王 琪 李 刚◎著

经济日报出版社

北京

图书在版编目（CIP）数据

船舶管理理论与安全探索 / 游军伟，王琪，李刚著
. -- 北京 ：经济日报出版社，2025.3
ISBN 978-7-5196-1449-2

Ⅰ．①船… Ⅱ．①游… ②王… ③李… Ⅲ．①船舶管
理－安全管理－研究 Ⅳ．①U692

中国国家版本馆CIP数据核字(2024)第013416号

船舶管理理论与安全探索

CHUANBO GUANLI LILUN YU ANQUAN TANSUO

游军伟　王　琪　李　刚　著

出版发行：经济日报出版社

地　　址：北京市西城区白纸坊东街 2 号院 6 号楼

邮　　编：100054

经　　销：全国各地新华书店

印　　刷：廊坊市博林印务有限公司

开　　本：787mm×1092mm　1/16

印　　张：12.5

字　　数：242 千字

版　　次：2025 年 3 月第 1 版

印　　次：2025 年 3 月第 1 次

定　　价：78.00 元

前　言

　　船舶安全管理是指一切能够保障船员及乘客安全、防止船舶和货物出现损失，以及防止海上出现污染的安全管理活动，主要内容包括安全管理体系的建立和执行、船舶维修保养、船舶性能和技术安全、船员安全素养的提高、船舶安全监督管理等一系列活动。船舶安全管理工作要结合具体的船舶情况、作业内容，组织协调好船员、物资、设备等资源，分析可能存在于人、机（物）、环境、控制等方面的安全问题，提早发现，提早采取措施，提早解决，避免各类险情、事故的发生，以达到保障船舶船员安全的目标。

　　本书从船舶理论与类型基础介绍入手，针对船舶建造工作危害性、船舶生产通信与交流及生产团队管理作了分析，同时对船舶安全用电、电子电气管理以及机舱资源管理策略进行了研究、对船舶食品保障与管理作了阐述，本书还对船舶网络安全管理与引航员安全、船舶安全消防与环保管理以及船舶应急部署与海事调查处理作了深入研究并提出了一些建议。本书在编写中注重系统性和实用性，面向社会需求，力求简明扼要、通俗易懂，有较强的针对性、适用性和先进性，对船舶管理与安全管理的应用有一定的借鉴意义。

游军伟　王　琪　李　刚

2024 年 9 月

目　录

第一章　船舶理论与类型

第一节　船舶定义及分类

一、船舶定义

船舶是水上、水面及水中的运载工具的统称，船又有舟、舫、舶、舰、艇、筏、排等名称。

舟——古时与"船"通用，现仍偶有应用，如独木舟、浮桥舟等。

舫——古时指两船并联为一体的船。在我国古代曾广泛使用，后来一般泛指小船，如画舫、游舫等。

舶——原意为航海大船，有时又指外国海船。

舰——正常排水量在 500t 以上的军用船，有时又为"军舰"的简称。

艇——古时对一种轻快小船的称谓，后沿用来称呼小船，如游艇、快艇、救生艇等。在军用船中常指正常排水量在 500t 以下的船。唯潜艇，不论其吨位大小，习惯上均称艇。

筏——用竹或木等并排绑扎而成的水运工具，按材料不同可分为木、竹、皮、草、罂、芦粟等，能通过很浅的急流或落差较大的航道。现代救生筏常用橡胶制成。

排——用竹或木等并排绑扎而成。在流放时，既可作为运输工具，同时也完成将其本体（竹或木）运送到目的地的任务。

船舶是一种既古老又现代的水上运输、作战、作业的工具。船舶发展有着悠久的历史，自独木舟起，经历了从木板船到钢铁轮船的历程。船舶动力设备也由最初以人力为动力的篙、桨、橹发展到以风力为动力的帆，再发展到使用机器。船舶的种类繁多，千姿百态、各式各样的船舶活跃在广大的江河湖海之中。

二、船舶类型

船舶是指能航行或停泊于水域内，用以执行作战、运输、作业等任务的运载工具，是各类船、舰、舢板、筏及水上作业平台等的统称。通常按某种共同特征来划分，一般有如下几种分类方法。

（一）按船舶用途分类

按船舶的用途进行分类是最常用的一种分类方法，总的来说可将船舶分为军用舰艇和民用船舶两大类。

1. 军用舰艇

按基本使命和任务可分为如下几类。

（1）战斗舰艇

如航空母舰、巡洋舰、驱逐舰、护卫舰、潜艇、鱼雷艇、导弹艇及布雷、扫雷舰艇等。

（2）登陆舰艇

指运送部队和武器装备到敌岸登陆的舰艇，有大、中、小型之分。

（3）辅助舰船

即担负后勤保障任务的各类舰船，如训练舰、补给舰、侦察船、医院船、供应舰、浮桥舟等。除此之外，也有将军用舰艇分为战斗舰艇与辅助舰艇（即非战斗舰艇）的分类方法。

2. 民用船舶

根据用途不同可分为如下几类。

（1）客船

是指专门用于运送旅客及其所携带的行李和邮件的船舶。通常多为定期定线航行，故亦称"班轮"。客船的特点是：具有多层甲板的上层建筑，用于布置旅客舱室；设有较完善的餐厅和卫生娱乐设施；具有较好的抗沉性，一般为"二舱不沉制"或"三舱不沉制"；配备有足够的救生、消防设施；航速较快和功率储备较大。

（2）货船

用于运载旅客和货物的船舶，又称商船。作为运输工具，货船同其他运输方式所用工具相比，优点是运载量大，营运成本低。

（3）运输船舶

是指运送旅客与货物的船舶，有客船、客货船及货船之分。货船根据运输货物的不同又分成杂货船、油船（包括原油及成品油船）、散货船（如谷物、矿砂、煤、水泥等）、集装箱船、滚装船（包括车辆渡船）、载驳船、拖船与推船、液化天然气（石油气）船、化学品船、运木船、冷藏船以及各种多用途船等。

（4）工程船舶

是指从事水上工程作业的船舶，包括挖泥船、打桩船、起重船、打捞船、布缆船、救助拖船、浮船坞、测量船、破冰船等。

（5）渔业船舶

是指专门从事渔业生产的船舶，以及属于水产系统为渔业生产服务的船舶。包括各种捕捞船（如拖网渔船、围网渔船、钓渔船、捕鲸船、灯光渔船等）及渔业辅助船（如水产加工船、水鲜冷藏运输船、渔政船等）。

（6）港务船

是指各种专门从事港务工作的船的统称，也称"港作船"。包括港作拖船、引水船、航标船、港监船、供油船、供水船、消防船、交通船、带缆船、检疫船、浮油回收船、粪便处理船、水面清扫船及趸船等。

（7）海洋调查船及深潜器

包括近海调查船、远洋调查船、载人潜水器、无人潜水器等。

（8）海洋钻井平台

包括固定式平台、移动式平台等。

（二）按航区分类

以航行区域划分，通常分为海洋船舶和内河船舶两大类。海洋船舶简称"海船"，主要分为远洋船与沿海船，此外还有海峡船、极地船等。内河船舶是航行于江、河、湖泊船舶的统称，其中也包括了急流浅滩船。

（三）按航行方式分类

按航行方式划分，通常分为排水型船、半潜船、潜水船、滑行船、气垫船、水翼船、地效应船等。

（四）按有无自航能力分类

按有无自航能力划分，通常分为机动船、非机动船及机帆船等。

（五）按推进动力分类

按推进动力划分，通常分为蒸汽机船、内燃机船、汽轮机船、电力推进船、核动力船、人力船及帆船等。

（六）按推进器形式分类

推进器是将能量转换为推动船前进的动力装置，按此划分，船舶分为螺旋桨船、平旋推进器船、明轮船、喷水推进船、喷气推进船、空气螺旋桨船；按螺旋桨数目划分有单桨船、双桨船、三桨船等。

（七）按上层建筑形式分类

按上层建筑形式划分，通常分为遮蔽甲板船、长首楼船、长尾楼船、长桥楼船等。

（八）按建造材料分类

按建造材料划分，通常分为钢船、木船、铁木船、铝合金船、玻璃钢船（艇）、水泥船、皮船（艇）等。

（九）按机舱位置及连续甲板层数分类

按机舱位置及连续甲板层数划分，通常可分为中机型船、尾机型船、中尾机型船以及单甲板船、双甲板船、多甲板船等。

三、运输船舶的发展趋势

根据 20 世纪 50 年代以来运输船舶发展的现实状况，可以把运输船舶发展趋势归纳为大型化、高速化、自动化（智能化）、专业化、节能与环保化五个阶段。这些归纳只能从总的概念上来理解，它表示了造船的总趋势，与小型船舶的建造并不矛盾。

（一）大型化

总的说来，现代造船技术的发展将能造出越来越大的船舶。目前，散货船已由"灵便型"（2 万~4 万 t 级）向"巴拿马型"（6 万~7 万 t 级）过渡，全世界最大的油轮与矿砂运输船的载重量都超过了 40 万 t（相当于 6 艘航母的排水量）；集装箱船方面，船舶载箱量大幅提高。

船舶大型化是提高经济效益、降低单位运输成本和单位造价的必然要求。但船舶的大型化受到以下条件的限制：

1. 航道、港口条件的限制

其中最主要的是港口水域及航道水深的限制。集装箱船大型化对港口水深也提出了更高的要求。大型船舶还需要更加宽阔的专供船舶和超长悬臂浮吊调转船头的水域。

2. 航程要长

航程短的航线因装卸货等停港时间相对较长，大吨位船的优势不能很好体现出来。

3. 货源要充沛

如货物积聚的速度较慢，大型船舶停港待货时间过长会影响船舶的经济性。虽然大型船舶以油船及散货船居多，而集装箱船的大型化发展迅速，这得益于其发达的揽货网络的建设。但随着近年海运贸易增速的放缓，超大型集装箱船出现过剩现象。

4. 码头作业效率

大型船舶要求挂靠港口高效地进行船舶装卸作业，以便提高船舶周转效率，发挥大型船舶的营运成本优势。近年来，有关港口为适应大型化船舶的作业效率要求做了大量工作。

新添置的岸边集装箱起重机除了性能提高以外，最主要的是可以适应船舶大型化的需要。

新添置的岸边集装箱起重机工作速度高，采用的高科技设备多，便于操作员操作，性能和作业效率普遍高于原有在役的岸边集装箱起重机。除此之外，还采用了新型装卸工艺来提高集装箱码头船舶作业效率。其中新型的集装箱装卸工艺有底盘车列与轮胎式龙门起重机的配合，自动导向车系统（AGVS），移箱输送机与轨道式龙门起重机的配合，挖入式港池作业方式等。

（二）高速化

提高船舶的航速一直是造船科学研究的主要任务之一。总的趋势是船舶速度在不断提高，这也表示了造船、造机水平的提高。由于船舶的装载量大，在低速范围内较其他运输工具的经济性高，加之地球上水域面积辽阔，因此船舶仍具有十分广阔的发展前景。

应该指出的是，高速化是就整个船舶的发展而言的，对具体的某艘船来说，速度快的船不一定就是好船，船舶营运的经济性对航速影响很大。

（三）自动化（智能化）

由于信息技术、通信技术等高新技术的应用，船舶自动化程度不断提高，"智能化船舶"应运而生。所谓"智能化船舶"是一种全自动化、全电脑化的船舶，其操纵和管理系统将由中心计算机统一指挥。该中心计算机可由船上人员控制，也可由地面控制站通过卫星通信进行监控和指挥。必要时，地面控制站还能向中心计算机发布和修改指令，直至改变航行计划。"智能化船舶"是以轮机、导航、装卸、船体运动监控、船舶航运和管理等全面实行自动化为目标。它的主要特点是可靠性高，船上采用高标准设施，可减少船员，优化运输条件。

（四）专业化

为适应特种货物贸易的进一步发展和应对高成本的市场竞争，常规船型逐步向技术先进、营运效率高的专用船型发展。比较典型的例子是兼用船及客货船建造比例的大幅下降，以及全集装箱船队、液化气船队等专业船队的快速发展。

从航运市场的角度来看，开展专业化运输有利于以密集型技术取代昂贵的劳动力，从而增加收入，提高效率。从造船角度来看，造价高的专用船型可在一定程度上弥补产量的不足。这就是常规船型向专用化发展的市场吸引力。为了满足特种货物日益增长的运输需要，液体化学品、散装水泥、成套设备、浆状散货、汽车等运输船型的发展十分引人注目。西欧地区的大多数船队都趋向于以技术密集型的高附加值专用船型取代常规船型。

（五）节能与环保化

节能即整个船型以降低能源消耗、提高能源综合利用效率为目标，这是从能源危机发生以后开始的。

船舶的节能措施大体包括以下几方面的内容：提高动力装置的热效率（动力装置节能）；采用低阻力的优秀线型，改善船舶线型（采用球首、球尾等）；提高螺旋桨效率，采用超低速大直径螺旋桨、风帆等。

第二节　典型的运输船舶

运输船舶是指载运旅客与货物的船舶，通常又称为"商船"。在几千年的船舶发展史中，其大致经历了舟筏、木帆及蒸汽机船这三个阶段，目前正处于以柴油机为主要动力的钢船时代。随着世界经济的发展，现代运输船舶已形成了种类繁多、技术复杂及专业化程度高的运输船舶体系。

运输船舶按照运载物的性质分类，可分成客船和货船两大类。客船通常按航行区域划分为远洋船舶、近海客船、沿海客船和内河客船等，货船通常包括干货船、液货船等。下面按用途介绍几种目前广泛使用的运输船舶。

一、客船

客船是用来载运旅客及其行李并兼带少量货物的运输船舶，一般定班定线航行。凡载客超过 12 人的海船须按客船标准进行设计及配备。严格地讲，载客超过 12 人者均应视为客船，不论是否以载客为主。

对客船的要求首先是安全可靠，其次是具有良好的适航性和居住条件以及较快的航速。远洋客船的排水量一般都在万吨级以上，近海客船的排水量为 5000～10000t，沿海客船的排水量一般在 5000t 以下，内河客船则更小一些。

为了保障旅客的安全，客船上按规定应配备足够的救生设备，如救生艇、救生筏、救生圈和救生衣等。消防也有严格的规定，客船上的舱室设备、家具和床上用品等须经防火处理。此外，客船上还要求装备完善且高效的通信设备、照明设备，并设有空调系统。为了减少客船在海洋中航行时的颠簸，船上一般还装有减摇水舱或防摇鳍等减摇设施。

客船外型美观、大方，多数船首和船尾呈流线型。上层建筑庞大，有的多达 7~8 层甲板，一般内河客船也有 5~6 层甲板。上层建筑内除布置住舱外，还有供旅客用的餐厅、酒吧、舞厅、诊疗室、阅览室和卖品部等服务性舱室，有宽敞的甲板走廊供旅客活动，大型远洋客船还设有露天游泳池和室外运动场。

中小型沿海客船的航速一般为 16~18kn，大型高速客船的航速达 20kn 以上。

客船与其他交通工具相比，具有客运量大、费用低、安全性好、旅客所占用的活动空间大等优点。但自大型远程航空客机迅速发展起来以后，航空客机已渐渐取代了远洋客船。现在一些豪华的远洋客船仅作环球旅游之用了。

为适应市场需求，客船正向游船、车客渡船方向发展。

游船是在 20 世纪 60 年代兴起的，供旅游者旅行、游览之用。其船型各异，吨位差别较大，船上设备齐全，能为旅客提供休息、疗养、娱乐等综合服务。

车客渡船除载客外，还能同时载运一定数量的旅客自备汽车，是滚装船的一种。这种船舶在西方发达国家较为多见。

二、干货船

干货船是用于装载各种干货的船舶。常见的干货船主要有杂货船、集装箱船、散货船、滚装船、载驳船（子母船）、冷藏船及运木船等。

（一）杂货船

杂货船是一种用于载运各种包装、桶装以及成箱、成捆等件杂货的船舶，在运输船中占有较大的比重。

杂货船具有 2~3 层全通甲板，根据船的大小设有 3~6 个货舱。甲板上有高出甲板平面的舱口围壁所形成的货舱口，上面设有水密舱口盖，一般可自动启闭。甲板上有时也装有不超过 10% 载货量的甲板货。在上甲板货舱口两端设有吊杆或立式塔形吊车，用于装卸货物。有的杂货船还备有 1~2 副重型吊杆，用于装卸大件重货。机舱设在船舶的中部或尾部。前者有利于调整船舶纵倾；后者可增大载货容积，但空载时有较大的纵倾。

杂货船底部常采用双层底结构。双层底内部划分成格栅形的舱室，能阻止船底破损后海水进入货舱，并可增强船体强度。双层底的内部空间可用作压载水舱、清水舱及燃料舱。在船的首尾分别设有首尾尖舱，以防船舶首尾端部碰撞破损时海水进入大舱，起到保证船舶安全的作用，并可作为淡水舱或压载水舱，供贮存淡水和调节船舶纵倾之用。为了进一步提高对各种货物的适应能力，新的杂货船还尽量设计成多用途型船，以便既能运送普通件杂货，也能兼运散装货、大件货、部分集装箱以及冷藏货等。这种船也被称为"多用途船"。

杂货船一般没有固定的航线和船期，而是根据货源情况及货运需要航行于各港口之间，除载运普通件杂货外，也可载运散装货或大件货等。杂货船既有航行于内河的数百吨的小船，也有从事远洋国际贸易的载重量为 2 万 t 级以上的大船。杂货船的营运不追求高速，而注重经济性和安全性，要求尽量多装货物，提高装卸效率，减少船员人数和保证航行安全。

由于集装箱运输的蓬勃发展，近年来杂货船已少有建造。现营运的杂货船已改造成集装箱船或发展成提供载运重、长、大件货运输的特种船。

（二）集装箱船

集装箱船是以载运集装箱为主的专用运输船舶，可分为全集装箱船及半集装箱船两种。

所谓全集装箱船，是将全部货舱及上甲板都用于装载集装箱。而半集装箱船则只有部分舱室用于装载集装箱，其余货舱则用来装运件杂货。

半集装箱船由于集装箱与件杂货混装于一船，有时既需停靠集装箱码头又需停靠杂货码头进行装卸作业，因此与全集装箱船相比，半集装箱船营运效率较低，也增加了港口使用费。但是对于那些适箱货源不足而有大批钢材等重件货的航线或港口设施不能装卸全集装箱船的航线，半集装箱船有其独特的优势。在世界船队中，半集装箱船的比重逐年下降，仅在某些特殊航线中采用。

集装箱船在船型与结构方面与常规杂货船有明显的不同。它的外形瘦长，通常设置单层甲板，上甲板平直，设有巨大的货舱口，舱口宽度可达船宽的 70%～80%。机舱及上层建筑通常位于船尾，以留出更多的甲板面积堆放集装箱。甲板及货舱口盖上设有固定的绑缚设备，甲板上可堆放 2～6 层集装箱，货舱内部装有固定的格栅导架，以便于集装箱的装卸和防止船舶摇摆时货箱的移动。根据船舶大小，舱内可堆放 3～9 层集装箱。货舱舷部一般做成双壳体，这对船舶的强度和航海性能都是有利的。集装箱的装卸通常是用岸上的专用起重机和集装箱装卸桥来进行的，因此，绝大多数的集装箱船上不设起货设备。

集装箱船由于装卸效率高、船舶停港时间短，为加快船舶周转，要求其具有较高航速，通常为20~30kn，高的可达33kn以上。甲板上装载集装箱对船舶稳性有较高要求。

（三）散货船

散货船是指专门用于载运粉末状、颗粒状、块状等非包装类大宗货物的运输船舶。属于这类船舶的主要有普通散货船、专用散货船、兼用散货船以及特种散货船等。

1. 普通散货船

普通散货船一般为单甲板、尾机型，货舱截面呈八角形。由于所运货物种类单一，对舱室的分隔要求不高，加之各种散货比重相差很大，因此散货船的货舱容积较大，以满足装载轻货的要求。如需装载重货时，则采用隔舱装载的办法或大小舱相间的布置方式。

散货船的船体结构较强，以适应集中载荷的需要。此外，在有大吨位散货船航行的港口、码头上都有相应的装卸设备，所以载荷4万吨以上的散货船一般都不设起货设备，尤其是在特定的港口间进行专线运输的散货船。

2. 专用散货船

专用散货船是根据一些大宗大批量的散货对海上运输技术的特殊要求而设计建造的一种散货船，主要有运煤船、散粮船、矿砂船以及散装水泥船等，它们各自的特点如下：

运煤船的船型最接近于普通散货船，船上设有良好的通风设备，以防止煤发热自燃。

散粮船的舱容系数比普通散货船大，因为散装粮食的积载因数较大。散装粮食在船舶航行中会逐渐下沉，为限制其自由面效应，一般都将散粮船的货舱口围壁加高，并缩小货舱口尺度，使货物沉降后的表面积限制在舱口范围内。

矿砂船对货舱的容积要求不大，因矿砂的积载因数较小，但载荷较集中。为适当提高货物重心，改善船舶性能，有利于货物装卸，常将双层底抬高，且货舱两侧设纵向水密隔壁，使货舱剖面呈较小的矿斗形，这样船体结构强度也较强。

散装水泥船的甲板上不设置吊杆式起货装置，但为方便装卸水泥，设有气动式或机械式的水泥装卸设备。为防止散装水泥飞扬、水湿结块，因此货舱口较小，且船中部设有集尘室或舱盖上装有空气过滤器，上甲板和货舱口严格水密，有些船还采用双层舱壳或在船舱内设水密隔壁。

3. 兼用散货船

兼用散货船是根据某些特定的散货或大宗货对海上运输技术的特殊要求设计建造的，是一种具有多种装运功能的船舶，它们各自的特点如下所述。

车辆-散货船：这类船舶装有若干层悬挂式或折叠式车辆甲板，配以轻便的舱盖，用于装载汽车。车辆甲板一般呈网格式花铁板结构，以减轻重量。当装载散货时，可将舱盖吊到甲板上，并将车辆甲板收起悬挂在主甲板下或折叠起来紧贴在横舱壁旁。

矿-散-油兼用船：这类船舶吨位都比较大，舱容丰富，中间为矿砂或其他货舱，开有大舱口，能方便抓斗上下；两侧为油舱，能利用回程在矿砂、散货贸易的淡季装油，以提高船舶的营运经济性。此外，根据货源情况，这类船舶常见的还有矿-油兼用船和散-油兼用船等。

4. 特种散货船

特种散货船是一种专门设计用于运输特定类型散装货物的船舶，它们通常具备一些特殊的设计和功能以适应特定的运输需求。例如，某些特种散货船可能具有较大的货舱口和起货设备，使其能够装载木材、钢材、橡胶、机械设备、新闻纸以及集装箱等多样化的货物，展现出极强的适应性。此外，还有自卸散货船，这类船舶装有自动卸货系统，能够在没有港口设施的情况下快速自动卸货，适合运输矿砂、粮食、煤、水泥、化肥等散货。特种散货船的设计和功能多样化，以满足不同散装货物的运输需求，提高运输效率和安全性。

特种散货船分为大舱口散货船、自卸散货船和浅吃水肥大型船。

大舱口散货船：这类船舶的货舱口宽度达船宽的70%以上，并装有起货设备，既能装载散货，也能装载木材、钢材、橡胶、机械设备、新闻纸以及集装箱等，适应性很强。

自卸散货船：是一种具有特殊货舱结构并且自身装有一套自动卸货系统的运输船舶。它不必依赖港口设施就可进行集中操纵和快速自动卸货作业，适合于运送散装的矿砂、粮食、煤、水泥、化肥等。大功率自卸系统的卸货速度为 6000~10000t/h，有的甚至高达20000t/h，大大缩短了港口卸货时间。自卸散货船在多港口卸货和海上转运散装货物中显示出了它的优势。

自卸散货船所采用的自卸系统是重力递送皮带输送机，通常货舱底部装有液压操纵底门，底门下方是皮带输送机。底门的作用是控制送往输送皮带散货的流量，有的底门上还装有格栅，用以控制货块的大小。货物靠自重通过底门下落到输送皮带上后，被送至船舶的一端（首端或尾端），然后由提升机将散货送到主甲板，再由悬臂式输送机直接将货物送到岸上的接收点。悬臂式输送机的臂长有的可达75m，并能转变方向，这样便可把货物送到岸上的可移动斗式皮带输送系统中，也可送到其他沿海货船或驳船上。

自卸散货船采用了自动化卸货设备，增加了船舶的造价和重量，为此必须通过提高卸货效率来减少卸货费和加速船舶周转来获得良好的经济效益，这种船适用于航程较短及卸货港口设备较差的航线。

浅吃水肥大型船：是在船型向大型化发展过程中出现的一种船舶，与普通货船相比，在吃水不变的情况下，增加船宽。采用较大宽吃水比的办法来提高载重量，从而大大提高船舶的经济性，主要适用于港口和航道水深受限制的水域，也是发展江海联运的首选船舶。

（四）滚装船

滚装船是把装有集装箱及其他件货的半挂车或装有货物的带轮子的托盘作为货运单元，由牵引车或叉车直接进出货舱进行装卸的船舶。滚装船是从汽车轮渡发展起来的一种专用船舶。使用滚装船运输货物，能大大提高装卸效率，加速船舶周转，并有利于水陆直达联运。

滚装船上甲板平整全通，上甲板下有多层甲板。各层甲板之间用斜坡道或升降平台连通，便于车辆通行。上层建筑位于船首或船尾，载货甲板面积较大。机舱在尾部主甲板下，烟囱位于两舷。有的滚装船甲板可以移动，便于装运大件货物。滚装船在尾部、首部或舷侧设有开口，开口处的水密门有的兼做跳板，有的则另设跳板，以实现船岸的滚上滚下装卸作业。铰接式跳板一般以 35°~45°角斜搭到岸上，航行时跳板可折起。

滚装船由于结构及装卸作业等原因，它的稳性变化较大。为解决船舶倾斜和摇摆的问题，需设置足够的压载及减摇装置。此外，由于车辆在舱内大量排放废气，要具备大功率的通风设备。

（五）载驳船（子母船）

载驳船是一种用来运送载货驳船的运输船舶，又名"子母船"。各种货物或集装箱装到规格统一的驳船上（子驳），驳船在港内（码头或锚地）装完货后，用母船的起重设备装到母船上，母船把子驳运至目的地后，卸下子驳。子驳可被拖运至母船无法通行的航道和无法停靠的码头，卸下货物或集装箱，装上回程货物及集装箱，被拖船拖至指定水域，然后再将子驳装到载驳船上，运往目的地。

目前，载驳船主要有以下几种类型。

1. 拉希型载驳船（LASH）

拉希型载驳船又称为"普通载驳船"，是数量最多的一种载驳船。单层甲板，无双层底，舱内为分格结构，每一驳格可堆装四层子驳，甲板上堆装两层。为便于装卸驳船，在甲板上沿两舷设置轨道，并有可沿轨道纵向移动的门式起重机，以便起吊子驳进出货舱。

2. 西比型载驳船（SEABEE）

西比型载驳船又称为海蜂式载驳船，是一种双舷、双底、多层甲板船。甲板上沿纵向设运送子驳的轨道，尾部设升降井和升降平台（升降机），其起重量可达 2000t。子驳通过尾部升降平台进出母船，而不是用门式起重机吊装进出母船，当子驳被提升至甲板同一水平面后，用小车将驳船滚动运到指定位置停放。西比型载驳船载运的驳船尺寸比拉希型载驳船大。

3. 巴卡特型载驳船（BACAT）

上述两类是载驳货船中的主要船型，且都是 4 万 t 级的大型船舶。后来又发展了一种名为巴卡特的小型载驳货船。它的船型特点是单首、双体、双尾（尾部是燕尾叉开形式），因此又称为"双体载驳船"，装卸方式与西比型相同。船舶上甲板可装载巴卡特型驳船 8~10 只，双体间的隧道中可绑拖 3 只拉希型驳船，载驳总数为 13 只，属小功率低速小型船舶。这种船型始创于英国，主要用于英国及欧洲内河作为支线集散，故未得到普遍推广。

4. 巴可型载驳船（BACO）

巴可型载驳船又称"浮坞式载驳船"，其主要特点是：子驳进出母船既不是用门式起重机吊进、吊出，也不是用升降平台升降进出母船，而是利用载驳船（母船）沉入一定水深，用浮船坞方式将驳船（子驳）浮进、浮出进行装卸和运输。

载驳船的主要优点是装卸效率高，运输成本较低，不需占用码头泊位，主要缺点是船舶造价较高，子驳深入内地河流导致管理较困难。

（六）冷藏船

冷藏船类似于一个能够航行的大冷库，是使易腐货物处于冻结状态或某种低温条件下进行载运的专用船舶。

因受货源限制，专用冷藏船吨位不大，常见吨位为数百吨至数千吨。为提高冷藏船的利用率，目前常设计成能兼载集装箱和其他件杂货的多用途冷藏船，吨位可达 2 万 t。

冷藏船与一般货船的主要区别如下：冷藏船的货舱为冷藏舱，冷藏舱常分割得较小，每个舱室都构成独立的、密闭的绝缘载货空间，以满足不同货种对温度的要求；为防止货物堆积过高而压损货物，冷藏舱的上下甲板间或甲板与舱底之间的高度较小；冷藏舱舱壁与门、盖之间对气密性要求很高，并要覆盖良好的绝热材料，如泡沫塑料、铝箔等，以阻滞热流传递；舱内需有良好的防潮设备，使相邻货舱互不影响、互不干扰；冷藏船上需装备高效的制冷机组，当采用多级制冷时还包括盐卤冷卸器、冷风机等设备；冷藏设备应保证船舶在摇摆、振动以及高温、高湿条件下能正常运行，与海水、盐雾等接触处的机械零部件要采取防腐措施。冷藏舱温度范围为 $-25 \sim 15℃$，根据不同货种选用适宜的温度。

为了减小在装卸和航行过程中对舱室温度的影响，货舱口设计得比较小。也有的冷藏船在舷侧开有绝热的舷门，以便加快货物的装卸速度。

三、液货船

液货船是指专门用于运输液态货物的船舶。它在现代商船队伍中占有很大的比例。液货船主要包括油船、液化气船和液体化学品船等。

（一）油船

油船是一种专门用于载运散装石油及成品油的液货船。因此，一般油船分为原油船和成品油船两种。就载重吨位而言，油船位列世界第一。

由于油船载运的是易挥发、易燃烧和爆炸的危险货物，这就决定了油船在构造、设备以及营运方面必须考虑到防火、防爆、防污染等要求，各国政府及世界海事组织为此专门制定了一系列安全规章，以保障油船安全及防止海洋污染。

油船多为尾机型船舶，以防止烟囱火星散落到货油舱区域而引起火灾。为防止石油在船体内部渗漏，货油舱区前后两端与首尖舱或机舱、泵舱之间须加设隔离舱；为满足防污染的要求，现代大型油船已多为双层底结构；油舱多设 1～3 道纵舱壁，以减少自由液面对船舶稳性的影响，同时也利于装载不同种类的石油。油船有专门的装卸油泵和油管，为了便于卸净舱底的残油，设有扫舱管系；为了降低重质货油的黏度以便装卸，设有加热管系。油船为单甲板，甲板上一般不设起货设备和大的货舱口。由于干舷较小，甲板上常设步桥，以便船员安全通行。

原油船的油种单一，吨位较大。由于货油批量较大和港口系泊技术的发展，因此需要原油船在航道许可的条件下尽可能大型化，以取得规模效益。成品油船受货物批量与港口设备条件的限制，一般比原油船小。由于成品油品种较多，为防止发生混装，船上装有较多的独立装卸油泵和管系。

一般情况下，VLCC 是指 20 万载重吨以上、不满 30 万载重吨的超大型油船；而 30 万载重吨以上的为 ULCC 巨型油轮；将 10 万载重吨级的油船称为"阿芙拉型油船"；将 1980 年以后，能满载中东原油、经由苏伊士运河运至欧洲的最大船型称为"苏伊士型油船"，通常载重量为 15 万～16 万 t。

（二）液化气船

液化气船是指专门装运液化气的液货船。这种船舶具备特殊的高压液货舱，先把天然气或石油气液化，再用高压泵打入液货舱内运输。液化气船分为液化天然气船（LNG 船）与液化石油气船（LPG 船）。由于天然气和石油气的液化工艺不一样，因此它们的运输方式也不一样。

1. 液化天然气船

液化天然气船是指专门运输液化天然气的船舶。液货舱采用能够承受低温而不致脆裂的镍合金或铝合金制造；液货舱与船体外壳间保持一定的隔离空间。根据液货舱的结构不同，液化气船分为独立储罐式和膜式两种。

独立储罐式：液货舱呈柱形、桶形、球形，储罐本身具有一定的强度和刚度，能承受液货作用在其上的载荷。船体构件仅对储罐起支持和固定作用。

膜式：采用双壳结构，船体内壳即为液货舱的承载体，在承载壳表面敷有一层由镍合金薄板或铝合金薄板制成的膜，它与低温液货直接接触，起到阻止液货泄漏的屏障作用，液货载荷通过膜、船体内壳及船体内外壳之间的绝热层传递到主船体。与独立储罐式结构相比，膜式结构的优点是舱室容积利用率高，结构重量轻。目前大多数 LNG 船都采用这种结构。

2. 液化石油气船

液化石油气船是指专门用来运输石油气的船舶。石油气可通过在常温下加压或在常压下冷冻达到液化。根据液化的方法不同，可分为压力式、半冷冻半压力式及冷冻式三种。

压力式液化石油气船是将几个具有耐压的储罐装在船上，在高压下维持液化石油气的液态。这种形式的液化石油气船构造简单，至今在 $6000m^3$ 以下的小型船上仍普遍采用。由于冷冻液化后所得的体积比加压液化后的体积要小 2%~6%，所以 20 世纪 60 年代初期出现了半冷冻半压力式液化石油气船，进而发展到冷冻式液化石油气船。这种船为双壳结构，液货舱用耐低温的合金钢制造并衬以绝热材料，容积大多在 $10000m^3$ 以上。船上设有气体再液化装置，可将蒸发后的石油气再液化后送回液货舱。

由于液化天然气船可兼运液化石油气，但液化石油气船却不能用来装运液化天然气，所以液化石油气船的大型化不如液化天然气船发展快，一般不超过 $100000m^3$。

液化气船的吨位通常用货舱容积立方米（m^3）表示，航速为 15~20kn。

（三）液体化学品船

液体化学品船是专门载运各种液体化学品，如醚、苯、醇、酸等的液货船。由于液体化学品一般都具有易燃、易挥发、腐蚀性强等特性，所以对船舶的防火、防爆、防毒、防泄漏、防腐等方面有较高的要求，通常设双层底和双重舷侧。又因液体化学品品种繁多，往往需要同船运输多种液体化学品，所以货舱分隔较多，以便运输，并且各舱有自己专用的货泵和管系。货舱内壁和管系采用不锈钢制作或抗腐蚀涂料保护，并且对货物围护和各种系统的分隔都有周密的布置。为了确保运输安全，国际上将液体化学品船按货种危险性的大小分成三类。

第一类是专用于运输危险性最大的货物的船舶，要求船舶具有双层底和双重舷侧，双重舷侧所形成的边舱宽度不小于 1/5 船宽，以防止船舶碰撞搁浅时液体泄出船外。

第二类是专用于运输危险性略小的货物的船舶，它在结构上的要求与第一类船舶相同，但边舱宽度可小于第一类船舶。

第三类是用于运输危险性更小的货物的船舶，其构造与油船相似。

第三节　其他类型船舶

民船中除了运输船舶外还有各类工程船舶、渔业船舶、工作船舶以及发展中的高性能船舶等。

一、工程船舶

工程船舶是从事水上专门工程技术任务的船舶的总称。工程船上装备有成套的工程机械装置以完成特定的工程施工，所以它们实际上是一座座水上浮动的工厂，担负着港口建设、航道疏浚、矿藏开采、水利工程、防险救助、海港通信、敷设作业等任务。下面是常见的几种工程船舶。

（一）挖泥船

挖泥船是一种借助机械或流体力的挖泥设备，挖取、提升和输送水下地表层的泥土、沙、石块和珊瑚礁等沉积物的船舶，主要用于消除航道与港口的泥沙淤积，是保证水上交通畅通的重要工程船舶。除此之外，挖泥船还被用来开挖水工建筑物（如码头、船坞、闸门等）的基础、开拓运河、修筑堤坝、填海造陆、采掘矿藏、围垦造田、敷设管道等。

通常，挖泥船的工作能力以每小时能挖多少立方泥土计算，按挖掘方式有耙吸式、绞吸式、抓斗式、铲斗式、链斗式等。此外，还有自航与非自航、设泥舱与不设泥舱等之分。

1. 耙吸式挖泥船

这种挖泥船大多是机动的大型挖泥船，作业时通过泥泵真空离心作用，泥耙挖起水底泥浆，经吸泥管进入泥泵后再注入自身泥舱，满舱后航行至卸泥区卸掉，或直接将泥浆排至舷外水域中，或将泥舱中泥浆用泥管再行吸出，通过排泥管吹填于陆地。

耙吸式挖泥船能独立完成挖—装—运—卸作业，船体大，抗风能力强，特别适合于开挖航道，在有潮水风浪的水域作业时更显示出优势。大型耙吸式挖泥船能在 $3\sim5m$ 波高的恶劣海况下工作，能边航行边挖泥，施工时基本不影响港口航道的使用。有自航能力，故调遣灵活方便，作业多种多样；对泥土的适应性强，能挖掘淤泥、黏土、沙壤土及各种沙土。

按泥耙位置不同，耙吸式挖泥船有中耙型、尾耙型、边耙型和混合耙型四种，新造的挖泥船大多采用边耙型。

2. 绞吸式挖泥船

绞吸式挖泥船上装有铰刀和泥泵，作业时用装在前端的铰刀旋转，将水底泥沙不断绞松绞碎，形成泥浆，再用强力的吸泥泵将泥浆吸入泥管，而后由排泥管排至岸上。

绞吸式挖泥船可以连续不断作业，效率高，经济性好，适宜于内河、湖泊、沿海港口航道和码头等水域施工，最宜挖掘沙、沙质土和泥。重型和大功率船还能挖掘硬质风化岩，但它对波浪的适应能力差，不宜挖掘砾石。

3. 抓斗式挖泥船

抓斗式挖泥船是用抓斗抓取水下的泥土进行挖泥作业的船。这种挖泥船大多数没有动力，不能自航，船上的设备简单，主要就是挖泥机，装于首部，大多只配一个抓斗。作业时利用抓斗的自重投入水中抓取泥土。由于作业时抓斗在一舷挖泥，常产生较大的倾侧，加上装满泥的抓斗升高，使船的重心上升，因此对船的初稳性要求较高。抓斗式挖泥船主要用来挖取黏土、泥和砾石。由于它只能一斗一斗地抓土，又不宜抓细沙、粉沙，故效率较低，因此不适合大规模和连续性挖泥作业。但它造价低，设备结构简单，换上不同的抓斗就可挖掘不同的泥质，甚至可挖掘爆破后的较大的石块。特别适合于狭小场所作业。其性能主要参数为斗容、挖深和生产量（m^3/h）。

4. 铲斗式挖泥船

此种挖泥船一般为非自航式，船体为箱形，船首部装有可旋转的铲斗机。船是靠首部与尾部定位桩进行作业定位的。铲斗式挖泥船利用铲斗挖掘硬土，也可挖掘碎石和砂卵石等。挖泥时，利用吊臂伸出的长柄铲斗伸入水底挖掘泥石，然后用绞机提升铲斗，将土石方卸于泥驳。它的优点是全部功率集中使用在一个铲斗上，可以进行特硬挖掘。这种挖泥船主要用于挖掘各种石块、重黏土和石质土壤，也适用于其他挖泥船不能承担的特殊挖掘任务，如清理围堰、拆毁旧堤、打捞沉物和消除水下障碍物等。铲斗式挖泥船还可以装置重锤进行碎石施工。

5. 链斗式挖泥船

链斗式挖泥船一般为非自航式，也有自航式，船体为箱形。挖泥时，利用无极旋转链上的若干铲斗连续挖泥。当链斗转至顶端时，斗口朝下，泥土落入泥驳中或由吹泥船吹上岸。

链斗式挖泥船的特点是对土质的适应能力较强，能挖掘除岩石外的各种土壤，对挖掘爆破后的碎石也较其他挖泥船有效。另外挖后水底平整，适用于海港和河港码头泊位、滩地、水工建筑基槽等规格要求较严的工程。但作业时需抛首尾锚和横移边锚，所占水域面积大，影响其他船航行，且施工时需要的辅助船只多，噪声大。

（二）起重船

起重船又称"浮式起重机"，俗称"浮吊"。起重船是甲板上装有起重设备，专供水上起吊重物用的船。起重船可用于港口建设、水工建筑、水下打捞、水上安装、港口锚地装卸和海洋开发等工作。起重船通常有两种形式：一种是固定式，另一种是旋转式。固定式起重船的吊杆可变幅，但不能转动，转动时需要靠拖船带动，用于打捞沉船以及钻井平台和大型水下工程施工等。旋转起重船的吊杆可转动、变幅，适合港口、码头起卸货物，修造船中搬运和安装大型机械以及需要旋转、变幅频繁作业的场合。起重船多为非机动船，作业时需要拖船配合。起重吊杆一般都有两副吊钩：一副是主吊钩，另一副是副吊钩。

（三）浮船坞

船坞是供造船、修船用的场所，一般工厂的船坞都建在陆上。浮船坞则是活动于水上，用以修造船的水上基地。它可以根据工作需要，用拖船移动位置。

浮船坞是大型的水上工程建筑物，是由左右两侧坞墙和底部箱形结构组成的大型凹形建筑物。需要抬船时，往底部水舱灌水，使船坞下沉至一定深度，然后将待移的船舶拖入坞内，定好船位，用坞内的强力水泵将水舱内的水排出，于是船坞渐渐浮起，使待修船舶全部搁在墩木上，直至坞底舱面出水至一定高度为止。

浮船坞除了可以修造船外，还可以打捞沉船，或完成运送深水船舶通过浅水航道的作业。浮船坞上设有系缆、锚泊、起重、航行、动力、照明等设备及生活设施，如再配备金属加工和焊接等设备，就能成为一个独立工作的施工单位。

（四）救捞船

救捞船是专门用于打捞沉船或救助遇难船舶的船，是救捞工程的工作母船。船上一般配有甲板减压舱、下潜减压舱、救助绞车、收放式深潜器、封舱抽水和除泥清舱等设备。自航要求有较高的航速，与驳船、拖船和浮筒等打捞设备一起配合进行救捞活动。

沉船救捞方式视沉船的大小及水下状态、现场的气象和水文等情况而有所不同。如果在较浅的水域，则可以修补遇难船的破损处，清舱排泥，再泵出各舱的水，使船恢复浮力。对于像油船、浮船坞和其他气密性要求较好的浮动建筑，则可采用压缩空气排水，使船上浮。浮筒是一种传统的打捞沉船的工具，主要利用自身的浮力将沉船抬起。浮筒有软式和硬式两类。软式浮筒用高强度编织纤维橡胶、聚氯丁烯、尼龙等制成，硬式浮筒一般用船用钢材制成。打捞大型沉船时可数十个浮筒同时作业。

（五）布设船

布设船包括布缆船、敷管船、航标船等。布缆船的任务是敷设和修理海底电缆工程；敷管船则用以敷设、修理海底管道工程；航标船是布设、维护或根据水位变化移设航道中供导航用的航标的船舶。

布缆船的首部显著向外凸出，在凸出的首部装有捞缆用的吊架和滑轮。放在电缆舱内的电缆盘卷在中心为圆锥形的筒体上，电缆通过布缆机在尾部布放。布缆机带动电缆并依靠其本身重量通过滑轮放入水中，通过埋设犁将电缆埋入海底。布缆时，船舶要适应电缆的测力计显示的张力大小，依次调节船的速度。

（六）打桩船

打桩船是在港口及其他临水建筑工程中必不可少的工程船。

与起重船类似，打桩船多为箱形船体，且多为非自航式船舶。其最重要的设备是设有高大的桩架，通常设在首部。打桩架作为桩的导轨，重锤沿桩架升落。

打桩船的桩架有固定式和全回转式两种。固定式桩架打桩船只能在首部进行打桩作业。全回转式桩架打桩船既可以在首部打桩作业，也可以在首部的左右两舷作业。为了使船处于平浮工作状态从而保证打桩的质量和精确度，打桩船须配有多种平衡水舱，打桩时根据需要调节船的纵倾和横倾。

二、渔业船舶

渔业船舶是专门从事渔业生产的船舶。渔船可分成多种类型，按捕鱼的区域划分为远洋渔船、近海渔船与内河渔船，其吨位大小、结构形式都有所不同。按推进方式分为机动渔船、机帆渔船。按捕捞方式和捕鱼对象分为网类渔船与钓类渔船。网类渔船包括拖网渔船、围网渔船和刺网渔船等，而钓类渔船包括手钓渔船、延绳钓渔船和机械化钓渔船等。特种渔船还包括捕鲸船、捕海蜇船、捕虾船、捕蟹船等，还有与渔业生产有关的渔业加工母船、冷藏运输船等。

（一）网类渔船

1. 拖网渔船

拖网渔船主要用于捕捞底层和中层鱼类，捕鱼效果较好。

拖网渔船有强大的拖力和较大的主机功率，网具大小视主机功率而定。拖网渔船的工况类似拖船，常在海上连续作业，其船体结构和渔捞设备要经得起大拖力和风浪的考验。为了保证拖力和提高螺旋桨推进效率，螺旋桨直径较大，相应的尾吃水和尾框架也大。拖网渔船还要求具备良好的耐波性和稳性，以适应恶劣海况下的作业。船上必须有足够宽敞的甲板，以提供整理捕获的鱼类和网具所需的面积。

2. 围网渔船

围网渔船是用围网进行捕捞的渔船。按围网方式的不同可分为单船围网渔船与双船围网渔船。围网渔船所使用的围网长度主要与渔船性能、渔捞机械能力、船型大小和鱼的种类有关。围网渔船船长较短，吨位不大，要求回转性好，以便发现鱼群后迅速回转放网；且要求机动性好，以便能经常调整网形和本船位置。同时还要求稳性好，主机功率大，有足够的甲板面积以堆放网具和处理渔获物等。

围网渔船作业时，为了提高渔获量，往往采用灯光引诱中上层的趋光性鱼类。作业时由一艘较大的网船和两艘较小的灯船组成捕捞队，由灯船将趋光性鱼类诱集在光照区，然后放网围捕。由此可大大提高捕鱼量。

3. 刺网渔船

刺网渔船是用刺网捕鱼的船舶，刺网是一种用网刺挂住或缠住游鱼的被动渔具。刺网的作业方式较简单，它采用悬挂在水中的流网横拦在鱼群游动的水面上。当中层以上的鱼类随流移动触网时，鱼头伸入网目，鱼鳃挂于网上无法逃脱。刺网用尼龙编织。刺网渔船通常在傍晚作业，船低速顺水放网，每船可放刺网数幅，每幅长 80m、高 8m，用串符连接在一起，总长可达 5~6km。

刺网渔船的上层建筑和水线以上的受风面积较小，结构强度高，耐风浪性能好。刺网渔船的操作甲板在首部，作业机动灵活，网具能随水深调节。

（二）钓类渔船

钓类渔船是一种专门用于钓捕作业的船舶，主要包括母子钓、竿钓、延绳钓、机械钓等渔船，对船的要求各不相同，其中最有成效的是延绳钓渔船。

延绳钓的渔具主要由母绳、支绳、钓脚和钓钩组成，作业时放绳长度一般为 10~12km。延绳钓渔船要求操纵性好，主机有良好的低速运转性能，受风面积小。除单船独航外，延绳钓渔船也可以母子式船队作业，与网类渔船相比，其捕获量更大，且受渔场的水深范围和风向、水流等影响较小，能充分利用渔场面积进行作业。

（三）捕鲸船

捕鲸船是一种追猎式渔船，任务是击杀鲸鱼，并拖到基地或捕鲸母船进行加工。其特点是航速高，操纵性好，主机噪声小，具备低速运转性能，有足够的续航力，不需鱼舱及加工设备，耐波性和稳性较好。到远洋和南极捕鲸，须由捕鲸母船、油船、冷藏船、运输船、大型捕鲸船组成船队进行作业。

捕鲸作业过程包括搜索鲸、追鲸、射击鲸、拖鲸到基地或母船进行加工。捕鲸船的布置通常在首部设炮位，前桅设瞭望台，驾驶室与炮位间有步桥相通。

渔船的发展方向是大型化、大功率，提供自动化设备齐全的渔具和加工、保鲜设备，实现边加工边投入市场，以提高经济效益。同时为了提高生产力，打破单一作业渔船受季节影响的局限，增加捕鱼品种，人们制造了能进行底拖、中拖和围网等作业形式的多种作业渔船，即混合式渔船。

(四) 渔业加工母船

渔业加工母船是在海上接收捕捞船的渔获物，将其加工成各种渔品，在船上储存或转运的船舶。因此，它常与捕捞船、冷藏船、油船等组成综合船队。渔业加工母船按捕捞船或产品性质的不同而分为捕鲸母船、延绳钓母船、蟹工船、虾工船、罐头加工船、鱼粉加工船等。渔业加工母船还担负调度整个船队进行捕捞生产的任务，并为捕捞船修配损坏部件，补充油、水及其他生活用品，为整个船队提供文娱、医疗等服务。

渔业加工母船船型尺度较大，主辅机功率高，有较宽阔的作业甲板面积，以利于处理和加工渔获物；有良好的通信导航设备，以便和基地港口或捕捞船保持联系；船上有较强的加工、制冷能力，较大的冷藏舱和油、水舱；还有较强的起重能力，以便及时接收捕捞船的渔获物。因此，渔业加工母船兼有冷藏船、工程船、供油船和客船的特征，而就其使用性质来说，它是海上的渔业基地或浮动的渔品加工厂。

三、工作船舶

工作船舶是指为航行服务或进行其他专业工作的船舶，包括破冰船、引航船、消防船、供应船、浮油回收船、拖船与推船、钻探船、科学考察船、深潜器等。从广义上讲，工程船舶也具有工作船舶的性质。

(一) 破冰船

破冰船是一种专门用来破碎冰层，为船队开辟冰区航道的船舶。破冰船主机功率大，结构坚固，外板厚。为满足破冰的需要，首部水线以下呈倾斜形状，即呈破冰型船首，其操纵性，特别是倒车性能好；首尾及中部左右均设压载水舱，以根据需要调整船的倾斜，达到破冰的目的。破冰方式按冰层的厚薄而异。薄冰区，利用船首的俯仰和船前进的冲击力即可破冰；厚冰区，则需先将尾部压载舱灌满水，使船首抬起，全速冲向冰层，利用船首的重量压碎冰层。

（二）引航船

引航船又称"引水船""领港船"，其任务是接送港口引航员进出主权国的外国船舶，并引导外国船舶安全进出港口。一艘外轮进入他国领海水域或港口时，须在指定锚地等待，接受海关人员指挥、检查，然后由熟悉本港口和航道水文情况的引航员将停泊在锚地等待进港的外轮引领进入港口，外轮离港时也必须由引航员引送出港。

引航船一般为小型交通艇。对需去外海的引航船，排水量也有达数百吨的，并设有生活和办公设施，还装有特殊的灯光信号，以引起来船的注意。

（三）消防船

消防船是对船舶或岸边临水建筑物执行消防灭火工作的专业船舶。

消防船外形很像拖轮，所以也有兼做拖船使用的消防船。船上备有大功率水泵系统。为适应油船消防，还设有专门的消防泡沫炮。为了能更深地进入火区救火，船上还设有水幕装置。船上配有专业的救火人员和医疗设备，航速高且耐波性好，且设有很高的消防塔架。一般漆成红色，从外观上很易识别。它还有很好的操纵性，能在狭窄水道或拥挤的港口内执行消防任务。

（四）供应船

供应船包括供水船、供油船和食品供应船等，它是为需要在港口添燃油、淡水食品等的国内外船舶服务的。船上设有计量设备，以便按量收费。供应船按航行方式有自航式与非自航式两种，多数为自航式船，可以独立地进行海上运输和补给任务，使用起来较为方便。

（五）浮油回收船

浮油回收船是回收水面浮油的专用船舶，用亲油疏水材料，如聚氨酯泡沫等吸收浮油并进行油水分离处理。

浮油回收船能将水面浮油吸引收集，进行油水分离，将高浓度的油收集在船内。船上设有消防设备，备有油类灭火剂，并有水幕保护系统。有单体船与双体船之分，双体船型的浮油回收船是在两个片体之间安装回收装置，对水面浮油进行收集、处理。

（六）拖船与推船

1. 拖船

拖船是用以拖带其他船舶和浮动建筑物的工作船，不带货，不带客。

拖船具有船身小、功率大的特点。为适应各种情况下拖带的需要，拖船机动性好，抗风能力强，操作灵活。拖船上除一般的航行设备外，还设有包括拖钩、拖柱、系缆绞车等在内的拖曳设备，其拖曳能力的大小用主机功率和拖力表示。主机功率越大，拖曳能力越强。拖船通常分为内河拖船、长江拖船、港作拖船和海洋拖船四大类。

内河拖船一般指吃水 1.2m 以上（1.2m 以下称为浅水拖船）、工作于内河、尺度较小的拖船。因内河拖船经常需要通过桥洞、河闸等，船宽、型深及桅杆、烟囱的高度等都受到航道的限制。

长江拖船主要航行于长江航道，由于长江航道宽阔，水流复杂，航道限制小，因此航行于其中的拖船尺度较大，功率也大，可达几千千瓦。

港作拖船指用来拖带船舶进出港口，或进出船坞，协助大船靠离码头，拖带工程船舶移位以及编队的船，有的船还兼有救助、消防的功能。这类拖船具备良好的操纵性和稳性。

海洋拖船通常分为沿海拖船及远洋拖船。海洋拖船主尺度受航区限制较少，所以这类船舶一般甲板舷弧高，有良好的稳性和抗风能力。

2. 推船

推船是以顶推运输其他船舶和浮动建筑物的工作船舶。船型呈短、宽、扁的特征，结构比一般运输船舶坚固，首部装有顶推设备和连接装置，功率大，有良好的操纵性能，常加装导管和倒车舵。

在拖带运输中由于拖船在前，驳船在后，拖船螺旋桨的尾流增加了驳船的阻力。为了减小这种尾流影响，拖带作业时往往把拖缆放长。但长缆拖带在弯道处航行不便，且收放长缆增加了船员的劳动强度；另外，在拖带作业中每艘驳船上都需配备船员，并需随之设置生活舱，考虑到驳船还需配备一套操舵设备，这样就使驳船辅助设备复杂，营运开支增大。

为了克服上述缺点，人们很早就设想改拖为推的方式。顶推运输时，驳船在前，推船在后，像一艘机舱设在船尾的货船。这样驳船上就不需要人操舵、看管，且推船尾流也作用不到驳船上，从而减小阻力，提高航速，增加运量。推船除顶推普通驳船队外，现在大量应用的是分节驳顶推船队，即由一艘顶推船和若干艘分节驳船组成。

（七）钻探船

钻探船是钻探水底地质结构的船舶。船上设有井架、钻机等装置。钻探船分为地质取芯船和海洋石油钻探船。地质取芯船又称地质调查船，是专门用来钻取海底岩芯、土样及进行海洋地质调查的船。海洋石油钻探船用于对海床进行勘探，以确切地掌握油气层的位置、特性、规模、储量及生产能力等情况。海洋钻探船要求在大风浪下进行作业，锚系可以把船锚泊在井位上，保证正常钻探作业。

（八）科学考察船

科学考察船是活动的海洋研究基地，主要用于调查研究海洋水文、地质、气象、生物等特殊任务，包括综合调查船、气象调查船、渔业调查船、定点调查船等船型。一般要求具有坚固的船体和优良的航行性能、强大的续航能力、可设置实验室和资料保存所需的舱容、宽敞的甲板面积、放置观测仪器的空间等。观察精度要求高的考察船，主要仪器需加装防震装置。船舶能微速航行，具有较小的回转半径，有的船还设有直升机平台。

（九）深潜器

深潜器是用于水下探测与施救的船舶。

深潜器外形似船，一般具有一定的活动能力，操纵室和观察舱用厚的高强度钢制成耐压钢球，以承受较大的压力。使用前多数由水面母船带到现场，然后由母船甲板上放下，对海底进行研究、考察。母船设有维修工场、研究室、住舱、作业甲板及深潜器的起卸吊杆装置。

系缆深潜器自身通过一条缆索与水面母船连接，此种缆索往往兼做水面母船供电给深潜器的电缆之用。

四、发展中的高性能船舶

发展中的高性能船舶通常指的是那些在设计、建造和运营方面采用先进技术，以实现更高效率、更低环境影响和更优性能的船舶。以下是一些高性能船舶的特点和发展领域：

（一）节能和环保

高性能船舶设计通常注重降低能耗和减少排放。这可能包括优化船体形状以减少阻力、使用高效推进系统和安装节能设备。

（二）自动化和智能化

随着自动化技术的发展，许多船舶现在配备了先进的导航系统、自动控制和监控设备，以提高操作效率和安全性。

（三）新材料应用

高性能船舶可能采用新型轻质高强度材料，如碳纤维复合材料，以减轻船体重量，提高载货能力。

（四）替代能源

为了减少对化石燃料的依赖，一些船舶正在探索使用替代能源，如液化天然气（LNG）、风能、太阳能和电池动力。

（五）智能船舶技术

集成了物联网（IoT）和人工智能（AI）技术的船舶可以实时收集和分析数据，优化航线，预测维护需求，提高船舶性能。

第二章 船舶建造生产管理

第一节 船舶建造工作危害性分析

工作危害性分析是对船舶生产过程可能带来的危害以及操作者失误分析的总称，是一种操作安全分析（OSA）。它是对操作人员在生产运行各阶段进行审查后进行的，能够保证船舶企业安全标准化风险评价程序的有效实施。船舶生产过程中，生产系统受损和人员伤亡大多数是由于工作危害性分析不充分而导致的，所以必须进行详尽的、全方位的危害分析，其内容包括船舶生产的基本作业、作业方法、潜在危害、对策等。船舶建造工作危害的出现常带有随机性，工作危害性分析对确保船舶生产安全具有特殊的意义。

一、船舶建造过程的安全特征

近年来，随着我国船舶工业转型升级，船舶制造业得到了快速发展，大型钢质船舶的年建造量已连续多年稳居世界首位。但同时，也产生了与之相应的职业安全卫生和环境保护的双重问题。

（一）船舶建造行业事故特征

船舶生产事故的发生虽然有一定的偶然性，但在长期工作的具体环境中，发生事故也具有一定的规律性。伤亡事故统计分析是安全管理工作的一项重要内容，它根据统计学原理，对大量的造船事故资料、数据进行加工整理和综合分析，从中揭示出事故发生的某些必然规律和事故分布特征，目的是掌握更全面的资料，更好地促进造船安全管理工作的开展。船舶建造行业事故具有以下几个方面的特征。

1. 事故率高

造船行业相对于其他行业来讲，非常明显的特征是较为容易发生事故，是事故率较高的行业之一。我国造船行业虽然近几年的发展速度很快，但由于人员素质以及劳动安全保护等方面的诸多原因，行业风险率相对更高，在所有行业中仅次于矿山企业。

船舶生产行业事故发生率在各国一直居高不下，其原因有三个方面。

第一，船舶建造行业属于劳动力和技术密集型行业，几乎囊括重工业的所有工种，包括焊接、喷砂、涂漆等特种作业和高空作业、立体交叉作业、水上作业、起重作业等危险性较大的作业。

第二，船舶产品虽单一，但未形成批量生产效应，船舶类型复杂多变，其技术涉及机械、电子、冶金、化工等众多学科，生产工艺不能全面实现规范和统一。

第三，船舶建造行业工作人员的流动性大、机械化程度低、手工劳动多、短期务工人员多等因素也是危险丛生的主要原因。虽然所从事工作的强度会对结果造成一定影响，但总的来讲，工作人员整体素质的提高会有助于安全管理工作的开展。

2. 事故类型多

由于船舶建造行业的多工种、立体交叉作业等特点，在作业中发生的事故形式多种多样。其中物体打击和起重伤害事故最为集中，因此需要在工具、设备的安全检查与安全使用管理上进行整治，除此之外，事故形式还有高处坠落、中毒、爆炸、淹溺、触电、中暑等。

3. 存在违章作业

违章作业有工作人员业务技术水平方面的原因，如工作人员自身的业务水平较低，不能很好地掌握正确的操作规程和操作方法，没有足够的作业经验等，尤其是对一些新的设备或技术投入工作时更容易出现上述问题。但违章作业的发生更多的是由于工作人员的安全意识淡薄，存在一定的侥幸心理，贪图省事。因此，必须对工作人员强化安全意识教育，减少违章作业行为。

4. 事故具有明显的时间性

（1）每天的事故发生规律

每天的事故发生率有一定的时段规律。每天事故高峰有 4 个时段，分别是 11 点前后、14 点前后、16 点前后和 18 点前后。其中 11 点和 16 点前后出现的事故率最高，这段时间也是生产最繁忙的时间，依据人机工程学原理分析可知，这两个时段都是临近下班或加班时间，经过几个小时单调、重复的劳动，人的生物节律处于低潮期，这时往往注意力涣散，精神不集中，大脑觉醒水平降低，容易出现失误、厌烦、反应迟钝的情况，从而导致事故发生。另一方面，在日常的现场监督管理工作中，安全管理人员在这两个时段容易出现疲劳和管理松懈现象，安全监控力度随之削弱，使得事故有机可乘。14 点前后出现的事故高峰是人的生理特点所决定的，作业人员中午没有休息好，下午比较困乏，导致工作时注意力无法集中。18 点前后正是管理人员换班和吃饭时间，也是管理人员最少的一个时段。而夜间由于作业人员相对较少，事故率比白天相对较低，但22点前后和凌晨5点前后事故发生相对较多，因为22点前后是夜间作业最繁忙的时候，5点前后是作业人员最疲乏的时候。

（2）每年的事故发生规律

每年事故发生率也有一定的时段规律性。每年的2月、3月、4月、5月、6月是事故高峰期，7月、8月、9月比较平稳，10月事故率相对最低，11月事故率开始逐渐上升，直至次年3月达到最高峰。船舶生产事故分析的结果与各船舶生产企业的外包队伍的现状相关：每年3月是外包员工大量入厂的时间，由于教育培训不完善，新员工对施工环境不熟悉、对规章制度掌握较少、对船舶生产过程中的危险认识不足，以及许多员工春节后情绪尚未完全稳定等因素，都容易造成事故多发。随着外包员工队伍的逐步稳定和日常安全教育管理逐步见效，事故率逐月下降，每年的7月、8月、9月、10月是生产最稳定的季节，外包队伍也相对比较稳定，事故率相对较低。而从11月开始，船厂各级管理人员和外包员工经过一段时间的平稳后，安全意识开始松懈，不自觉地放松安全警惕，因而事故率开始增加，而1月、2月外包员工开始考虑返乡，队伍流动性逐渐加大以及冬季自然环境较差等因素，使员工心理状态不稳定，事故也渐渐增多。

船舶建造行业和其他行业事故的发生既有相同的规律和特点，也有不同之处。这些规律是客观存在的，是在付出惨痛代价后得出的。作为管理人员和作业人员，应该从以往的经验教训中总结规律，牢牢掌握管理和安全作业的要求，把握规律，做好预控，指导资源管理工作科学有序开展，为船舶建造行业的高效发展和员工的生命安全与健康做好保障。

（二）作业设备的不安全性

作业设备是人—机—环境安全体系中重要的组成部分，直接影响到企业的生产效率和生产安全。受船舶建造行业特点的影响，其作业环境和作业设备都受到很大的条件限制，这也是导致船舶建造行业事故率相对较高的一个重要原因。

1. 船舶生产作业设备的特点

船舶生产作业设备指的是船舶建造过程中所使用的设备，包括生产必须使用的生产设备和保护工作人员健康的安全设备。船舶生产作业设备具有以下特点。

（1）缺乏规模生产，设备通用化不能完全适应船舶建造要求

生产设备是工作人员完成生产任务所必备的工具。但各船厂承接的通常是单艘船或几艘船订单，不能形成规模化生产，所使用的生产设备多种多样，其中多数设备是工程通用设备，而有些却不能完全适应船舶建造安全和环境要求，难以实现专业机械化的生产模式。

（2）流动作业场所，其安全防护不能满足造船生产的需要

船舶建造过程中，从钢板下料到船坞的船舶下水，需要在不同的作业场所进行加工装配，涉及机械、电子、冶金、化工等众多领域技术设备。又因为船舶类型复杂，不能批量生产，一些生产设备的防护装置不能满足建造船舶的需要。例如，防护罩为半封闭式的、操作人员的头部没有保护板；漏电保护装置和应急停车装置缺失；凸挂控制器操作手轮操作不方便；没有超负荷保护装置等问题。存在安全问题的生产设备还有很多，在设计这些设备时并没有考虑船舶建造作业中的一些特点，使得设备在使用过程中的安全防护性较差，容易引起伤害事故。

（3）密闭舱室作业，临时性环境安保设备不能满足造船作业的需要

安全保护设备是为了在工作过程中尽量地减少事故，实现对工作人员的保护，为工作人员创造安全舒适的工作环境，利于安全生产而设置的设备。造船作业中必需的安保设备很多，其中较为特殊的是密闭舱室作业的通风系统、照明灯等。临时性安装的通用安保设备同生产设备一样，有很多地方也不适合造船作业的特点，必须加以改进，以满足作业环境的需要。

2. 船舶生产设备的不安全状态的类型

船舶生产设备的不安全状态一般有以下几种类型。

（1）防护、保险、信号等装置不全或存在缺陷

这种类型的不安全状态主要体现在：①无防护。如生产设备无防护罩，无安全保险装置，无报警装置，无安全标志，无防护栏或防护栏损坏，（电气装置）未接地，绝缘不良，局部无消音系统，噪声大，危险舱室内作业，未安装防止"跑车"的挡车器或挡车栏等。②防护不当。如生产设备防护罩未在适当位置，防护装置调整不当，船体位置支撑不当，作业安全位置不够，防护网有缺陷，电气装置带电部分裸露等。

（2）设备、设施、工具、附件存在缺陷

这种类型的不安全状态包括船舶生产设备设计不当，结构不符合安全要求，机械强度不够，起吊重物的索具不符合安全要求，制动装置有缺陷，安全间距不够，工件有锋利毛刺、毛边等。

（3）个人防护用品缺失

如防护服、手套、护目镜及面罩、呼吸器官护具、听力护具、安全带、安全鞋等缺少或存有缺陷。

（4）生产（施工）场地环境不良

如照明、温度、噪声、振动、颜色和通风等条件不良。

（5）外部的、自然的状态下存在危险物与有害物

如原材料、产品（或中间产品）因其本身的物理、化学性质，也会产生一定的危险性。

由于生产设备的不安全状态，在船舶生产作业现场随时都有发生事故的可能性，如人体遭到坠落物体的打击而受伤害，易燃易爆危险品在有火种、受碰撞的情况下引起火灾或爆炸，高温蒸汽的跑冒滴漏潜藏着烫伤人的危险，物体堆放不妥、本身又容易倒塌等情况容易造成通道不畅，以上都是生产设备的不安全状态对人和其他物体造成危险的明显例子。

3. 船舶生产设备的安全控制措施

设备的不安全状态在生产过程中总是存在的，其本身是一个动态变化过程。设备的不安全状态虽然经过人们的检查、发现和整改而被消除，但随着时间的推移、生产的不断进行，又可能重复出现或产生新的不安全状态。因此，加强对设备不安全状态的管理也是一项经常性的工作。

船舶建造作为一个特殊行业，其安全生产的特点与其他行业相比具有一定的复杂性和特殊性。我们必须要认识它的复杂性和特殊性，利用科技力量不断地改进作业设备，控制设备的不安全性，使之更好满足建船行业的需要，促进安全生产，提高生产效率，保障工作人员的身体健康。

（三）作业环境的不安全性

作业环境是指船舶建造过程中参与生产的劳动者的工作环境，包括生产工艺、设备、材料、工位器具、操作空间、操作体位、操作程序、劳动组织、气象条件等。作业环境是企业生产环境的重要组成部分，其质量直接影响企业的生产效率。

不论是室内作业还是室外作业，地面作业还是舱室作业，现场参与生产的员工都面临不同的环境条件，如夏季室外作业的高温，冬季露天作业的严寒，焊接作业的辐射，打磨作业的噪声和振动，涂装化学作业的有毒有害气体等。这些环境条件会直接或间接对员工作业产生不同程度影响，轻则降低工作效率，重则影响整个系统的运行，危害人体安全和健康。作业环境的主要影响因素有照明、色彩、噪声、振动、温度、湿度、空气成分、电磁辐射等。只有改善这些环境因素才能保证劳动者的安全与健康，保证系统的正常、高效运行。因此，加强企业作业环境管理是一项至关重要的工作。

船舶生产企业开展的作业环境安全日常检查可划分为作业环境布设状况、作业环境条件和作业环境防护设施三大类。作业环境布设状况的检查包括生产区域、车间布置和物料堆放。对作业环境的测定要根据有关规定确定监测时间、方法及监测重点，并要把测定结

果与国家卫生标准进行比较等。作业环境条件的检查主要是对影响作业环境质量好坏的各因素的检查，包括尘毒、噪声、辐射、采光、环境卫生等。对有毒、有害因素进行登记管理，调查其种类、存在形式、状态等，并确定不同时期的主要预防对象。作业环境防护设施检查主要是检查防护设施配备及其运行状况或使用情况。督促改善作业环境，如改进落后的生产工艺、设备等是防止职业危害、预防职业病的根本措施和途径，检查各种防护措施是否具备应有的防护效果，是否进行定期检修、保养等。

二、船舶生产安全分析

生产和安全是人类生存和发展的两大基本需要，"生产必须安全，安全才能生产"已成为船舶生产企业公认的发展现代船舶工业的共同准则。

（一）安全分析的内容与方法

1. 安全工程的基本概念

船舶生产安全分析实际上就是一种危害性分析。危害性分析的目的是查明船舶生产过程中的危害，根除或控制危害，从而达到安全、高效的船舶生产最终目标。

"安全"是指船舶生产过程中不发生导致死亡、职业病、设备或财产损失的状况。一般地说，安全是指安稳而无危险，船舶生产过程中的安全是指人不受到伤害，物不受到损失。工程上研究与处理安全问题，一般采取某一近似客观量来定义安全的程度，俗称安全性。

"危害"是指船舶生产过程中造成事故的潜在性危险，是可能产生安全问题的事物或环境，相当于习惯中所说的安全隐患，是潜在的危险因素。"风险"是指船舶生产过程中"能导致伤害的灾害可能性和这种伤害的严重程度"。"危险"是指某种个别危害在一定船舶生产环境条件下从潜在性向显现性转化而造成人的伤害或物的损失的机会。也就是说危害是实际存在的危险，风险是危险发生的概率和程度。安全和危险是一对辩证统一的概念，绝对的安全被认为是不存在的，所谓的安全是一种模糊的数学概念。按照这种概念，危险度就是对安全的隶属度。事实上说的安全，已经包括了可接受风险的安全，也就是当危险性降低到某种程度时，人们就可以认为是安全了。

就船舶生产安全而言，可以将船舶生产全过程看成一个系统，风险是描述系统危险程度的客观量，这主要源自两种考虑：一是把风险看成一个系统内有害事件或非正常事件出现可能性的度量；二是把风险定义为发生一次事故的后果大小与该事故出现概率的乘积。

2. 安全分析的内容

船舶行业生产安全分析应结合企业自身的特征开展相应的调查与评价，并将评价结果作为进一步持续整改的依据。具体调查与评价的内容包括以下几个方面：

（1）可能出现的初始的、诱发的危害之间的相互关系；

（2）与船舶生产安全有关的环境条件、设备、人员及其他因素；

（3）利用适当设备、规程等避免或根除某些特殊危害的措施；

（4）控制危害的措施及用于船舶生产中的最佳方法；

（5）船舶生产过程中难根除的危害在其失控时可能出现的后果；

（6）船舶生产过程中危害失控时，为防止损失与伤害应采取的安全防护措施。

3. 安全分析的方法

对于具有高风险的船舶生产行业而言，在进行船舶生产危害辨识和风险分析时，宜采用系统风险分析方法。系统风险分析方法是对系统中的危险性、危害性进行分析的一种手段，目前已开发出数十种分析方法，每种分析方法的原理、目标、应用条件、适用的分析对象、工作量不尽相同，各有其特点和优缺点。它们分别适用于不同的安全分析过程，有定性的，也有定量的，有归纳的，也有演绎的，每种分析方法各有其特点。在进行安全分析时，应结合船舶生产的员工、设备、货物，以及场地、交通、自然等选取适当方法，做出多方面的安全分析与评价。较常用的分析方法有下列几种。

（1）危害预先分析法

船舶生产危害预先分析是整个船舶生产安全管理最初阶段的分析。在接受一项生产任务之前，对系统存在的危险性类别、出现条件、导致的后果做一次整体分析，这就是船舶生产危害预先分析。

（2）危害类型和影响分析法

这是一种可靠性、安全性、维修性、保障性分析与设计技术，用来分析、审查船舶生产过程中系统及其设备的潜在故障模式，确定其对系统和设备工作能力的影响，从而发现设计中潜在的薄弱环节，提出可能采取的预防改进措施，以消除或减少故障发生的可能性，提高系统和设备的可靠性、安全性、维修性、保障性水平。我们同样可以将其应用于船舶生产安全管理领域。这是船舶生产安全分析中最常用的定性、归纳的分析方法，是着眼于子系统及其交接面的分析方法。

（3）工作危害性分析法

这是船舶生产中的操作者在对系统运行各阶段进行审查后做出的分析，其内容常包括船舶生产基本作业、作业方法、潜在危害、对策等。工作危害性分析包括系统运行中操作者的失误，不安全、不合理操作等对安全影响方面的分析。

（4）系统安全分析法

这是船舶生产主管部门用于审查整个系统，如船厂、公司或总公司领导阶层对其所管系统的综合性或交接面问题进行的分析和研究。所用的分析方法包括系统综合分析（SIA）、系统危害故障类型分析（SHFMA）以及系统缺陷事后分析（PAASD）等方法，而所用的资料则为子系统通过各种分析所得到的资料。

（5）事件树分析法

船舶生产事故的发生是许多事件依时间顺序相继演进的结果，并表现为一些船舶生产事件的出现常以另一些事件首先发生为条件。这种生产事故发展的逻辑顺序可通过事件树来表现，称为"事件树分析法"。

（6）管理疏忽和危险树分析法

大多数情况下，船舶生产中产生事故的背景原因是管理疏忽和失误。分析和预测由于管理不当而造成的危害并非易事，因为船舶生产管理中的决策需根据现场工作中出现的问题而定，而要充分预计发生的问题，则需预测管理中应采取何种决策。

（7）事故树分析法

这是船舶生产安全分析中最常采用的分析方法。该分析法用事故树图可清楚地显示发生事故的逻辑演绎过程，并可对系统的可靠性和安全性进行定性和定量的研究。

（8）事故因果分析法

这是采用因果图分析船舶生产事故发生原因的方法，用来对某一具体生产事故进行分析。因果关系有许多重要的性质，而继承性则是很典型的一种特性，它常因类似于多米诺骨牌而被形象地命名为"多米诺效应"。

4. 安全分析方法的选择

船舶生产安全分析的内容相当丰富，分析的目的和对象不同，具体的分析内容和指标也不相同。选用系统风险分析方法时应根据对象的特点、具体条件和需要，以及分析方法的特点选用几种方法对同一对象进行分析，互相补充，综合分析，相互验证，以提高分析结果的准确性。在选择分析方法时应考虑以下几个问题。

（1）分析对象（系统）的特点

船舶生产企业应结合生产过程特点，根据分析对象的规模、组成部分、复杂程度、原材料和产品、作业条件等，选择分析方法。

对危险性较高的对象往往根据过去的统计资料采用系统的、较严格的分析方法；反之，倾向采用经验性的、不太详尽的分析方法（如直观经验分析法、检查表分析法等）。

　　分析对象若同时存在几类主要危险、有害因素，往往需要用多种分析方法分别对分析对象进行分析。规模大、复杂、危险性高的分析对象往往先用简单、定性的分析方法（如检查表分析法、危害预先分析法、危险类型和影响分析法等）进行分析，然后再对重点部位（单元）使用较严格的定量法（如事件树分析法、事故树分析法、指数分析法等）进行分析。

　　（2）目标分析

　　虽然对船舶生产系统分析的最终目的是分析出系统的危害性，但在具体分析中可根据需要（或用户提出的要求）对系统提出不同的分析目标，例如，危害等级、事故概率、事故造成的经济损失、危险区域等，故需要根据分析目标选择适用的分析方法。

　　（3）资料积累情况

　　如果针对的船舶系统分析对象技术资料、数据齐全，则可进行定性及定量分析并选择相应的定性、定量分析方法；若对象属于新开发性质，资料、数据不充分，又缺乏可类比的技术资料、数据，则只能采用危害预先分析法等进行概略性分析。

　　（4）其他因素

　　其他因素包括分析船舶生产人员的知识和经验、完成分析工作的时限、经费支持状况、分析单位设施配备，以及分析人员、管理人员的习惯、爱好等。

（二）工作危害性分析

1. 工作危害性分析的基本原理

　　工作危害性分析需要研究的对象是一些变量众多，结构庞大、复杂而又互相联系在一起的事件，必须吸收和运用多种相关学科的成果，其中包括系统论、模糊数学、控制论、概率论等。船舶建造现场的工作环境通常较为复杂，突发因素较多，因此了解和学习相关学科的基础知识，对理解和掌握船舶生产工作危害性分析有很大帮助。

　　（1）系统论

　　系统论是研究系统发生、运行和发展规律的一门科学。工作危害性分析，也称为"系统工作危害性分析"。所谓系统，是指存在于一定环境中的、由若干相互依存和相互作用的要素所构成的、具有特定功能的有机整体。

　　船舶建造工作危害性分析是应用系统论的观点和方法研究、解决船舶生产过程中的各种系统问题。工作危害性分析把船舶企业看作一个由若干要素组成的系统，每个要素存在异常和危险都会引发事故，进而危及整个船舶企业的安全。而每个要素存在的异常和危险得到调整、控制，又都会使船舶企业的安全基础得以巩固。它从整体上评价船舶生产企业的安全状况，体现了系统论的基本要求。

（2）模糊数学

模糊数学是当代数学中的一门新兴学科，是人们认识事物的精确性与模糊性相互关系的辅助工具。在日常生活中，人们在判断一些事物时会得出"是"或"不是"的结论，这是人们认识事物的精确性的反映。然而，客观世界中有许多事情，它们的概念、内涵和外延是不能用"是"或"不是"判断的。

船舶建造工作危害性分析在许多方面都应用了模糊数学原理。在传统的做法中，只把系统看成两种状态——安全或者危险。但采用模糊数学原理进行船舶建造工作危害性分析时，需要把整个系统的安全或危险状态划分为若干中间等级。比如，把危险的严重程度划分为四类：致命的、严重的、危险的、可忽略的。四个等级都分别给出了从 0 到 1 的中间数值。

由于系统的复杂性和多变性，其安全状态如何，用精确数学"是"或"不是"的概念很难做出判断，而应用模糊数学做出工作危害性分析，则能更为准确地反映出系统的实际情况。

（3）控制论

控制论一词是从希腊文借用来的，原意是"掌舵人"，它是研究机器和生物的通信及控制规律的一门科学。控制是一种普遍存在的现象，是为保持事物某种特定状态的稳定性或促使事物由一种状态向另一种状态转变，控制者按一定目的对控制对象施加的一种主动影响或作用。因此，要实现控制，至少要有施控系统、受控系统和控制作用传递系统这三个基本要素，由它们构成一个控制系统。

船舶建造工作危害性分析，便于预知控制系统中存在的危险因素，防止事故的发生，是一种前馈控制的基本方式在安全管理中的具体应用。船舶建造工作危害性分析的实施，实际上就是组成了一个控制系统：施控系统（各级船舶生产安全管理者和船舶企业员工）、受控系统（安全管理、生产机械设备和劳动条件）、控制作用传递系统（检查分析和整改措施）。进行船舶建造工作危害性分析，必将大大提高受控系统对危险性的控制能力和保持运行的安全性，使船舶建造安全管理工作更具有预见性和主动性。

（4）概率论

概率论是研究和寻找随机事件平均规律的理论。某种事件在同一条件下可能发生也可能不发生，表示发生的可能性大小的量叫作"概率"。在一定条件下必然发生的船舶生产事件叫作"船舶生产必然事件"。在一定条件下不可能发生的船舶生产事件叫作"船舶生产不可能事件"。在一定条件下可能发生，也可能不发生的船舶生产事件叫作"船舶生产随机事件"。出现这种事件的现象叫作"船舶生产随机现象"。船舶生产随机现象有两个特点：①观察某一次船舶生产过程，现象可能发生，也可能不发生，即事件结果呈现不确定性；②观察大量重复的船舶生产过程，其结果就会具有统计规律性。

2. 工作危害性分析的基本内容

在船舶生产过程中，首先应确定所需分析的项目和范围，并充分考虑与这些项目相关的限定条件，然后按照危险识别、潜在风险讨论、制定风险预防措施等内容进行工作危害性分析。

（1）工作过程和步骤的危险识别

危险识别是工作危害性分析的初始步骤。它的目的是对所界定的作业系统项目中可能存在的所有危险行为加以识别。

为了能全面系统地做好船舶生产危险识别工作，首先应根据需要组建相应的工作组。该组的成员应包括从事过该项工作的专家或其他人员，以便能对工作过程进行全面分析并找出存在的危险，进而确定其原因、产生的后果与影响。在危险识别的过程中，可通过调研、座谈会等多种形式，组织有关人员共同参与此项工作。

危险识别一般可通过发挥想象，运用基于分析方法的基本原理，将工作涉及的系统过程进行模块化、项目化的划分，然后对每一模块或项目进行分析研究。发挥想象绝不能仅着眼于对以前或现存危险的识别，还应充分考虑到工作过程中可能发生或存在的预期性危险。危险识别也可结合标准分析技术展开。

（2）讨论工作的潜在风险

潜在风险分析是对船舶生产工作过程中已发生过的危险的总结和对可能发生的或潜在的危险的预期性分析。在此基础上，通过相应的标准分析技术，对每种风险的可能原因和后果加以综合分析与处理，将这些危险根据危害性的大小进行排序，找出高风险区和关键性的风险因素，分析事故发生和事故后果之间的关系，以便对工作的标准与规定加以修改或制定新的标准与规定，达到减少风险的存在和发生的目的。

在风险评估的过程中，应先明确所评估风险的类型及其相应的风险程度，对各种类型风险的分布和影响风险的各种因素加以确定，在识别和评估高风险区和影响风险主要因素的同时，应认真分析现行标准与规定对高风险区和影响风险的主要因素的作用及有效性。

（3）风险预防措施

风险预防措施是在危险识别和风险评估的基础上，有针对性地提出降低生产风险的相应措施，包括制定和修改一些流程与规定。

在风险预防措施中，应仔细考虑已存在或可能发生的风险，还应充分注意到由于新技术或更新操作方法所引起的风险，然后才能全面落实风险预防措施的方案。风险预防措施中改进设计规范、规范操作程序、制定规章制度和加强培训等的实施可以防止事故发生或减轻事故后果与影响。

第二节　船舶生产通信与交流

一、船舶生产中的通信技术应用

（一）信息交换

1. 通信循环的组成元素

（1）通信的概念

广义上的通信，指的是人与人或人与自然之间通过某种行为或媒介进行的信息交流与传递。也就是说，通信不仅限于人类之间的信息交换，也包括自然万物之间的信息交换。它需要信息的双方或多方在不违背各自意愿的情况下采用任意方法或任意媒介，将信息从某方准确安全地传送到另一方。

通信，即交流信息，是信息的交换。这里的通信有两层含义，一是一方向另一方清楚地传送信息；二是一方向另一方清楚地传送信息的方式。

通信是用一种方法来实现彼此交换信息，即指一个人与另一个人以视觉、符号、电话、电报、收音机、电视或其他工具为媒介交换信息的过程。因此，通信的组成元素包括发送者、接收者、信息、方式、编（解）码和噪声。发送者和接收者分别是信息的起源和受体，信息是通信的主体内容，方式是通信的媒介，噪声是通信过程中的干扰。

有效通信意味着有效交流，既要着眼于发送者一方，又要着眼于接收者一方。对发送者来说，必须清楚地认识到交流的目的、所使用符号的意义、传递路线及接收者可能做出的反应。对接收者来说，则必须学会如何听，不但能懂得信息的内容，而且要听出发送者在信息传递中表达出来的感情和情绪。与此同时，还要关注通信中的其他元素，比如通信中的媒介和干扰。

（2）生产通信文化

生产通信文化依托现代数字通信技术，通过为企业用户提供丰富多彩的信息内容以满足其生产需求，从而使人们在使用通信技术的过程中得到精神上的体验、享受和提升。它是博大的企业文化内涵的一种新的表现形式。

2. 生产通信循环

（1）生产通信过程

以信息通信技术为中心的当代科技革命在全球蓬勃兴起，标志着人类从工业社会向信息社会的历史性跨越。它的高速发展及其广泛应用，引导着众多高新技术领域的变革。在生产过程中，为了通信过程的成功完成，一方必须清楚地讲话（发送），而另一方必须仔细地聆听（接收）。还应注意到，完整的通信应该是一个闭环式通信过程。这里的闭环强调通信过程中的发送者→传达→接收者→反馈→传递者的过程。

由于船舶建造工艺的特殊性，完整的通信过程在船舶建造工作中有着十分重要的体现。比如高频无线电话通信信息交换程序包括6个步骤：确定工作频道、初始呼叫、回答呼叫、发送信文、回答信文和终止发送。初始呼叫是由呼叫台为开始建立信息交换而进行的信号发送，回答呼叫是呼叫台或呼叫人员对初始呼叫的回答，由于呼叫是在规定的工作频道实施的，该频道在一些关键的船舶生产作业时可能要求发送的信息量很大，一般不能在工作频道占据较长时间。因此，要进行一般信息的交换，必须确定另一频道作为双方交流频道。及时和正确建立联系的主要目的是发送信文，根据需要，每一信文的内容有长有短，但应尽量做到既表达清楚，又言简意赅。如果信文内容较长，发信人应将信文内容分为若干段落，多次发送；收信人也应多次回答信文。表示相互间的信息交换已经完结的终止发送一般由呼叫人执行。

（2）通信的基本信息

信息交流是组织存在和发展的必要条件。自发明半导体以来，以微电子技术为基础的信息通信技术（ICT）在全球范围内迅猛发展并广泛普及。作为一种通用目的的技术，信息通信技术对人类社会运行方式所产生的巨大而深远的影响，超过了人类发明的其他任何通用目的的技术。通信中信息是交流的主体。信息的内容应包括6个W和1个H，它们分别是：

①WHY——发送信息的原因，以表明通信的意图；

②WHO——信息的受体，以识别通信的对象；

③WHAT——信息的内容，按易于理解的方式，收集和安排内容；

④HOW——信息传递的效果，以确认通信有效实现；

⑤WHICH——信息传递的方式，以确认通信正常实现；

⑥WHEN——信息传递的时间，选择适宜的时间，不要在充满压力的时候传递信息；

⑦WHERE——信息传递的地点，选择适宜的地点，应在外部干扰最小的地方传递信息。

（3）信息的发送

准确的生产通信是船舶企业开展有效生产的基本保障。一个好的信息要符合 4C 原则，即：complete（完整性）、coherence（连贯性）、conciseness（简洁性）、correction（准确性）。要准确地实现通信，除了做到以上要求外，还必须注意通信中信息的表达问题。

A. 提出主张

给出建设性的意见或提示。例如，毫不犹豫地提醒某人或向其指出危险，或未被询问时主动向上级传递一些有用的信息等，清楚地讲述有关事宜并要求反馈，及时提出并坚持用有效的方法来增强他人的情景意识。

通信时要讲究"说"的艺术。在表达自己的意见时，要诚恳谦虚。如果过分显露自己，以先知者自居的话，即使有好的意见，也不容易为人所接受，反而会使人产生反感和戒备心理。讲话时要力求简明扼要，用简单明了的词句表明自己的意思，语调要婉转，态度也要从容不迫。在谈话时如果发现对方有心不在焉或厌烦的表情时，就应适可而止或转换话题，使通信能在良好的氛围中进行。而且，在表明某个意思后，最好能稍作停顿，并向对方投以征询的目光，使对方有插话的机会，这也是尊重对方的一种表现。

B. 耐心聆听

聆听也是一种艺术。听到并听懂说话人的信息，注意信息中的关键内容，不宜在说话人的信息未表达完整时参与讨论并发表意见。

通信要讲究"听"的艺术。作为一名领导者在与员工的通信过程中，应该主动听取他人意见，善于聆听，只有善于听取信息才能成为有洞察力的领导者。也就是说，领导者不仅要倾听，还要听懂员工的意思。因此，首先在听对方讲话时要专心致志，不要心不在焉；其次不要心存成见，也不要打断对方讲话，急于做出评价，或者表现出不耐烦的情绪，这样会使对方不愿把通信内容进行下去；最后要善解人意，体会对方的情感变化和言外之意，做到心领神会。

C. 询问质疑

如有怀疑就提问，及时提出并坚持。也许因为特别有利的位置或视角你能看到别人没有看到的事情，清楚地讲述有关事宜并要求反馈。用有效的工具来增强他人的局面感知力。

（二）生产通信障碍与改进措施

1. 生产通信中的障碍

通信的障碍，是指任何干扰、阻碍或影响通信的因素。这里的"障碍"可能是物理的或人为的。

（1）物理障碍

物理障碍在船舶生产现场通信中通常表现为噪声。比如在高频通信中，来自其他船舶生产场所的非正常业务交流干扰；在船舶生产内部通信中，电话机以及对讲机的电流声，另外还会碰到船舶生产设备所带来的物理障碍，比如船舶生产设备工作时产生的干扰声、船舶震动、风雨声响、其他通信设备同频干扰等。因此，要保障船舶生产通信正常进行，应尽力减少或排除物理干扰。

（2）人为障碍

人为障碍是指信息的发送者和接收者个人的障碍。比如沟通方式的障碍，通常双方应选择共同使用的语言，在船舶生产中应事先确定所使用的工作语言，英语有时会作为与外籍人员共事时的工作语言。在我国船舶与港口的通信中，往往存在地方语言、普通话、英语等语言载体的选择。

语言通信中，还有语气、语调、清晰度、速度、节奏等问题，而在肢体语言通信中，也会有眼神、面部表情等问题，这些都会表现为信息的发送者和接收者个人的障碍。基于我国幅员辽阔，船舶生产人员的多语言和多文化特性，或多或少会存在一些人为的通信干扰。

2. 改进生产通信的措施

生产作业协调中必须努力克服通信中断的困难，否则在开展团队工作和进行相互理解时可能会出现问题。为避免通信中断的发生，应注意以下问题。

第一，通信一定要有一个明确的目标。在相互的通信过程中，只有大家有了明确的目标才可称之为交流。如果谈话时没有目标，那不是交流，而是闲聊天。而以前常常没有区分出闲聊天和交流的差异。随便交流，本身就是一种矛盾的说法。交流就要有一个明确的目标，这是通信最重要的前提。

第二，改善设备的物理处所，根据实际情况用物理方法减少干扰。

第三，增强文化意识，通过资源管理避免注意力分散。我国大型船舶企业目前生产的船舶主要以外籍船舶为主，管理和技术人员可能来自不同国家，他们在工作时经常讲着不同国家的语言。即使船舶生产人员来自同一国家，他们也可能来自不同的地区或省份，讲着不同的方言。因此应增强工作人员的文化意识，减少和避免因语意的理解不同而造成的人为障碍。

第四，进行通信技能培训，合理安排时间，缓解压力和疲劳。

第五，使用双方都能准确理解的共同语言和标准船舶生产用语。

第六，达成共同的协议。在每一次通信结束以后，一定要形成一个双方或者多方都共同认可的协议，只有形成这个协议才叫作完成一次通信。通信结束的标志就是达成一个协议。在实际的工作过程中，常见到虽然进行了通信，但是最后没有形成一个明确的协议，大家就各自去工作了的情况。由于对通信的内容理解不同，又没有达成协议，最终会导致工作效率低下，双方又增添了很多矛盾。

第七，交流信息、思想和情感。通信的内容不仅仅是信息，还包括更加重要的思想和情感。在工作的过程中，很多障碍使思想和情感无法得到很好的通信。事实上，在通信过程中，传递更多的是彼此之间的思想，而信息的内容并不是主要的。

二、船舶生产中的人际交流

通信是指人与人之间建立联系，是联系的主要方式，但不是唯一方式。比如，说话、文字、表情、动作、音乐、图画等，都是日常生活中的交流方式。

（一）人际交流的方式

人际交流是在一段时间之内，有目的地进行一系列互动的行为。人际交流是一种历程，比如，与自己的亲人饭后闲聊或与好友通过电话聊天，甚至使用网络在聊天室内与网友们对谈，与自己的主管领导谈心，这些都属于人际交流。

1. 沟通机制的常用形式

船舶生产中人际交流的重点在于它是一种有意义的沟通历程。交流的过程中，其内容表现出的是"什么"，其意图所传达的理由是"为何"，以及其重要的价值对应出此次交流"有多重要"。沟通机制的常用形式包括以下几种。

（1）语言交流形式

语言交流是人们通过语言活动互相交流思想和情感的过程，在生活和工作中时刻都在进行着语言的交流。它由语言发送者、语言信息、语言信道、语言接收者、交流反馈、信道障碍和交流背景 7 个要素组成，包括语言表达过程和语言领会过程两方面内容。

①语言表达过程（说话）

在一定的沟通背景下，语言发送者首先从记忆库中选择并确定要沟通的言语信息，然后进行处理，把它转变为可发送的言语信号或声音信号（语音）。对这一过程进行的言语编码即为语言表达（生成）过程。

②语言领会过程（听话）

语言接收者想要达到交流的目的，必须首先接收语言发送者发送的言语信号（语言或文字），即携带言语信息的特定音形符号，然后根据自己已有的经验对它们进行加工，从而获得其中负载的言语信息，对这一过程进行的言语编译即为语言领会（理解）过程。

在交流过程中，若语言发送者具有的语言信息不充分或没有被正确有效地转变成可以沟通的语言信号，或者语言接收者对发送者传达的信息产生误解等，都可能产生交流障碍，不能达到有效交流的目的。

利用口语面对面地进行交流是最常用的一种语言交流形式，在口头言语交流中，声音的大小急缓、语调的高低和词序的变化等都会对信息的传递产生影响。随着通信技术的发展，语言交流的方式也在不断发生变化，除面对面交流外，还可以借助电话、网络等通信工具进行语言交流，更有最新的人机交流系统。

（2）文字交流形式

文字交流是指通过书面文字进行的沟通。在文字交流中，书写的形式、表达的风格和笔调等也是影响交流效果的因素。

①文字沟通的优点

书面记录可有形展示，可长期保存，可作为受法律保护的依据。首先，发送者与接收者双方都拥有沟通记录，沟通的信息可以长期保存，便于事后查询。其次，书面沟通显得更加周密，逻辑性强；条理清楚。书面语言在正式发表之前能够反复修改，选择最恰当的文字表达自己的意思，直至作者满意；作者所欲表达的信息能被充分、完整地表达出来，减少了情绪、他人观点等因素对信息传达的影响。最后，书面沟通的内容易于复制，十分有利于大规模传播。

②文字沟通的缺陷

首先，相对于口头沟通而言，书面沟通耗费时间较长。同等时间的交流，口头沟通比书面沟通所传达的信息要多得多。其次，书面沟通缺乏及时反馈机制，不能及时提供信息反馈，其结果是无法确保所发出的信息能够被接收到，即使接收到，也无法确保接收者对信息的解释正好是发送者的本意。最后，通常的书面文字沟通缺乏意境，发送者需要花费很长时间来了解信息是否已被接收并被准确地理解。

③文字交流的原则

在企业工作中，当某项系统性工程完成后都要写总结报告，在实施项目的时候，需要提供一个方案，这都是文字的交流。当组织或管理者的信息必须广泛向他人传播或信息必须保留时，报告、备忘录、信函等文字形式是口语形式所无法替代的。

采用文字进行交流的原则包括以下几个方面：文字要简洁，尽可能采用简单的用语，删除不必要的用语和想法；如果文件较长，应在文件之前加目录或摘要；合理组织内容，一般重要的信息要放在最前面；要有一个清楚明确的标题。

（3）非口语交流形式

提到"交流"二字我们通常的第一反应是口头表达的沟通，其实除了语言上的交流，通过非口语信息也是可以交流的。非口语交流可以强化口语所传递的信息，也可以混淆歪曲口语所传达的信息，因此，了解非口语的交流十分重要。非口语交流的方式有很多，如人与人接触时充分、合理地利用肢体语言来表达礼仪；老师授课时采用投影仪、幻灯片、笔记本电脑等多媒体技术和同学们进行交流等。

2. 交流渠道的选择

企业组织的沟通渠道是信息得以传送的载体，可分为正式或非正式的沟通渠道、向下沟通渠道、向上沟通渠道、水平沟通渠道。在选择交流渠道的时候，通常采用以下几种沟通方式。

（1）肢体语言

肢体语言（又称"身体语言"），是指通过头、眼、颈、手、肘、臂、身、胯、足等人体部位的协调活动来传达人物的思想，是一种形象的表情达意的沟通方式。用肢体表达情绪时，我们有很多习惯动作，诸如鼓掌表示兴奋，顿足代表生气，搓手表示焦虑，垂头代表沮丧，摊手表示无奈，捶胸代表痛苦，等等。当事人以此类肢体活动表达情绪，别人也可由之辨识出当事人用其肢体所表达的心境。

（2）表、图像

在会议中或者做报告的时候，除了文字以外，更直观的一种方式就是使用表、图像进行展示，这些可以使你的意图更直观形象地表达出来。

（3）语言交流

进行语言交流的时候，同一句话，用了这种语气，或者用了另一种表达方式，可以达到不同的效果。

（4）利用空间沟通

人与人之间的距离远近，是站着还是坐着，以及办公室的设备和摆设等，均会影响到沟通效果。人类学家观察发现，人与人之间在面对面的情境中，常因彼此间情感的亲疏不同，而不自觉地保持不同的距离。最亲密的人，彼此间可以接近到 0.5m；有私交的朋友，彼此间可以接近到 0.5～1.25m；一般公共场所的陌生人之间进行沟通时，彼此间的距离通常维持在 3m 以上。此种因情感亲疏而表现的人际间距离的变化，在心理学上称为人际距离。

（5）利用衣着沟通

人的外貌和衣着所传递的信息不同，所产生的影响也有差异。因为衣着可明显影响人们对不同的地位、不同的身份、不同的群体的认知。

（6）利用举止沟通

行为举止是指一个行为人在特定场合的各种活动中，较稳定的礼仪行为。职业场合正确举止包括人的站姿、坐姿、行走、手势、微笑等姿态。

（二）企业组织内沟通渠道

1. 正式沟通与非正式沟通

沟通渠道是指由信息源选择和确立的传送信息的媒介物，即信息传播者传递信息的途径。基于企业价值观的沟通渠道有两种方式：正式的和非正式的。信息源必须确定何种渠道是正式的，何种渠道是非正式的。

（1）正式沟通渠道

正式沟通是由组织建立的，主要用于传递那些与工作相关的活动信息，并遵循着组织中的权力网络，依据一定的组织原则进行信息传递与交流。

正式沟通的优点是沟通效果好，比较严肃，约束力强，易于保密，可以使信息沟通保持权威性。重要的信息和文件的传达、组织的决策等，一般都采取这种方式。其缺点是由于依靠组织系统层层传递，所以相对刻板，沟通速度较慢。

（2）非正式沟通渠道

非正式沟通渠道指的是正式沟通渠道以外的信息交流和传递，它不受组织监督，自由选择沟通渠道。在许多组织中，决策时利用的情报大部分是由非正式信息系统传递的。同正式沟通相比，非正式沟通往往能更灵活迅速地适应事态的变化，省略许多烦琐的程序。并且常常能提供大量的通过正式沟通渠道难以获得的信息，真实地反映员工的思想、态度和动机。因此，这种动机往往能够对管理决策起重要作用。

非正式沟通的优点是沟通形式不拘，直接明了，速度快，容易及时了解到正式沟通难以提供的"内幕新闻"。非正式沟通能够发挥作用的基础，是团体中良好的人际关系。其缺点表现在非正式沟通难以控制，传递的信息不确切，易于失真、曲解，而且可能形成小集团、小圈子，影响人心稳定和团体的凝聚力。

2. 组织成员沟通渠道

组织中成员的关系维护靠的是沟通，恰到好处的沟通，不仅可使组织内部的关系协调，而且能够很好地调节气氛，调动员工的积极性。但是，沟通有多种方式，通过有效的沟通渠道才能维系好组织的秩序。通过有效的沟通，上级可以及时地把工作传达给下属去执行，员工在工作中遇到困难也能及时地向上级反映，使问题及时得到解决。

（1）向上沟通渠道

向上沟通渠道主要是指团体成员和基层管理人员通过一定的渠道与管理决策层所进行的信息交流。沟通是信息的双向传达，它发生在上级和下级、员工与员工之间。其中下级与上级之间的沟通显得尤为重要，它有两种表达形式：一是层层传递，即依据一定的组织原则和组织程序逐级向上反映；二是越级反映，这指的是减少中间层次，让决策者和团体成员直接对话。

（2）向下沟通渠道

向下沟通渠道是指管理者通过一定的方式传送各种信息、指令和政策给组织的下层，一般包括有关工作的指示，工作内容的描述，员工应该遵循的政策、程序、规章，有关员工绩效的反馈，希望员工自愿参加的各种活动等。

（3）横向沟通渠道

横向沟通渠道指的是在组织系统中层次相当的个人及团体之间所进行的信息传递和交流。决策层之间的沟通、管理层之间的沟通、各分支和部门之间的沟通、员工之间的沟通，都属于横向沟通。

第三节　船舶生产团队与团队工作

一、船舶生产团队构建

从船舶生产团队创建和发展的历程来看，团队一般会经历成立期、动荡期、规范期、高效期和调整期五个发展阶段。

（一）团队成立阶段

船舶企业员工因为工作需要的联合称为一个班组，为了共同的企业目标而工作就必须组建团队。主要应完成两方面的工作：一方面是形成船舶生产团队的内部结构框架；另一方面是建立团队与外界的初步联系。

1. 团队的内部结构框架

在船舶生产团队的成立或者创建阶段要完成团队方案的策划和准备工作，一般要花费几个月的时间。在这个阶段，首先要考虑团队的定位问题，形成团队的内部结构框架，框架主要包括团队的任务、目标、角色、规模、领导、规范等。

2. 团队与外界的初步联系

组建船舶生产团队必须考虑与外界的初步联系，这包括：

第一，建立起船舶生产团队与组织的联系；

第二，确立船舶生产团队的权限；

第三，建立与船舶生产团队运作相适应的人事、考评、奖惩等制度体系；

第四，建立船舶生产团队与组织外部的联系，努力与社会制度和文化取得协调等。

这一阶段结束时，船舶生产团队的每个成员都应该清楚本团队能够实现的愿景。

（二）团队动荡阶段

船舶生产团队组建以后，团队成员在熟悉之后开始逐渐表达自己的感受，隐藏的问题逐渐暴露，同时也会表现出拒绝和不满，团队内部动荡或冲突可能会加剧。虽然团队成员已接受了团队的存在，但对团队强加给他们的约束可能会予以抵制。他们可能会对谁可以控制这个团队还存在争执或互不服气的现象。在这一阶段，热情往往让位于挫折和愤怒。

（三）团队规范阶段

经过一段时间的动荡，团队开始逐渐走向规范。在这个阶段，团队成员产生了强烈的团队认同感和归属感，团队表现出一定的凝聚力。团队成员的人际关系由分散、矛盾逐步走向凝聚、合作，彼此之间表现出理解、关心和友爱，并再次把注意力转移到工作任务和团队目标上，关心彼此的合作和团队的发展，并开始建立工作规范和流程，团队的工作特色逐渐形成，成员们的工作技能也有所提高。

（四）团队高效阶段

在这个阶段，团队结构已经开始充分地发挥作用，并已被团队成员完全接受。团队成员的注意力已经从试图相互认识和理解转移到充满自信地完成自己的任务。整个团队已熟练掌握如何处理内部冲突的技巧，也学会了开展团队决策和团队会议的各类方法，能通过团队会议来集中大家的智慧做出高效决策，并通过大家的共同努力去追求团队的成功。

1. 高效阶段的内容

团队在高效阶段的表现如下：①团队成员具有一定的决策权，可自由分享组织的信息；②团队成员信心足，具备多种技巧，能协力解决各种问题；③团队内部采用民主的、全通道的方式进行平等沟通，化解冲突，分配资源；④团队成员有着成就事业的高峰体验，有完成任务的使命感和荣誉感。

2. 高效阶段的团队领导工作

在此阶段，团队管理者应考虑以下工作：①思考和推动变革，更新业务流程与工作方法；②提出更具挑战性的团队目标，鼓励和推动员工不断成长；③监控工作的进展，通过承诺而非管理达到最佳效果；④肯定团队的整体成就，承认团队成员的个人贡献。

（五）团队调整阶段

随着工作任务的完成，很多团队都开始进入调整阶段。对团队而言，可能有以下几种结局。

1. 团队解散

为完成某项特定任务而组建的任务型团队会伴随着任务的完成而解散。在这一阶段，团队成员的反应差异很大，有的很乐观，沉浸于团队的成就中；有的则很伤感，惋惜于团队中建立的合作关系不能再继续。

2. 团队休整

有一些团队在完成阶段性工作任务之后，会开始进行休整，准备进入下一个工作周期，在此期间可能会有团队成员的更替，即可能有新成员加入，或有原成员流出。

3. 团队整顿

对于表现欠佳的团队，进入休整期后可能会被勒令整顿，整顿的一个重要内容就是优化团队规范。

二、船舶生产团队管理

（一）船舶生产团队工作

1. 船舶生产团队管理措施

船舶生产团队其实质是以生产任务为目标的实践团队。人员、过程、技术是实践团队的三个基本要素，这三个要素相互支撑，相互作用，并随着团队演进的不同阶段发生着变化。任何推动团队发展，适应团队变革的技术，都应适合每一阶段的要求。实践团队经常运用自己成熟的工艺整合其他企业的技术，譬如通过船舶行业协会与外界进行沟通和协作。这些技术使得团队的作用得到更好的发挥，同时有力地提高了团队成员的技术水平。

2. 船舶生产团队协作方法

船舶生产团队协作方法是指团队的每个成员都知晓行为的预期过程，并做出自己的最大贡献，以便最大限度地提高生产效率和减少任何错误所产生的影响。船舶生产良好的团队协作方法包括以下几点。

（1）团队领导力求坚定，但又不失灵活和友好

这与专制系统对照而言，专制系统里所有的事情都是由一人决定的。如果专制的领导犯了错误，就很少或没有检查或反馈。同样，如果缺乏坚定的领导，各行其是的"自由主义"模式也一样糟糕。

（2）团队成员各司其职，管理人员需要随时监督生产和操作行为的正确性

管理人员负总的责任但不能专制，管理人员的热情、友好的评价和幽默有助于激励团队保持乐观向上的心态。

（3）决策时基于事实，不能依赖个人偏见或主观臆断

团队每一成员的贡献自有其价值，会产生强烈的激励作用。团队成员所有的行动都是团队的共同决策，而不仅仅是上级的决定。

（4）团队成员间要有良好的沟通，能顺利地接纳新的成员

不要害怕询问团队管理人员或者技术人员，协作员工也要表现出相当的灵活性、应变性，尽快使自己成为团队的成员之一。

（5）团队成员间要相互提供支持，避免失误链的形成

要共同按照管理人员的决策和授权办事，因为管理人员往往能够控制和了解全局。在团队协作下，成员都应能正确地应对各种紧急情况和环境局面的变化，避免对小问题纠缠不清而忽视了优先考虑大问题。

（6）遵循规定的操作程序和生产计划，注意现场易变环境

所有团队人员应保持不间断的警戒，杜绝对自动化设备和辅助仪器的过分依赖。加强情景意识，对特定情况进行预先考虑。保持良好的沟通和通信，适时提出建议和询问。

（二）班组团队的管理

从安全生产管理角度来讲，造船班组团队是船舶生产过程中最基本的一个团队，也是船舶生产安全工作的基本环节，是有效提高船舶生产效率、实现安全生产的基础。现代船舶生产企业的实践经验也充分证明，抓好造船班组团队建设这一环节是船舶生产管理的关键所在。

1. 班组团队建设的意义

（1）实现船舶企业安全生产

员工队伍的现实状况与日益发展的船舶工业不相适应，与实现安全生产的要求有较大矛盾，这就给船舶企业带来了很大困难。解决这个矛盾很重要的一个措施就是加强班组生产管理建设。

（2）有效避免船舶生产事故发生

当前有效地控制事故发生的关键是管理，最基本的环节应该是做好班组安全建设。只有控制好生产第一线班组的"物"和"人"这些不安全因素，才能有效避免各种灾害事故的发生。

（3）减少和消除人为的失误

随着我国船舶工业的迅猛发展，相当一部分船舶生产企业原有的设备和设施已与现代船舶生产规模不相适应，虽然逐年有所改造，劳动条件也有相应改善，但还不能满足发展要求。实践证明，从我国目前的船舶生产技术、物质条件的实际情况出发，只要思想上重视并加强船舶生产管理就可以使伤亡事故发生率大幅度降下来。而在加强船舶生产管理的过程中，班组团队的建设是关键所在。

2. 班组团队建设的内容

班组团队建设涉及面很广，主要包括班组生产组织建设、班组生产制度和台账、班组生产学习和训练、班组生产目标管理、标准化船舶生产作业和现代化船舶生产管理方法等内容。

（1）班组生产组织建设

班组是企业管理和员工从事生产劳动的最基本单位，各项安全生产工作最终都必须通过班组去实施和完成。所以班组生产组织的建立和健全对于班组团队建设是至关重要的。

在生产班组中，班组负责人是班组安全生产的第一责任者，对班组生产负全面责任。在计划、布置、检查、总结、评比生产工作的时候，要同时计划、布置、检查、总结、评比安全工作，把班组生产指标和安全指标统筹考核。但是，班组生产管理工作不能光靠班组负责人来抓，其精力毕竟是有限的。所以，班组成员还应协助班组负责人搞好安全生产工作，同时按照我国的相关法律和法规开展群众性监督检查，及时发现隐患、报告险情、制止违章。

（2）班组生产制度和台账

班组生产制度是为了防止各类事故发生、实现安全生产而制定的行为规范，是国家有关安全管理政策、法规在班组的具体体现。班组生产规章制度由两部分组成：一部分由船舶生产企业统一制定；另一部分由班组根据本班组的实际情况制定，主要是使船舶生产企业制定的制度更具体、更完善。

（3）班组生产学习和训练

班组要定期组织员工学习国家有关安全法规和船舶企业的安全生产规章制度，还要结合安全操作的技能训练，不断提高员工的安全意识和安全技术素质。新员工必须经过安全教育培训，经检验合格后才能上岗。在采取新的生产方法、添设新的技术设备、制造新的产品或调换工人工作时，必须对员工进行新操作法或新工作岗位的安全教育和训练。

（4）班组生产目标管理

班组生产目标管理就是围绕实施企业确定的目标来开展班组管理的一种科学方法。其实质是把安全生产责任制具体化、数量化，同时从目标分解、责任落实、监督考核、奖惩兑现等方面形成一个完整的管理体系。船舶企业对实行安全生产责任制应具有一定的强制性，并且利用经济杠杆进行调节，对促进各类员工重视船舶安全生产工作起到积极的作用。

（5）标准化船舶生产作业

标准化船舶生产作业是一种科学的作业方法，它统一和优化了船舶生产作业程序及作业标准，可以避免多余的、不合理的、不安全的动作，从而达到作业轻松、迅速、安全和高效的生产效果，以求得最佳的作业质量、作业条件和船舶生产效益。它不仅是现代化生产的客观要求和企业实现科学管理的重要手段，而且是控制人的不安全行为，避免事故发生所必须遵循的客观规律。

（6）现代化船舶生产管理

班组要结合自己的特点，逐步以系统安全检查表、事故因果分析和安全评价等现代科学管理方式作为事故的预防预测手段。对本班组过去发生的各类事故要进行科学分析，掌握事故发生的规律，联系生产作业实际，确定预防事故的重点并制定预防措施。

班组是船舶生产企业各项生产技术和管理活动的基础，是船舶生产企业最基层的管理组织。班组管理直接关系到企业现场管理水平。班组管理基础扎实，现场管理水平就高；反之，企业的现场管理就会失去基础。在班组管理活动中，应依靠班组每一个员工，充分发挥员工的工作积极性，才能充分体现管理的效果。

（三）外协生产队伍的管理

船舶建造属于劳动密集型产业，通常需要大量的一线工人来满足生产的需要。近些年来，随着我国船舶工业的快速发展，船舶企业内部的技术工人数量已难以满足生产的需要，导致船舶企业大量实施外协队伍承包工程措施，即使用外部的施工队伍来完成大量的低附加值劳动密集型工作，船舶生产一线工人中外协员工占据了较大的比重。

1. 船舶企业外协队伍的现状

外协员工也是船舶生产团队的一个组成部分，他们对我国船舶建造企业的迅猛发展的确起到了重要的拉动作用，但他们目前的整体文化素质、安全意识、专业技能远远不能满足我国船舶企业快速发展的需求，致使船舶生产事故频繁发生，已经构成现代船舶企业安全生产的主要威胁。另外，外协员工队伍不稳定性高，每年都会更换大批人员，这给船舶行业从业人员的教育培训、自身专业技术水平的提高、自身安全意识的增强等都带来了很大的麻烦，在一定程度上使得船舶企业安全生产得不到充分保证。

（1）企业与外协队伍的合作方式

船舶企业的外协队伍主要承接的是制作船舶装配、喷涂、磨砂等苦脏累作业和职业危害较严重的工作。目前企业与外协队伍的合作方式有以下几种。

1）直接分包

直接分包就是将船舶建造部分工程发包给外协队伍，船舶企业在中标价的基础上抽取一定利润，但缺乏对外协队伍施工过程的监管。这种方式在市场经济早期较为普遍，往往会造成工程安全事故和施工工期的滞后，给企业造成很大的信誉损失。另外在发生大的不可预见经济损失的时候，外协队伍不愿承担责任，容易和企业发生合同经济纠纷，给企业成本和信誉都带来很大影响。

2）劳务分包

这种形式有综合劳务分包和单项劳务分包，就是船舶企业提供主要材料和大型设备，除此以外的劳务、非主要材料和小型机具都由外协队伍自行负责，船舶企业对外协队伍在技术、安全、质量和合同等方面进行监督，外协队伍不承担因主要材料价格的变动而引起的市场风险。这种方式主要解决了船舶企业某些岗位人员紧缺的问题，是目前企业采取的最常见的一种合法形式。但这种形式由于企业自身在技术、安全、质量和合同管理上的一些人员和经验不足，容易造成安全和质量事故，同时在材料和机械台班使用上存在浪费现象，从而加大企业的运营成本。

3）清工分包

清工分包就是外协队伍只提供劳务工，其他的均由船舶企业提供和管理。这种方式目前使用不多，对企业来说，这种方式使用成本低，对管理成本和管理要求较高，但在安全、质量、工期和成本上容易进行控制。

（2）外协队伍组织构成

目前，我国船舶企业中普遍存在外协队伍，少则1~2个，多则几十个，国内的大型船舶企业都有近千人以上的外协队伍。一般情况下，外协队伍是由比较熟悉船舶建造和钢结构企业业务和情况、有一定社会交际能力的个体老板招纳的本地或外地工人组成，其自身管理能力和施工经验不足，施工效率低下。

（3）外协队伍经营情况

有一部分外协队伍是独立法人实体，在工商部门办理了工商营业执照，也有一部分外协队伍是非法人实体，但与船舶企业签订了承接业务协议书，承包着有关工作任务。外协施工队伍的抗风险能力低。企业对施工队伍缺乏有力监督和管理，以包代管现象普遍存在。企业在施工中提供的必要协调和服务不到位，过度追求利润，不能实现和外协队伍之间的合作共赢。

（4）外协队伍人员素质情况

外协队伍的施工能力不高，施工人员整体技术素质低下，施工队伍片面追求利润的最大化，企业没有对外协队伍进行必要的岗前培训和思想教育，施工中必要的投入不足，甚至有偷工减料的情况。

2. 船舶企业使用外协队伍的原因

（1）降低企业固定员工劳资和人身伤害风险

在我国船舶生产企业快速发展的过程中，在生产任务艰巨的情况下，将部分低附加值劳动密集型工作交给外协队伍完成，可以降低由自主招工带来的劳资和人身伤害等方面所面临的风险。

（2）减少对员工的管理任务

使用外协队伍可以减少对员工的日常管理任务，将企业的管理重点转向重点生产事务，同时减少船舶企业的管理机构和人员配置。

（3）减少企业的阶段性经费开支

从短期的效益上看，外协队伍可以按市场价谈判压价，有利于减少企业某一阶段的经费开支。

（4）减轻企业的工作压力

一些技术含量稍低的苦脏累的工作发包给外协队伍来完成，可以减轻企业的工作压力。

（5）转移高危岗位职业风险

一些船舶企业高危岗位或职业危害严重的岗位即便出现了事故和问题，但由于工程发包给了有独立法人资质的外协队伍，就转嫁了行政、经济、法律上的风险，保护了企业的实际利益。

3. 外协队伍管理的对策

针对外协队伍的现状和存在的问题，做好外协队伍的安全管理工作是当前所有船舶建造企业的一项最重要的工作，通常可以采用以下对策。

（1）规范外协队伍的进场审核管理

船舶建造企业有关负责人原则上要尽量不使用外协队伍，如果因生产需要确实要使用外协队伍，要尽量减少使用的个数，减少交叉作业、管理混乱的状况出现。

对外协队伍实行准入制度，外协队伍应有基本的技术、管理人员，有一定的业绩和信誉。这样从源头上把关，降低了施工生产风险和法律风险，减少了选择队伍随意性大所带来的不利因素。认真审核外协队伍与雇佣劳务人员之间是否签订劳动合同。同时，对于进场的外协队伍必须缴纳一定数额的保证金，用于安全、质量、工期和劳务工资的违约处罚。

（2）加强外协队伍的施工过程控制

及时履行合同中甲方的义务，对外协队伍进行严格筛选，对外协队伍的人员构成、业务素质、安全生产管理状况等方面进行认真的筛选，凡不符合安全生产条件的外协队伍坚决不用。按照合同对外协队伍施工的质量、数量和节点工期进行考核，做好施工过程记录和签认，及时提醒施工队伍不合格工程的情况，避免因大面积不合格工程返工造成外协队伍的损失。

（3）加强外协队伍的技术培训和安全教育

加强对外协队伍的法定代表人、安全生产负责人、安全管理人员组织安全培训，并颁发相应的安全培训资格证书。对所有进场的施工人员必须进行岗前培训，就培训的内容和参加的人员做好记录备案。

进厂作业的外协队伍员工必须进行公司、车间、施工队三级安全教育，经考试合格后方可准予办理出入证，进入施工区域。特殊工种作业人员必须持有有效的特殊工种操作证方可上岗，变换工种或在施工单位之间流动的人员必须重新进行三级安全教育及考核，必要时对施工人员的技能和安全常识进行考试。针对工程的特点和使用的新结构、新材料和新工艺进行专门的培训和考核。

（4）做好施工过程的服务、协调和沟通

做好施工过程的技术交底工作，及时解决施工中存在的技术难题，替外协队伍出主意想办法，提高工程质量和劳动效率；与施工队伍多沟通，帮助其解决施工以外的困难，了解他们的思想动态，同时把企业的施工部署和理念传输给他们；及时帮助解决外协队伍与外部的关系，避免因窝工给外协队伍造成损失，为外协队伍创造良好的施工条件。

（5）加大对安全设备、设施的投入

船舶建造行业是一个高危行业，船舶企业要给外协队伍提供符合安全生产条件的场地、设备、设施，对外协队伍提出明确的安全要求，经常开展安全检查和维护保养，给外协队伍配齐配好各种劳动保护用品，按规定配置专职或兼职的安全管理人员。除此之外，企业还应对外协队伍做好安全技术交底，组织学习各种安全规章和制度，提高施工人员的安全技能和意识，保障工作顺利安全开展。

第三章　船舶电气与机舱管理

第一节　船舶安全用电

缺乏安全用电常识或对电气设备的使用管理不当，是发生触电事故的主观原因。电气设备的绝缘损坏使原本不带电的物体带电，是发生触电事故的客观原因，也是最大的安全隐患，同时环境条件对造成触电也有着重要影响。

一、触电原因及预防

（一）触电伤害的种类

当人体触及带电体，或带电体与人体之间闪击放电，或电弧波及人体时电流经人体进入大地，或通过其他导体形成导电回路，人体受到较高电压或较大电流伤害，造成人体局部受伤或致残，甚至死亡的现象称为"触电"。按照电能施加的方式和危险程度，触电分电伤和电击两种。

1. 电伤

电伤是电流转变成其他形式的能量造成的人体伤害，包括电能转化成热能造成的电弧烧伤、灼伤和电能转化成化学能或机械能造成的电印记、皮肤金属化及机械损伤、电光眼等。电伤多数是局部性伤害，在人身表面留有明显的伤痕。

2. 电击

电击是指电流通过人体内部，对人体心脏、肺等内部器官和中枢神经系统的正常工作造成伤害，严重可危及生命。人遭受电击时，轻者发生痉挛、呼吸困难等情况，重者失去知觉甚至死亡。电击是针对人体的一种全身伤害，但一般不在人身表面留下大面积明显的伤痕。

（二）触电形式

触电形式主要可分为直接触电、间接触电、感应电压触电、剩余电荷触电等几种形式。每种方式下又有不同的具体触电方式。了解这些触电方式有助于避免在船舶及岸上触电事故的发生。

1. 直接触电

直接电击是指人体直接触及正常运行的带电体所发生的电击，如误触相线、刀闸或其他设备带电部分等。按照人体触电的方式和电流通过人体的途径，直接触电主要有4种情况：双线触电、电源中性点接地的单相触电、电源中性点不接地的单相触电、弧光触电。

（1）双线触电

双线触电是指人体同时与两相电接触的触电。这种方式人体承受的是线电压，且有电流通过心脏，无论是在船上还是在陆地上，都是最危险的触电方式。

（2）电源中性点接地的单相触电

此时人体承受相电压，电流经过人体、地、船体和中性点的接地线形成闭合回路，触电后果也非常严重。因为一般远洋船舶上采用的都是三相三线绝缘电力系统，故此种方式一般发生在陆地上，在船上仅船舶在靠泊或修船期间采用岸电供电时有可能发生这种情况。

（3）电源中性点不接地的单相触电

对于大多数船舶电力系统而言，由于电源中性点不接地，电源线与船体间是隔离状态，因此发生单相触电时，从理论上讲人体不会流过电流。但实际上一方面因船上电缆与船体间存在分布电容（电缆越长电容越大）从而产生容抗；另一方面船上绝缘也经常不太理想，因此当发生单相触电时，流过回路：电源A相→人体→地→相与地间的阻抗→电源的电流可能比较大，从而造成触电伤害。

（4）弧光触电

弧光触电是指人靠近高压线（高压带电体），高压可击穿电线与人体之间的空气，造成弧光放电而产生的触电伤害。弧光触电可将人体烧伤，严重时可致死亡。现代船舶采用高压电力系统的越来越多，因此应防范这种触电事故，时刻注意与高压系统保持足够的安全距离。

2. 间接触电

间接触电是指电气设备发生故障后，人体触及该意外带电部分所发生的电击，如大风或船损导致电线接触到本不带电的物体上，电动机等用电设备的绝缘损坏而引起外壳带电等情况下导致的触电。间接触电也有两种方式：跨步电压触电和接触电压触电。

（1）跨步电压触电

当带电体接地有电流流入地下时，电流在接地点周围产生电压降，人在接地处两脚之间电位不同因而产生了跨步电压，由此引起的触电事故叫跨步电压触电。人受到跨步电压作用时，电流虽然是沿着人的下身，从脚经腿、胯部又到脚与大地形成通路，没有经过人体的重要器官，好像比较安全，但是实际并非如此，因为人受到较高的跨步电压作用时，双脚会抽筋，使身体倒在地上。这不仅使作用于身体上的电流增加，而且使电流经过人体的路径改变，可能流经人体重要器官，如从头到手或脚，因而这种触电方式也非常危险，能对人体造成致命伤害。

跨步电压触电一般发生在高压电线落地时，但对低压电线落地也不可麻痹大意。根据试验，当牛站在水田里，如果前后跨之间的跨步电压达到 10V 左右，牛就会倒下，电流常常会流经它的心脏，触电时间长了，牛就会死亡。

（2）接触电压触电

间接接触电压触电是指在正常情况下电气设备不带电的外露金属部分，如金属外壳、金属护罩和金属构架等，在发生漏电、碰壳等金属性短路故障时就会出现危险的接触电压，如果这时人体不同部位如手、脚同时触及具有不同电位的部位，人体就会承受电压，由此电压导致的触电即为接触电压触电。

接触电压就是指人接触与接地装置相连的电工设备外壳等接触处和人站立点间的电位差。电流通过接地装置时，大地表面会形成以电流入地点为中心的分布电位，距电流入地点越近，电位越高。

3. 感应电压触电

带电设备通过电磁感应和静电感应作用，对附近停电设备上感应出一定的电位，此电位大小与带电设备的电压、电气和几何对称度、停电设备与带电设备的接近程度、平行距离及其他多种因素有关。

如果感应出电压足够高，人接触到停电设备，就会导致感应电压触电。此外电力线路对通信等弱电线路的危险感应，还经常造成通信设备的损坏甚至工作人员的触电伤亡。

4. 剩余电荷触电

电气设备的相间和对地间都存在一定的电容效应，当电源断开时，刚断开的停电设备上由于电容效应将保留一定的电荷，这就是所谓的剩余电荷。此时如果人体触及停电设备就可能遭受剩余电荷的电击。设备容量越大，遭受电击的程度也就越严重。因此对未装地线的较大容量设备，在其停电工作或测试时应逐相短路接地、放电后进行。

此外，诸多电气设备的电源部分、变频器等都含较大的电容，在检修前也应对其充分放电，防止电容上剩余电荷导致的触电。

（三）影响触电伤害程度的因素

影响电击伤害严重程度的主要因素有如下几个方面。

1. 电流的大小

通过人体的电流越大，人体的生理反应越明显，感觉越强烈，破坏心脏正常工作所需的时间越短，致命的危险性越大。

按照通过人体电流大小的不同，以及人体呈现状态的不同，可将电流分为感知电流、摆脱电流和致命电流。

（1）感知电流

感知电流是指在一定概率下，引起人感觉的最小电流。不同人的感知电流是不同的，取平均值，成年男性约 1.1mA，成年女性约 0.7mA。

（2）摆脱电流

摆脱电流是指人触电后能自主摆脱电源的最大电流。成年男性平均约为 16mA，成年女性平均约为 10.5mA。一般情况下，当流过人体的交流电流在 15~20mA 以下时，人体是安全的，此时人的头脑清醒，自己有能力摆脱带电体。

（3）致命电流

致命电流是指在较短时间内危及生命的最小电流，通常规定为 30mA。当流经人体电流大于 30mA 时，就有发生心室颤动的危险，而电击致死的主要原因是电流引起心室颤动而造成的。

2. 电流持续时间

通电时间越长，越容易引起心室颤动，也就越危险。有经验证明，100mA 的电流通过人体持续 0.2s 以上，就完全可能置人于死地。

3. 电流的种类和频率

一般来讲，直流的危险性比交流小。直流对人体有分解作用，交流对人的神经起破坏作用。频率 25~300Hz 的交流电，对人体的伤害最严重，10Hz 以下和 1000Hz 以上伤害程度明显减轻，如电流频率为 1MHz 时，人体可流过达 1A 的电流而基本没危险。

4. 电流的途径

电流通过人体的任何一个途径都可能使人死亡。例如，电流经过身体某一局部，可能引起中枢神经紊乱而导致死亡，电流通过人的头部会使人昏迷，甚至死亡。心脏是人体的薄弱器官之一，通过心脏的电流越多，电击致命的危险性就越大。所以，从左手到前胸是最危险的电流途径；从手到脚、从左手到右手也是很危险的电流途径；从左脚到右脚的电流途径的危险性小，但可能因痉挛而摔倒，导致电流经过全身或引起其他二次事故。

5. 人体电阻

人体的平均电阻可按 $100\sim3000\Omega$ 考虑，一般正常情况下按 $1000\sim1500\Omega$ 计算。但接触电压一定时，流过人体的电流决定于人体的电阻。人体电阻越小，流过人体的电流越大。人体电阻包括人体的内部电阻和皮肤电阻。

人体电阻不是固定不变的。接触电压增加、皮肤潮湿程度增加、通电时间延长、接触面积和接触压力增大、环境温度升高以及皮肤破损都会使人体电阻降低。

6. 人体状况

人体的健康状况和精神正常与否是决定触电伤害程度的内在因素。体格强健、身心健康者，其耐受能力较强，触电危险性相对小些，而身体虚弱者的危险性就较大。患有心脏病、结核病、精神病、内分泌器官疾病和酒醉者，由于自身抵抗能力较差，还可能诱发其他疾病，触电的后果更严重。此外，女性和儿童触电的危险性都比较大。

（四）安全电流和安全电压

安全电压又称"安全特低电压"，它是兼有防止直接触电和间接触电的防护措施。安全电压与安全工作关系极大，它是制定安全措施和保安设计的依据。如果把安全电压规定过低，对人身安全有很大好处，但会增加投资甚至造成不必要的浪费；反之，如果规定得过高，虽然满足经济的要求，但会对人身安全造成很大威胁。因此确定安全电压的原则是，在保证安全的前提下尽可能提高经济性。

实际上对触电后果造成直接影响的是触电电流而不是电压，但如果假设安全电压是指作用于人体的有效电压，而取人体电阻为一定数值，这样一个安全电流值就和某一个安全电压值相对应了。在实际使用时，大家习惯使用安全电压来作为遵循的指标，因为使用安全电压比使用安全电流来得简便。

1. 安全电流

触电的特定条件和场合不同，触电后的危险程度也不同，因此确定安全电流的原则和大小也不同。

在触电后如果电源能自动消失的场合，可把不致引起心室颤动、人体所能忍受的极限电流作为安全电流，并考虑触电持续时间的影响；在触电后电源不会自动消失但也不会引起其他性质的伤害（如泳池触电后会导致溺死）的场合，可把不致引起心室颤动的电流值作为安全值，并考虑到时间较长，通常取 30mA 作为安全电流值；在触电后电源不会自动消失且有发生二次危险的场合，则应以摆脱电流作为安全电流值。

2. 安全电压

安全电流确定后，安全电压就由安全电流与人体电阻的乘积来确定。显然，安全电压在不同场合应有不同的值。

触电后电源不会自动消失但也不会引起其他性质的伤害是最常见的一种情况，因此它所对应的安全电压是最基本的一个指标。我国所采用的基本安全电压为50V，即取安全电流为30mA、人体电阻1700Ω时得到的安全电压值。

在特别危险的场合，取安全电流为摆脱电流，并取人体电阻为几百欧至几千欧，即可得到该情况下的安全电压值，该值当然小于50V，如6V、12V、24V、36V等。

安全电压应根据人体和环境状态等因素选用。特别危险环境中使用的手持电动工具应采用42V安全电压；有电击危险环境中，使用的手持式照明灯和局部照明灯应采用36V或24V安全电压；金属容器内、特别潮湿处等特别危险环境中使用的手持式照明灯应采用12V安全电压；在水下作业等场所工作应使用6V安全电压。采用超过24V的安全电压时必须采取防止直接触及带电导体的防护措施。

（五）触电事故的原因及预防

1. 触电原因

在船上及船舶相关作业中发生的触电事故，分析起来，大多是由下列原因引起的。

第一，缺乏安全用电意识，违反操作标准或误操作，直接接触或过分靠近具有触电危险的设备。

第二，电气设备和设施运行监管不严，检修不合格，维修不及时等，造成电气设备不合格，如电线或电缆绝缘损伤后未能及时处理，电气设备年久失修未能及时更换；绝缘破坏，且未妥善接地，造成人体接触到此类设备的金属外壳而触电等。

第三，遇到紧急情况时，过度紧张、举措失当，意外触及带电体而触电。

第四，偶然因素，如船体受损，火灾使电线与人体接触等。

以上触电原因中，除了偶然因素外，其他的都是可以避免的。

2. 预防措施

第一，克服麻痹思想，严格遵守安全规程、安全用电规则。

第二，学习安全用电知识，提高安全意识，主动识别潜在危险。

第三，强化安全用电意识，强化应急应变能力的训练。

第四，做好电器设备的维修保养工作，及时发现问题，及时维修和保养电气设备，保证电气设备的良好绝缘和良好接地。

（六）触电急救

当发现有人遭受电击伤害时，应迅速组织现场急救。急救工作包括下列内容：脱离电源；对症急救。

1. 脱离电源

发现有人触电时，应立即设法让触电者脱离电源。这项动作应让电工或受到安全用电方面培训的人员执行，没有把握时应迅速报告上级领导，及时采取相应措施。在脱离电源时应注意下列情况。

如果事故离电源开关较近，应立即切断电源开关；如果事故离电源开关太远，来不及立即断开，救护人员可用干燥的衣服、手套、绳索、木板、木棒、绝缘杆等绝缘物作为工具，拉开触电者或挑开电源线使之脱离电源；如果触电者因抽筋而紧握电线，可用干燥的木柄斧、胶把钳等工具切断电线；或用干木板、干胶木板等绝缘物插入触电者身下，以隔断电流；如果触电者在高处，应采取安全措施，防止触电者从高处跌落受伤。在触电者未完全脱离开电源前，救护人员切勿直接接触触电者，情况特殊时最好只用一只手操作并做好救护人员对地的隔离措施，防止救护人员发生触电事故；当触电者脱离电源后，应注意及时处理现场，排除危险，防止再次触电。

2. 对症急救

触电者脱离电源后，应按照触电者的受伤程度采取相应的救治办法。尽量在现场救护，同时申请医疗方面的帮助，不要随便移动触电者，做到先救后搬；现场救护和搬运中也要注意触电者的变化，按伤势轻重采取不同的救护方法。

（1）如触电者伤害不太严重，神志清醒，只感到心慌、乏力、肢体发麻时

应将其抬到通风处平卧，同时注意观察触电者脉搏、呼吸等情况，如有必要及时请医生诊治或寻求外界帮助。

（2）如触电者神志不清，但呼吸、心跳正常

应将其抬到空气清新处平躺，解开衣领以利呼吸，并召请医生。如发现呼吸困难、脉搏变浅或发生痉挛，应准备心跳停止时的进一步救护。

（3）如触电者呼吸停止，但心跳存在

应立即采用人工呼吸法抢救；如触电者有呼吸无心跳，应采用胸外心脏按压法进行抢救，使其恢复心跳；如触电者心跳呼吸均已停止，则应立即按心肺复苏法就地进行抢救。只要触电者没有明显死亡症状就应坚持抢救。

二、安全用电

(一) 安全用电规则

防止人身触电事故，应从两方面采取措施。一方面在技术上要采取相应的防护措施，如利用绝缘材料对带电体进行封闭和电位隔离，用屏护或障碍方法防止人体接触到带电体，还应注意电气隔离、特低电压、安全距离、漏电保护、自动断开电源、等电位等；另一方面也需要制订安全用电规则并加强教育，防止人为因素导致的触电事故。

安全用电规则是在以往大量触电事故和理论知识的基础上分析总结出来的，必须严格遵守。不同的场所应根据具体情况制订相应的安全用电规范。由于与人们工作生活密切相关，人们容易接触到、最易发生危险的是低压电，因此本处的安全用电规则也仅针对低压电部分。高压电的维护和管理需经专门的培训来确保能够安全地操作和维护高压电力系统。

在船舶电气维护管理和其他相关工作中，作为电气设备的维护和管理人员，在工作中应遵循以下安全规则。

第一，工作服应扣好衣扣，必要时扎紧裤脚，不应把手表、钥匙、项链、手链等金属物品戴在身上，工作时应穿电工绝缘鞋。

第二，检查自己的工具是否完备良好，如各种钳柄的绝缘、行灯、手柄、护罩等，如发现有缺陷，应及时更换。

第三，电气器具的电线、插头必须完好，插头应与插座吻合，插头、插座、电线等都不能过载，无插头的移动电器不准使用，36V 以上的电器外壳必须安全接地。

第四，不要先开启开关后接电源（指手提电器），禁止用湿手或在潮湿的地方使用电器或开启开关。

第五，在修理任何线路及线路上的电器时，应切断电源（或从进线端取下熔断器），并挂上警告标示牌。修理完毕后，在通电前应先查看相关线路上有无其他人在工作，确定无人后，才可装上熔断器，合上开关。

第六，换熔丝时，一定要先拉断开关，并换上规定容量的熔丝，不得用铜丝或其他金属丝代替。

第七，检查电路是否带电，只能用万能表、验电笔和校验灯。在未确定无电前不能开展工作。带电作业必须报告轮机长批准。带电作业时除穿工作鞋、戴绝缘手套外还应戴防护面具，作业时必须两人一同进行，一人作业一人监护；尽可能用一只手触及带电设备及进行操作。

第八，在带电设备上严禁使用钢卷尺等金属尺进行测量工作。

第九，高空作业应先申请，获批准后方可进行。高空作业（离地 1m 以上）时应系安全带，以防失足或触电坠落，同时要注意所携带的工具、器材，防止失手落下误伤他人和损坏设备。

第十，在维修和检查有大电容（或电感）的电气设备时，应将电容器充分放电，必要时可先予短接。

第十一，在机舱工作时，应保持适当的照明，所用灯具电压应符合安全标准。

第十二，工作完毕后，应检查清点工具，不要遗留。特别是在配电板、发电机等重要设备附近工作时更应注意不必要的灯或未燃尽的火应熄灭。

第十三，严禁使用四氯化碳作为清洁剂（四氯化碳易损害绝缘层）。

第十四，电路接线部分不应有接头裸露或用裸线接入插座。

第十五，发现电气设备发生不正常现象时，应马上停止使用，及时采取适当的措施（如切断电源）防止发生火灾或烧坏设备。

第十六，为确保电气设备的安全运行，非责任者不得随意移动船上电气设施，保险丝容量不准随意更改。

第十七，夏天或密闭空间等其他易致人体出汗的场合，在使用电焊、通风、照明等电气设备时应特别注意触电危险。

第十八，电气设备的移动应在断电且电源线从插头拔出的情况下进行。

第十九，手持电动工具应按照国家标准制定安全操作规程，并严格遵守。使用前，应尽量选用手持电动工具，并检查设备完好情况。

第二十，电焊作业人员必须经过专门培训。电焊机要按要求设置焊机二次回路的工作接地线，避免"一根龙头线拎到哪里焊到哪里"的现象。

第二十一，船上临时用电应征得电气管理人员的同意，电气管理人员有责任和义务纠正本船不安全用电的行为。

（二）电气安全用具

安全用电规则的遵循，很大部分要依赖电气安全用具。电气安全用具是指进行电气操作、检查、维修等工作时使用的保安器具，用以防止工作中的电击。

电气安全用具分为绝缘安全用具和一般安全防护用具两大类。船上常见的绝缘安全用具有验电笔、带有绝缘柄的电工工具、绝缘手套、绝缘靴（鞋）、绝缘垫、绝缘台等，防护安全用具有安全标示牌、防护眼镜、安全帽、安全带等。

第二节　船舶电子电气管理

一、船舶电子电气系统的接地

船舶接地，就是把船舶电气设备的金属外壳、支架或电缆的护套等与大地等电位的船体所做的永久性良好电气连接。它是一项保证电子电气设备正常工作和防止触电的重要的安全保护措施。

船舶电子电气系统中常见的有如下几种接地：

（一）工作接地

为保证电气设备在正常工作情况下可靠运行所进行的接地称为工作接地，如船上电焊机的接地线、三相四线制系统中的中性点接地、阴极保护装置、绝缘监测系统等，工作接地是构成正常工作回路的一部分。

（二）保护接地

为了防止电气设备因绝缘破坏，使人遭受触电危险而进行的接地称为保护接地。船舶保护接地是将电气设备的金属外壳与船体钢结构件做良好的电气连接。当具有保护接地装置的电气设备绝缘损坏外壳带电时，接地电流和短路电流流过人体和接地体两条通路，流过每一通路的电流值与其电阻值大小成反比，一般接地电阻远远小于人体电阻，因而流经人体的电流几乎为零，从而使人体避免触电。

电气设备保护接地的主要要求有以下 6 点。

第一，电气设备的金属外壳均需要进行保护接地。但下列情况除外：工作电压不超过50V 的设备；具有双重绝缘设备的金属外壳；为防止轴电流的绝缘轴承座；荧光灯管的紧固件；正常运行不可能带电或接触接地部件的金属部件、电缆紧固件等。

第二，当电气设备直接紧固在船体的金属结构或紧固在船体金属结构有可靠电气连接的底座（或支架）上时，可不另设置专用导体接地。

第三，无论是专用导体接地还是靠设备底座接地，接触面必须光洁平贴，保证接触良好，并有防松和防锈措施。

第四，电缆的所有金属护套或金属覆层须做连续的电气连接，并可靠接地。

第五，接地导体应用铜或耐腐蚀的良导体制成。接地导体的截面积须符合规定的要求。

第六，可移动和可携电气设备的不带电裸露金属部分，应以敷设在软电缆或软电线中的连续接地导体，并通过插头和插座接地，其接地导体的截面积应符合规定。

（三）屏蔽接地（防干扰接地）

屏蔽接地是为了防止电磁干扰，在屏蔽体与地或干扰源的金属机壳之间所做的良好电气连接。屏蔽接地是防止无线电干扰，保证电磁兼容性的良好措施。屏蔽接地的要求如下。

第一，露天甲板和非金属上层建筑内的电缆，应敷设在金属管内或采用屏蔽电缆。

第二，凡航行设备的电缆和进入无线电室的所有电缆均应连续屏蔽。与无线电室无关的电缆不应经过无线电室。若必须经过时，应将电缆敷设在金属管道内，该管道进、出无线电室均应可靠接地。

第三，无线电室内的电气设备应有屏蔽措施。无线电分电箱的电源电缆，应在进入无线电室处，设置防干扰的滤波器。无线电分电箱、无线电助航仪器以及分电箱的汇流排上，应设置抑制无线电干扰的电容器。

第四，内燃机（包括安装在救生艇上的内燃机）的点火系统和启动装置应连续屏蔽。点火系统电缆可采用高阻尼点火线。

所有电气设备、滤波器的金属外壳、电缆的金属屏蔽护套及敷设电缆的金属管道，均应可靠接地。

（四）其他接地

实际工作中还可能遇到如下几种其他接地。

1. 保护接零

电气设备在正常状态下不带电的金属部分与电网的中性线紧密相连，或与直流回路中的接地中性线相连，称之为"保护接零"。

保护接零的作用是当低压线路中发生碰壳短路时，可形成单相短路，使保护装置能迅速动作，切断电源，保护人体免受触电的危险。

保护接零系统，要求电源中性点有良好的工作接地，而且如果零线断路反而会带来更大的危险。它仅适用于三相四线制中性点直接接地的低压配电系统中。

2. 防雷接地

为防止雷击而进行的接地称为防雷接地。船舶上避雷针通常直接焊在钢桅杆的杆顶上，桅杆与船体是可靠接触的，故不需要像陆地上那样另设地线。

无线电通信设备一般都装在封闭的金属机壳内，以防止外来的干扰。屏蔽是抑制无线电扰的有效措施。任何外来干扰所产生的电磁波，其电力线将垂直终止于封闭机壳的外表面上，而不能穿进机壳内部。这种屏蔽将使屏蔽体内的无线电通信设备或导体不受干扰源的影响。另外，同样也可以防止无线电干扰源影响屏蔽体外的无线电通信设备或带电体。此时，屏蔽体需要与地或干扰源的机壳之间有良好的电气连接。

3. 电子设备的接地

电子设备的接地有两方面的含义，一种是将电路板和设备与地（船壳）相接，以增加系统的电磁兼容性和安全性；另一种接地是指与信号的参考零电位——"虚地"相接。对于这些接地技术的使用，应严格参照相关说明书进行操作。

4. 静电接地

为防止可能产生或聚集静电荷，对设备、管道和容器等进行接地，称为"静电接地"。设备在移动或物体在管道内流动，因摩擦产生静电，聚集在管道、容器或加工设备上，可能形成很高的电位，会危及人身安全，击穿电子元件，形成静电火带来火灾危险。静电接地的作用是提供静电的泄放通道以消除静电荷聚集的可能。静电接地在船上危险区域或油船和化学品船上应用广泛。

总体上说，船舶电气设备的接地可分成功能性接地和保护性接地两种，工作接地属于功能性接地，而保护接地、保护接零属于保护性接地。在船上，经常会碰到某些图纸或某些电气设备的插头/插座、接线柱等，常标有 E、PE、N 等字样，其中 E 表示接地；PE 表示保护线，通常是保护地线；N 表示中性线/零线。如果标有 PEN，则是表示零线和地共线（这是一种经济但并不安全的方式，在极小范围内使用）。

二、船舶常用低压电器的维护与故障处理

（一）主回路器件的使用与故障处理

1. 熔断器的正确使用

第一，应根据各种电器设备用电情况（电压等级、电流等级、负载变化情况等），正确选择熔体（丝），在更换熔体时，应按规定更换相同型号、材料、尺寸、电流等级的熔体。

第二，更换熔体时，必须切断电源，不允许带电特别是带负荷拔出熔体，以防止发生人身伤亡事故。

第三，在维修短路保护线路时，应注意以下几点。

a. 对不同性质的负载（如主回路、控制回路、照明回路、指示回路等）应分别保护，

小容量电动机的控制回路可用主电路的熔断器做短路保护。

b. 对容量较小且容量相差不大的两台或三台电动机，可采用一组共用的熔断器做短路保护；而对容量较大且容量相差较大的几台电动机的分支电路，应分别进行短路保护。

c. 在接地线路、三相四线制的中性线路、直流电动机的励磁回路中，不允许接入熔断器。

2. 低压空气断路器的检查与故障处理

（1）运行中巡视检查

断路器除了在投入运行前需要进行一般性的解体检查外，在运行了一段时间后，还应经常巡视检查，以保证正常工作状态。

当断路器因发生短路故障而跳闸或有喷弧现象时，应解体检查，重点是检修触点系统和灭弧室，检查辅助触点有无烧蚀现象。

运行中发现断路器过热，应立即设法减少负荷，以观察是否继续发热，在允许停电的情况下，停止运行并做好安全措施，对接触部分进行检修。

当断路器损坏后，选配新的断路器时应注意：

①断路器的电流（交流或直流）、频率、电压和极数等应与原来的相同；

②脱扣器的型式、额定电流值和动作特性等应与原来相同；

③操作方式也应尽量与原来断路器相同。

（2）常见故障与处理

空气断路器常见故障与处理方法如表3-1所示。

表 3-1　空气断路器常见故障与处理

故障现象	故障原因	处理方法
手动操作断路器 不能闭合	1. 失压脱扣器无电压或脱扣线圈烧坏 2. 储能弹簧变形 3. 机构不能复位再扣 4. 反作用弹簧力太大	1. 检查线路电压，如正常，应更换线圈 2. 更换储能弹簧 3. 调整再扣接触面至规定值 4. 重新调整弹簧压力
电动操作断路器 触点不能闭合	1. 操作电源电压不符 2. 电源容量不够 3. 电磁铁拉杆行程不够 4. 电动机操作定位开关失灵 5. 控制器中整流管或电容损坏	1. 调整或更换电源 2. 增大操作电源容量 3. 重新调整或更换拉杆 4. 重新调整开关 5. 更换元件

故障现象	故障原因	处理方法
分励脱扣器不能使断路器分断	1. 线圈断路或短路 2. 电源电压过低 3. 螺钉松动	1. 更换线圈 2. 检查电源电压并调节 3. 紧固螺钉
失压脱扣器不能使断路器分断	1. 反力弹簧变小失效 2. 机构卡死 3. 如为储能释放，储能弹簧断裂或弹簧力变小	1. 调整或更换弹簧 2. 排除卡死故障 3. 调整或更换储能弹簧
起动电动机时断路器立即分断	1. 过电流脱扣器瞬时整定值太小 2. 失压脱扣器整定值太大 3. 脱扣器的某些零件损坏	1. 调整过电流脱扣器瞬时整定弹簧 2. 更换弹簧或重新安装 3. 更换脱扣器或更换损坏零件
断路器闭合后，一定时间后自行分断	1. 过电流脱扣器延时整定值不对 2. 热元件或半导体延时电路参数漂移	1. 调整或更换 2. 更换元件
失压脱扣器噪声	1. 反力弹簧力过大 2. 铁芯工作面有污油 3. 短路环断裂	1. 重新调整弹簧力 2. 清除污油 3. 更换衔铁或铁芯
辅助开关发生故障	1. 辅助开关的动触点卡死或脱落 2. 辅助开关传动杆断裂或滚轮脱落 3. 触点不能接触或表面氧化，有污油	1. 拨正或重新安装好触点 2. 更换传动杆和滚轮或更换辅助开关 3. 调整触点或清除氧化膜与污油
半导体过电流脱扣器误动作使断路器分断	1. 确认半导体脱扣器本身是否完好 2. 确认半导体脱扣器本身完好后，可能有外界电磁干扰	1. 更换半导体脱扣器 2. 排除外界电磁干扰（邻近有大型电磁铁、接触器分断、电焊机等），隔离或更换电路

3. 交流接触器的检查与故障处理

（1）使用中的注意事项

①在更换接触器时，应保证主触头的额定电流大于或等于负载电流，使用中不要用并联触头的方式来增加电流容量。

②对于操作频繁、起动次数多、经常反接制动或经常可逆运转的电动机，应更换为重任务型接触器，如 CJ10Z 系列交流接触器，或更换比通用型接触器大一档至二档的接触器。

③当接触器安装在容积一定的封闭外壳中，更换后的接触器在其控制回路额定电压下

电磁系统的损耗及主回路工作电流下导电部分的损耗，不能比原来接触器大很多，以免温升超过规定。

④更换后的接触器与周围金属体间沿喷弧方向的距离，不得小于规定的喷弧距离。

⑤更换后的接触器在用于可逆转换电路时动作时间应大于接触器断开时的电弧燃烧时间，以免可逆转换电路时发生短路情况。

⑥更换后的接触器，其额定电流及关合与分断能力均不能低于原接触器，而线圈电压应与原控制电路电压相符。

⑦接触器的实际操作频率不应超过规定的数值，以免引起触头严重发热，甚至熔焊。

⑧更换元件时应考虑安装尺寸的大小，以便留出维修空间，有利于保障日常维护时的人身安全。

⑨触点表面应经常保持清洁，不允许涂油，若触点表面由于电弧作用而形成金属小珠时，应及时铲除。若触点严重磨损后，超程应及时调整，当厚度只剩下 1/3 时，应及时调换触点。银及银基合金触点表面在分断电弧中生成的黑色氧化膜接触电阻很低，不会造成接触不良现象，所以，不必对其挫修，否则会使触点寿命大大缩短。

⑩原来带有灭弧罩的接触器决不能不带灭弧罩使用，以防发生短路事故。对于陶土灭弧罩由于其性脆易碎，应避免碰撞，若有裂碎，应及时更换。

（2）运行中的检查与维护

A. 运行中检查的内容

通过的负荷电流是否在接触器的额定值之内，电磁线圈有无过热现象，电磁铁上的短路环有无脱出或损伤现象，接触器与导线的连接处有无过热现象，灭弧罩有无松动和损裂现象。

B. 定期维护

定期做好维护工作，是保证接触器可靠运行、延长使用寿命的有效措施。具体检查内容有外观检查、触点系统检查、铁芯检查、接触器的触头压力检查、电磁线圈检查和灭弧罩检查等。

4. 过载继电器的检查与维护

（1）运行中检查

①检查负荷电流是否与热元件的额定电流相配合。

②检查热继电器与外部导线的连接点处有无过热现象。

③检查与热继电器连接的导线的截面积是否满足电流要求。

④检查热继电器的运行环境温度有无变化，是否超过允许范围（−30~40℃）。

⑤如热继电器动作，应检查动作情况是否正确。

⑥检查热继电器周围环境温度与电动机周围环境温度，如后者环境温度高出 15~25℃时，应选用大一号等级的热元件；如低于 15~25℃时，应调换小一号等级的热元件。

（2）热继电器电流整定值的调整及常见故障的处理

热继电器在电路中主要是作过载保护使用，其电流的整定值应与被保护电机的额定电流一致。若不一致，应转动刻度盘进行调整。热继电器常见的故障主要有以下几方面。

①用电设备操作正常，但热继电器动作频繁，或电气设备烧毁，继而导致热继电器不动作。

a. 热继电器的整定电流值小于被保护设备的额定电流，热继电器动作频繁。

b. 整定值太大，电器设备烧毁，而热继电器不动作。应转动刻度盘的刻度值使之与设备的额定电流相符。

c. 经过大的短路电流后，双金属片已产生了永久变形。此时要对热继电器进行重新调整或更换。

d. 热继电器正常情况下应每年进行一次校验，若久未校验，会出现灰尘堆积或生锈、动作机构不灵等情况。发生此种情况应清除灰尘或锈迹，并对热继电器参数重新进行调整。

e. 热继电器的外接线未接上或松动。

②热继电器接入后主电路不通。

a. 外接的螺钉未拧紧。要拧紧外接线的螺钉。

b. 热元件烧毁。要更换热元件或热继电器。

③热继电器在控制电路中不通。

a. 触头烧毁或变形不能接触。要修理或更换触头。

b. 刻度盘或调整螺钉转到了不合适的位置，使触头顶开。要重新调整刻度盘或调整螺钉。

c. 热继电器动作后没有复位。检查电路是否有故障，根据实际情况进行手动复位。

（二）船用电气控制箱的日常管理与维护

1. 船用电气控制箱的维护保养要求

（1）控制箱的技术要求

①控制箱应采用防水式结构；要有良好的水密性。

②控制箱的各种电气绝缘应能耐油、防潮、防霉和防盐雾。

③机械机构动作要灵活，并能在船舶摇摆、振动下正常工作。

④符合电气技术要求，有必需的保护环节，如过载保护、短路保护、欠压保护等。

⑤操作方便，安全可靠，有必需的状态指示。

⑥便于维修和保养。

（2）控制箱的维护与保养要求

控制箱应定期进行检查，在航行中要对停用设备的启动箱或备用设备的启动箱进行检查，停靠码头或锚泊时，可以检查为主机服务的各类泵的启动箱。对启动箱进行检查时应切断电源。对远离启动箱的电源开关要挂上修理告示牌，写明"进行检修严禁合闸"等字样，除放置人员外，任何人不得移动告示牌，以保证检修安全。控制箱的维护与保养内容有以下几项。

A. 除锈

控制箱内电器等装置的零件有腐蚀生锈的地方，必须用砂布或刮刀等除锈。刮磨时应尽量除去氧化物而少磨去金属。对不导电和不受摩擦的零件表面，刮磨之后可涂以凡士林或润滑脂。涂漆零件上防锈层剥落时，可在除锈后涂以防锈漆，禁止在接线柱、摩擦接触的平滑面、螺纹、弹簧等上面涂漆。

B. 应保持接触器触头接触面贴合良好

所有导电接触面必须洁净光滑，露出金属光泽，便于接触导电，触头的初压力、终压力和超行程都应符合规定。

触头接触面上的氧化物或烧灼的熔化物可用细锉刀或玻璃砂布擦磨，擦磨时禁止使用金刚砂布。银制触头可用干布或沾少量清洁剂的拭布抹去灰尘和污物，不宜用砂布等，擦磨时应尽量少磨去金属，磨后应用干布将擦磨面擦拭干净，禁止用任何润滑油或其他油涂抹触头，以防接触不良。擦磨触头时应保持触头原来形状，不可用力过猛使触头等部件变形。

三相触头中如果一相的主触头比另外两相的主触头有较大的磨损时，可将该相主触头的动触头桥臂弯曲，以调整触头间隙。修整后应保持三个触点同时接触。当触头磨损烧灼严重而无法修整时，应及时更换同类型的备用触头。

C. 检查接触器的电磁机构、灭弧系统和弹簧

检查电磁机构在吸合和释放时，其行程是否符合要求。吸合时应使触头的接触压力、贴合情况等达到要求。释放时应保证动、静触头间有足够的间隙。衔铁芯的接触面应贴合良好，若接触面上有灰尘、油污或铁锈时，应清除干净。使用中的电器的各铁磁性接触面上不得涂抹任何防锈油脂。

灭弧罩应安装牢固，灭弧栅片数不得缺少，当灭弧罩有振裂损坏或火弧栅烧损严重

时，应及时更换。

弹簧在长期使用后，有可能因疲劳断裂或失去弹性，也会随着船舶的振动或由于弹簧本身的弹力而脱落，在维护保养启动箱时，应细心检查，根据情况修理或换新。

D. 检查各部分机械连接情况

仔细检查有无零件脱落掉入箱内，有无螺母松动，如果发现有破损和脱落的零件，应及时配好，检查启动箱内导线连接情况，如有松脱，应按照接线图正确接好并紧固。启动箱内可动部分零件的动作应保持灵活自如。

E. 定期测量接触器线圈和线路的绝缘电阻

电器线圈的绝缘电阻在冷态下不得低于 $1M\Omega$，否则应进行烘潮处理。

F. 保持控制箱的水密性

经常检查出线孔和箱盖的水密封垫，有损坏或变质时应及时更换。

G. 保持控制箱内清洁

定期用吸尘器或电吹风清除箱内灰尘，如有油污应用干净抹布进行擦拭，不得使用棉纱。

2. 船用电气控制箱的故障检修

船用电气控制箱的常见故障可分为电动机本身故障和控制系统故障两大类，在此仅讨论控制系统的故障。常见的故障有不能启动，启动按钮复位后电动机即停转，启动后运行时电动机突然停转，启动后电气控制箱内噪声大，指示灯不工作等。

（1）系统不能启动的故障检修

系统不能启动故障的原因有电动机本身故障，电动机无电源，机械卡死。电动机本身故障和机械卡死在此不做分析。

引起主电路故障的可能原因有线路停电，QS 未闭合，KM 未闭合（或 KM 衔铁卡死无法闭合）。

引起控制电路故障的可能原因有：

启动按钮 SB_1 失效合不上（按下后不能接通）；停止按钮 SB_2 开路；短路保护熔断器断开；接触器 KM 线圈故障（或接触器 KM 线圈不能得电）；过载保护热继电器 FR 开路（或常闭触头断开动作后未复位）。

（2）启动按钮 SB_1 复位后电动机停转故障检修

造成该故障的原因是并联在按钮 SB_1 两端的自锁触头失去作用。这种故障出现时应检查自锁触头的触点是否完好，引线是否松脱，触头接触是否良好。

（3）电动机运行中突停故障的检修

检查是否由热继电器 FR 动作而导致电动机在运行中突停故障的出现。若在电动机过热、过载情况下，FR 动作是正常的，应减小负载（或机械有卡死、轴承损坏等，应及时排除）；若电动机不发热、没有过载迹象，FR 动作不正常，需调整 FR 的整定值（或 FR 本身已损坏，需更换）；如果 FR 没有动作，而电动机运行中突停，须按"系统不能启动故障检修"进行检修。

3. 船用电气控制箱的调试和检验

船用电气控制箱经船厂大修之后或新安装正式使用前，应进行试车前的验收检查。

（1）正式通电前的检查

检查启动箱是否符合要求，启动箱的型号、容量应与配套的电动机一致。启动箱内外应完好无损，无油垢污物。内部接线应与图纸符合。同时检查外部接线，并仔细检查接触器动作是否灵活。若接触器衔铁受阻不能很好吸合，会造成线圈电流过大而烧坏线圈。

用 500V 兆欧表测量启动箱导电部分的绝缘电阻，其阻值不得低于 $2M\Omega$。检查熔断器熔件容量是否符合要求。

检查外接线路的各元器件。应检查外接的各遥控按钮、压力继电器、温度继电器以及行程开关等接线是否正确。

检查机械部分、联轴器应转动灵活，无卡住、过紧或时松时紧的现象。此外还要根据拖动机械的要求，确定各阀门的开启与关闭，以使电动机尽可能在空载或轻载下启动。

（2）调试步骤

电动机的转动方向应符合被拖动机械的要求。如果被拖动机械允许反转，可启动一下，观察其转向是否正确。如果被拖动机械不允许反转，必须脱开联轴器，启动电动机。确认转向正确后，再装好联轴器。

启动电动机，观察启动过程。若是降压启动应能准确切换，应能按技术要求启动；用钳形电流表检测启动电流，注意其量程应在额定电流的 6 倍以上。当启动后，用钳形表检测三相电流是否平衡。

启动时应检查接触器有无噪声。若噪声很大，应检查铁芯贴合面是否清洁，短路环是否断裂和脱落。

负载实验。使电动机带上额定负载进行启动，观察启动过程，测量额定负载下电动机的电流以及运行情况，在必要时，进行保护电器的整定值的调整，并做好记录。

观察运行情况，一切正常后记下冷态绝缘电阻值。额定运行 2h 后，测量启动箱的热态绝缘电阻，并详细记录各数据。同时检查启动箱中各电器线圈发热情况以及该触头闭合情况。

第三节　机舱资源管理

一、机舱资源管理概述

机舱资源管理，属于管理科学的范畴。它是管理科学的一个具体的分支和应用。机舱资源管理是轮机人员充分利用船舶机舱人力、物力、信息、环境等各种资源，通过机舱组织和程序的执行，充分发挥轮机部团队的作用，对各种信息充分沟通和交换，明确各自在机舱各项工作中的职责，对机舱现有的各种机械动力设备、安全设备进行合理配置和有效使用，减少和杜绝潜在的人为失误，以达到船舶安全营运的目的。

（一）机舱资源管理的特点

机舱资源管理的工具是机构，没有机构也就无法实现管理。机舱配备的一定编制的技术管理人员，他们的组织形式就是机构。管理的手段是"法"。所谓"法"，泛指地讲，不仅包括有关法规、规范和公约，也包括航运企业内部和船舶各种规章制度。机构是由人员组成的，"法"是靠人员制订和执行的。人除了制订和执行"法"以外，还要传递信息了解情况，同时又要运用信息进行联系。机舱资源管理的对象，有物、财、时间和信息，同时也包括人。机舱所属的各种设备、备品、燃油、物料、材料以及工具仪器等就是物；在管理中达到某些经济指标，如节油、节水以及节省修理费用等就是财；提高船舶装卸效率，加快船舶周转就是时间；各种形式的交流经验，互通情报，就是信息。而所有这些，都离不开人，都要通过人去完成。所以人是机舱资源管理的主导因素。机舱资源涉及的范围甚广，具体内容也相当复杂。其中人力资源管理是整个机舱资源管理的核心。

机舱资源管理体系中人是主体，机舱的各项工作都要落实到人，所以机舱管理很大程度上是人员管理。很多事例说明，在其他条件相同的情况下，由于不同的人在管理上的差异所表现出来的生产能力是截然不同的。所以搞好人力资源管理、提高人的责任意识、提高人的技术业务能力、调节好人与人之间的关系、是搞好机舱资源管理的关键。

（二）机舱资源管理的目的

其目的就是结合船舶机舱可能发生或遇到的紧急情况，要求机舱值班人员通过机舱组织和程序的执行，根据应急计划对人为因素进行管理，有效地利用船舶机舱现有的各种机械动力设备、安全设备，发挥每个人在团队工作中的作用，从而严格而有条不紊地执行与完成相关工作的操作程序，以保证船舶的安全航行，减少和避免潜在的人为事故。

二、轮机部团队工作

团队工作，又称"小组工作"，与以往每个人只负责一项完整工作的一部分（如一道工序、一项业务的某一程序等）不同，它是由数人组成一个小组，共同负责完成这项工作。在小组内，每个成员的工作任务、工作方法以及产出速度等都可以自行决定。在有些情况下，小组成员的收入与小组的产出挂钩，这种方式就称为"团队工作方式"，其基本思想是使全员参与，从而调动每个人的积极性和创造性，使工作效果尽可能达到最优。这里工作效果系指效率、质量、成本等的综合结果。

在远洋船上工作生活过的人大概都有这样的经历，当身体不适的时候，特别渴望同事给予关心和安慰。并不是说关心和安慰对身体的康复有多么神奇的疗效，重要的是让船员感觉到个人受到了重视，感觉到这个集体的温暖，一旦有了困难会得到帮助，从而产生安全感；如若这个集体发生了问题，需要他的时候，他也会毫不犹豫地挺身而出。这就是团队精神。这样的团队精神对我们这种处在相对封闭、独立、危险的工作和生活环境中的人而言，是大有裨益的，对企业而言更是十分需要的。

所谓团队精神，简单来说就是大局意识、协作精神和服务精神的集中体现。团队精神的核心是协同合作，反映的是个体利益和整体利益的统一。良好的团队精神可以充分发挥集体的潜能。当然，团队精神并不是以牺牲自我为前提的，相反，团队精神尊重个人兴趣和成就，培养和肯定每个成员的特长，从而充分发挥每个成员的作用。

具备团队精神的团队，团队成员的个人智商可能是 100，但加在一起的团队智商可能会达到 150 甚至更高；而反过来缺乏团队精神的团队，即使个人智商达到 120，但团队组合到一起的智商只有 60~70。出现这种情形的关键要素就是团队中的文化成分，也就是所说的团队精神。

（一）团队精神包含的内容

1. 团队的凝聚力

团队的凝聚力是针对团队和成员之间的关系而言的。团队精神表现为团队强烈的归属感和一体性，每个团队成员都能强烈感受到自己是团队当中的一分子，把个人工作和团队目标联系在一起，对团队表现出一种忠诚，对团队的业绩表现出一种荣誉感，对团队的成功表现出一种骄傲，对团队的困境表现出一种忧虑。

当个人目标和团队目标一致的时候，凝聚力才能更深刻地体现出来。

2. 团队合作意识

团队合作意识指的是团队和团队成员表现出团结协作和共为一体的特点。团队成员间相互依存、同舟共济，互敬互重、礼貌谦逊；他们彼此宽容，尊重个性的差异；彼此间是一种信任的关系，待人真诚，遵守承诺；相互帮助，互相关怀，大家共同提高；利益和成就共享，责任共担。

（二）团队精神在船舶上的体现

良好的团队精神在船舶上至少体现在四个方面。

1. 良好的团队精神可以预防事故的发生，有益于安全工作

事故的发生有多方面因素，人的因素占很大的成分，大家相互协作，取长补短，彼此提醒，事故就一定会大幅度减少。

2. 良好的团队精神有助于促进船员之间互相沟通、交流，实现船舶的准班、节能增效目标

降本增效不是一句空洞的口号，需要大家共同努力，共同钻研才能够取得显著效果。

3. 良好的团队精神可以促进船员个人事业的发展

每个人在工作上都可能遇到这样或那样的问题，如果和周围的人经常沟通，就会及时化解一些矛盾，解决相关的问题，对自己的个人业务也会有促进和帮助，一旦有了发展的机遇也能很好把握。

4. 良好的团队精神可以健全人格，提升个人素质

集体中的每个人都有自身的长处和缺点，只有融入这个团队，才会发现对方的美，同时也能在比较中看到自己的不足，逐步培养自己求同存异、与人为善的高尚品质，形成良性循环。在日常生活中，培养良好的与人相处的心态，并在日常生活中运用，这不仅是培养团队精神的需要，也是获得人生快乐的重要方面。

（三）团队精神的培育

在船舶上打造良好的团队精神，其特殊性要求我们每一个人都要承担起责任，齐心协力，众志成城。首先要营造一种相互信任的氛围。彼此信任是最坚实的基础，它会增强我们对船舶的认可，让大家在心理上有充分的安全感，从而才能真正把"以船为家"的观念落实。其次要建立合理有效的沟通机制。多一些沟通、交流，始终抱着合作的心态，多理解别人的苦衷，多设身处地为别人想一想，要懂得以恰当的方式同他人合作，用恰当的方

式让别人接受，学会被别人领导和领导别人，这样工作起来就会得心应手、事半功倍。再次是强化业务知识、敬业精神的学习和提高。态度并不能解决所有的问题，远洋船员不仅要有高度的责任感，良好的敬业精神，同时还应该有丰富的技能，成为某方面的专长，能够帮助别人解决问题。帮助别人的同时也是在帮助自己，使别人快乐的同时也使自己快乐。最后是发挥船舶管理人员的带头作用。"火车跑得快，全靠车头带"。管理干部的行为有着极强的示范意义。他们应该注意自己的言行举止，有宽广的胸怀和长者的风范，懂得关心和体恤下属，有包容之心，能够营造大家庭的环境。

远洋船舶大部分时间远离陆地，各项工作需要船舶人员协同完成，如果仅仅抱着"各人自扫门前雪"的态度，是远远不够的，尤其是在特殊情况下，各自为政，互不买账，不仅"门前雪"扫不好，还会造成整艘船的工作任务完不成，甚至会出现危情和险境。在现实生活中因只顾"自扫门前雪"而造成各种事故和灾难的事例不胜枚举。良好的团队精神，可以融洽船舶气氛，消除各种压力所带来的负面影响。远洋船舶上每个人的个性和具体情况不同，工作生活中难免会出现各种问题，很容易产生一些消极的想法，严重的甚至以生命为代价。曾经发生的一些安全事件，让人深感痛心。倘若这些船舶团队精神强，这些船员兄弟能够很好地融入这个团队，那么悲剧就可以避免了。"人心齐，泰山移"，我们应该吸取既往的教训，相互体贴，彼此关心，从各个渠道用各种方法培养船员良好的团队意识，打造船舶良好的团队精神，这样我们就一定能够过关斩将，战胜各种困难险阻，完成各项工作任务，为公司形象增光添彩。

三、决策

所谓决策，就是指为了达到一定的目标，从两个以上的可行方案中选择一个合理方案的分析判断过程。

决策能力是指领导者或经营管理者对某件事拿主意、做决断、定方向的领导管理效绩的综合性能力。包括经营决策能力、经营管理能力、业务决策能力、人事决策能力、战术与战略决策能力等。

（一）决策者应具备的素养

决策者除了要具备一般领导者的素质，如政治思想素质、道德品格素质、文化素质、组织能力素质、心理素质外，还必须具备以下决策素养。

1. 要有较高的科学素养

列宁讲过：要管理就要内行，就要精通生产的一切条件，就要懂得现代高度的生产技术，就要有一定的科学修养。所谓领导者的科学素养，是指他要经过科学的基本训练，具有多方面的科学知识，如数学、信息论、控制论、系统论等基本知识；具有科学的思维方法；特别是要有丰富的本行业的专业知识和工作经验，并且要从感性认识提高到理性认识；要熟悉党的方针、政策，了解经济的发展趋势。

2. 要有敏锐的目光和创新精神

决策是创造性活动，它总是以变革现状为出发点和归宿。因此，决策者要目光敏锐，有辨别分析的能力，能一针见血地看出问题的症结和本质。同时思路要开阔，如果不善于发现问题或者安于现状，就不能前进。可以说没有创新就没有决策。决策者有开拓创新精神，才能着眼一个地区或企业的未来，冲出传统思维制定新战略，才能冒一定的风险去实现较为先进的决策方案。决策者如果思想保守，不敢承担责任，不敢冒风险，他所做出的决策，也只能是因循守旧、无所作为的决策，不可能促进一个地区或企业的发展。

3. 要有当机立断的魄力

当机立断的魄力是指决策者，必须善于和勇于不失时机地做出决策，迅速实施。这就要求决策者在别人犹豫不前、看不准形势的时候，能够做出准确的判断，及时做出抉择。面对层出不穷的新问题，要审时度势，综观全局，权衡利弊，把握时机，做出科学的决策，才能促进改革和发展。如果优柔寡断，当断不断，就会错过良机，这是领导的大忌。当机立断的魄力，是建立在真实的情报和细致的方案比较基础之上的，绝不是主观臆断，更不是盲目武断。

4. 要有集思广益的民主作风

民主作风就是在决策过程中充分相信群众，依靠群众。它在领导决策中表现为广征博采，集思广益。在决策前，要认真听取各方面的意见，特别是听取本行业专家的意见；要善于团结与自己意见不同的人，善于听取不同的声音；善于从众说纷纭中找到客观真实的信息，获得符合客观规律的认识，将各种方案的优点，综合成一种方案。切忌先有结论，然后去搜集与自己相同的意见来论证自己的结论，更不能以权势压服不同意见。不同意见的充分讨论，是使领导者避免受错误意见误导的一个最有效的措施。科学正确的决策，必须经过正反两方面意见的交锋，论证后才能产生，而这一切必须以领导者的民主作风作保证。领导者要善于创造一种宽松的、民主的环境和气氛。决策民主化是实现决策科学化的前提和基础。

（二）领导决策应遵循的基本原则

决策是一门科学，有许多规律和原则可循。从实践来看，应遵循以下几条基本原则。

1. 选准目标原则

在决策前，要善于发现问题、分析问题，找出症结所在，准确地确定决策课题。课题不准，决策非但无效，还可能走偏。决策目标是指要达到的目的，决策目的明确与否，直接关系到决策效果的好坏。决策目标明确了，选择就会有依据，行动就会有指针性；决策目标不明确，选择就会发生偏移，甚至还会出现目标转换、南辕北辙的惨痛后果。

2. 信息准确原则

现代决策涉及多方面的因素，需要取得比较广泛的准确信息。必须深入实际做调查，获取全面的、准确的信息，才能作出符合客观规律的决策。目前一些领导靠听汇报，或走马观花式的调查得出的信息，往往是片面的，甚至是虚假的，在此基础上作出的决策是不可能正确的。

3. 可行性原则

决策方案必须切实可行，否则即使是完美的方案，也只是纸上谈兵。决策方案是否可行，就要对其有利因素和不利因素、主观条件和客观条件做出周密而细致的分析。对已形成的多种方案的利弊得失，必须做认真的定量和定性的分析比较，做出评估。只有经过审定、评价、可行性分析后的决策，才能有较大的把握和可实现性。过去靠长官意志、个人拍脑袋决策造成的教训是深刻的。

4. 系统的原则

这是决策的灵魂。任何决策都应从整体出发，以整体利益为重。一切局部的、暂时的利益都要服从全局的、长远的利益。然而全局利益又寓于局部利益之中。这个全局和局部的辩证关系，是系统原则的精髓。只有坚持这个原则，才能使决策促进全局和局部的协调发展。目前我国的经济结构不合理的状况，就是缺乏系统原则决策的后果。

5. 集体决策的原则

在小生产条件下，主要靠个人的经验决策。决策的正误，主要取决于决策者的个人学识、经验和胆略等。在大生产条件下，决策的内容是很复杂的，个人的经验决策已行不通了，要吸收多方面的意见。特别要听取专家的意见，进行充分的分析，然后集中正确合理的内容，才能做出科学的决策。

6. 分层次多系统决策的原则

就是根据总的决策目标，由各个层次、各个系统进行具体目标的决策。也就是把总的目标，变成各个层次、各个系统的具体责任。这样，才能最终实现决策目标。一般情况下，上级领导不应过于干涉下级决策，更不能代替下级做决策，而应让他们根据本地实际情况自主决策，这样可以增强各级组织的责任意识，调动他们的积极性，助力实现总的决策目标。目前，一种很不正常的情况是一些小事，也得一把手拍板才能解决。这是管理之大忌。必须要做出改变。

（三）科学决策的步骤

科学决策是一个过程，由一整套决策程序，即若干决策步骤所构成。领导者在决策中的作用绝不仅仅是"拍板"决断，在"拍板"的前前后后都有大量工作要做。一个完整的决策过程，一般需要经过以下几个步骤。

1. 发现问题和确定目标

处理事物一般包括三个环节。即发现矛盾、分析矛盾和解决矛盾。可见发现问题是解决问题的起点。客观事物是复杂多变的，因而发现问题和确认问题，不是一件容易的事，必须要经过调查研究。没有调查，就没有发言权，只有老老实实地深入到实际中去调查，才能发现和确认问题。确认矛盾以后，就要分析矛盾，找出矛盾的主要方面，然后提出解决矛盾的总体设想，即目标。

2. 分析价值和拟定方案

目标确定后，要分析目标价值，所谓目标价值，就是看做这件事的投入与产出合不合算，效益有多少、有没有负效益等等。确认了目标价值，就要寻求实现和达到目标的有效途径和办法，即拟定方案。要拟定多种方案备选，只有一种方案是很难实现科学决策的。

3. 专家评估和选定方案

对于拟订的若干方案，只有进行充分的评估，才能成为决策的基础。而正确的评估，只能由各方面的专家来实现。所谓评估，就是对方案进行定量和定性的分析、预测方案近期和远期、局部和整体、经济和社会的效益，如果同时具备这些效益则是最佳方案。但在现实中，同时具备多种效益的方案是极少的，那么就要在各种方案中进行比较，选出那种正效益较高、负效益较低，即比较满意的方案。

4. 实验试行并检验效果

方案选定后就要实施，为了减少失误，在方案全面实施前，一般都要进行实验或试点，以验证方案的可行性和实效性。在实验试点过程中，要认真分析、总结经验和教训，找出带有普遍性的规律来，具体分析出成功与失败的偶然因素和必然因素。如果试点成功，就可进入全面实施阶段。如果失败，则迅速反馈回去，改变决策。

5. 修改方案和普遍实施

这是决策程序的最后一环。如果在实验试点后证明：这个方案在总体上是可行的，那么在修正弊端的基础上，就要全面推广实施。由于实施方案是一个动态过程，主观和客观条件都在不断地发生变化。因此，要加强方案实施过程中的监督和控制，并且及时进行反馈。如果出现小的偏差，那么只做微调；如果主客观条件发生了大的变化，影响了决策目标的实现，就必须对原定目标做根本修改。以上决策程序，只是一般规律，在不同的决策中，各个步骤可以互相交叉进行，有时也可以合并或省略。

第四章　船舶食品保障与管理

第一节　船舶食品保障技术

一、船舶食品处理技术

一般来说，食品的保存处理可分为高温处理和非高温处理。目前，国内外有 10 多种先进技术用于或有可能用于舰艇给养食品的消毒和保存处理。

（一）干燥处理技术

干燥法用于保存食品已有数千年的历史。虽然用干燥法处理食品不能使微生物失活，但是食品在经干燥处理后，水的活性和化学反应所需的水量均大大降低，从而使微生物的生长、酶的活性及生化活性都明显减弱。因此，可与其他杀菌处理法联用，以进一步提高食品的货架寿命，例如冷冻干燥技术和渗透脱水技术。

1. 冷冻干燥技术

冷冻干燥技术是指在冷冻干燥过程中，将食品进行冻结，然后在真空环境中，冰在热的作用下升华。这种干燥方法可保持食品的细胞结构，因此，能更好保持食物的原有味道和香味。适当的包装品可抑制细菌的生长，使食品安全地保存相当长的时间（5~20 年）。但是，食品的风味、颜色和质地会发生变化，而且储存的 5 年内，食品的接受性会降低，当储存温度高于环境温度时更是如此。现在，冷冻干燥食品已成为航天飞机和国际空间站的饮食保障。

2. 渗透脱水技术

渗透脱水是通过将食品小块浸泡在活度较低的水、盐或糖溶液中进行脱水的技术。渗透压使水从食物小块中渗析出来后进入溶液，而吸湿剂则取代了食物中的水。应用这一技术可强化营养成分，如钙、叶酸等。一般来说，含水量降至 15%，水的活度便降低至 0.85。这种水活度受控技术被用于淀粉制品的保存，用该法进行干燥处理的食品也被称作

"中湿度食品"。

（二）辐照处理技术

低剂量辐照处理技术具有杀菌作用，被视为一种新的非热处理技术。它不仅使新鲜食品食用安全，而且可以大大延长食品储存时间，减少食品损耗。

辐照处理可采用 γ 射线或 X 射线，但其强度必须控制在不会使被照射食品产生放射性的安全范围内。辐照可延缓某些自然发生的过程，如生鲜水果和蔬菜的催熟或衰老，并使微生物失活和抑制腐败。经辐照处理后，食品可保存 2~5 年。同时，为了使食品具有较好的稳定性和风味不受影响，须将食品冷藏保存。

（三）膜过滤技术

膜过滤也是一种常规技术，可按颗粒大小分 5 种类型：微粒过滤、微过滤、超过滤、纳米过滤和反渗透。处理时，需施加一定的压力，使滤液透过膜，而潴留物则被挡回或留在膜表面。超过滤可使细菌和霉菌从食物中分离出去，但是，膜须定期处理，以防细菌的滋生。同时，在膜过滤工艺中，膜堵塞也是一个主要过程。

（四）高压电场脉冲杀菌技术

高压电场脉冲杀菌是近年来出现的一种新颖的食品灭菌技术，可杀灭大肠杆菌、鼠伤寒杆菌、链球菌、乳杆菌假单胞菌属、肺炎杆菌、金黄色葡萄球菌、白色念珠菌、李斯特菌等。影响高压电场脉冲杀灭菌生物效能的主要因素有电场强度、脉冲形状、脉冲持续时间、处理时间或脉冲数量、食品离子温度以及食品温度。在所有脉冲波形中，矩形脉冲灭菌效果最佳。高压电场脉冲可致微生物细胞膜遭到破坏，病毒失去活性，酵母死亡。用于处理食品时，高压电场脉冲杀菌技术具有产热少（仅升温 1~2℃），灭菌效果好，食品极少发生物理和化学变化的特点，故食用安全，且食品营养素极少受到破坏。

（五）超高压食品处理技术

超高压食品是近些年来出现的一种新颖食品。它是利用超高压对食品进行处理，以达到杀菌、延长食品储存期的目的。它是一种在常温下用超高压方法处理食品的技术，不会破坏食物中的维生素等多种低分子物质，能较好地保持食品原有的颜色香味，作为一种新型的食品加工杀菌技术而引人注目。超高压食品则以其营养价值高和保持原有风味而备受消费者青睐。

（六）光脉冲杀菌技术

光脉冲杀菌技术是一种新的非热处理技术，应用 170~2600nm 或者 200~400nm 的宽光谱波长进行杀菌。其杀菌机制主要是利用微生物与周围环境或支持表明的不同的冷却率。微生物吸收能的激增使其产生过热反应，最后致细胞破裂。现在，该技术常被用来对包装材料进行消毒灭菌。

（七）电阻加热杀菌技术

电阻加热杀菌技术利用电流通过食品时所产生的热量对食品进行杀菌，是一种新的热处理技术。其加热系统只需一个电源，重量轻，处理时将食物置于两根电极之间即可。其优点是可使采用恰当配方，含有液体、固体或者固体—液体混合物的食品受热均匀。与常规热处理技术相比，它可确保食品保持高质量，因为常规热处理法的热传导需要一个过程，往往使食品的质量大打折扣。电阻加热也会破坏细菌芽孢。为了使电阻加热取得更好的效果，食品至少应具有一定的导电性。

二、船舶食品保鲜储运技术

（一）果蔬保鲜储藏

1. 果蔬采后新鲜品质下降或丧失的原因

果蔬采后新鲜品质下降或丧失的生物学原因包括果蔬的衰老、生理病害、采后失水和病原菌感染。

果蔬采后仍然进行着新陈代谢活动，促使果蔬达到完熟阶段，进而进入品质劣败的衰老阶段。果蔬的采后衰老是其失去新鲜品质的重要原因，是自身新陈代谢活动的结果，因此，设法降低果蔬采后新陈代谢强度，就能延缓其后熟或衰老进程，从而延长果蔬保鲜期。

果蔬采后因储藏条件的不适，正常的新陈代谢被打破，就会发生生理病害，如温度过低引起的果蔬冻害或冷害（如青椒、茄子、黄瓜等蔬菜储藏温度低于9℃时容易发生冷害），或者因低氧或高二氧化碳导致的气体伤害。这些生理病害的发生，一方面会直接导致果蔬品质的恶化；另一方面降低了果蔬抗病性，从而促进病原菌感染引发的腐烂，缩短果蔬保鲜期。

保持充足的水分是果蔬保持新鲜品质所必需的，果蔬采后失去了从土壤获取水分的能力，而通过蒸腾作用散失水分仍然进行，其结果是果蔬绝对失水，导致细胞膨压降低，感官萎缩，新鲜品质丧失。

从田间带来或储藏环境中存在的病原菌可感染果蔬，也是导致果蔬腐烂、丧失新鲜品质的重要原因，特别是当果蔬衰老、生理病害时，其抗病性下降，更容易感染病原菌而腐烂。

2. 果蔬保鲜的贮运条件

（1）储运温度

与常温储藏相比，低温可明显减弱果蔬的新陈代谢活动，如呼吸作用和乙烯生理作用等，从而延缓果蔬的完熟或衰老进程，获得较长保鲜期。一般来说，温度越低，保鲜效果越好。随着储藏温度降低，果蔬失水的情况减弱，病原菌活动被有效抑制，从而减少果蔬腐烂。但是，因果蔬种类不同，低温控制是有限度的。对多数果蔬来说，低温不应使果蔬结冰，避免冻害，对于热带和亚热带的果蔬来说，储藏温度低于10℃左右就会发生冷害。

（2）储运湿度

影响果蔬采后失水快慢的不仅是温度，更重要的是相对湿度。果蔬环境的相对湿度越低，果蔬越易失水；反之，相对湿度越高，失水越弱。病原菌的活动在低湿度时受到明显抑制，高湿度易引发腐烂，但在低温冷藏下，病原菌的活动受到抑制。因此，为抑制果蔬失水，果蔬储藏库相对湿度要求保持在90%~98%。同时，为抑制病原菌活动，高湿度必须与低温相结合。

（3）气调条件

在冷藏前提下，降低储藏库里的氧浓度或提高二氧化碳的浓度，能进一步延缓果蔬的完熟和衰老，抑制病原菌的活动，从而延长果蔬保鲜期。此外，适宜的气调条件还能减轻果蔬在冷害温度下的冷害。但是，过低的氧浓度或过高的二氧化碳浓度会导致果蔬的代谢失调，从而发生气体伤害。所以，在不引起气体伤害前提下，采用低氧或高二氧化碳气调条件能有效延缓果蔬衰老，抑制病原菌引起的腐烂，有效延长果蔬保鲜期。

此外，果蔬采后易遭受多种机械性损伤，不仅直接损害果蔬新鲜品质，而且刺激代谢活动，加速衰老，并通过伤口促进病原菌的入侵。

（二）果蔬预冷技术

1. 预冷的原理及必要性

一般来讲，果蔬采后降至冷藏温度的时间越短，保鲜效果越好。果蔬采后尽快冷却到规定的冷藏温度，这一快速的降温处理叫"果蔬预冷"。预冷是指采收的果蔬在储藏或运输之前，迅速将其温度降低到规定温度的作业。据研究表明，果蔬等产品的温度每升高10℃，呼吸量就会增大1倍。产品鲜度的劣化速度与呼吸量成正比例关系。

未经预冷的果蔬，要在运输或储藏中降低它们的温度，需要很大的冷量支持，显著增加了制冷设备的负荷，这无论从设备上还是从经济上来说都不太理想。产品经过彻底冷却以后，仅用较小的冷量，采用一定的保冷防热措施，就能使运输车船和冷库内的温度不显著上升。

果蔬经过专门设计的预冷设备的冷却处理，比在冷藏车、船和冷藏库中的冷却效率高得多，这从生物学观点和经济学观点来看都是有利的。此外，未经预冷的果蔬等产品装载在冷藏车内，较长时间内产品温度不能降低，货温与车厢温度相差甚大，产品易蒸腾失水，致使车厢内湿度大，易在车厢顶部凝结大量水滴，这些水滴常常滴落在包装箱或产品上，对运输很不利。如果是用塑料袋包装，袋子内表面凝结水滴浸润产品，易引起腐烂。

预冷温度与果蔬的种类、品种有关，一般要求达到或者接近该种果蔬储藏的适温又不发生冷害的水平。预冷与一般冷却的主要区别在于降温的速度，预冷要求在收获后 24h 之内达到降温要求，而且降温速度越快，效果越好。

2. 预冷方式

（1）室内预冷

室内预冷实际上就是在冷藏库内降温。虽然一般冷藏库的制冷能力和空气流动速度能够很好地维持果蔬的冷藏温度，但是用于对温度较高的果蔬迅速降温就很难胜任。一般冷藏库预冷时，仅仅除去田间热就占制冷能力的 75%，降温速度往往低于 0.5℃/h，难以满足 24h 降至储藏温度的要求。因此，在进行室内预冷时应注意以下方面：在果蔬入库量上不宜一次完成入库或一次入库太多，通常每天入储量占库容的 10%；入库果蔬堆垛或货架间，及墙壁间要留有足够的空间，以保证排列方式有利于空气流动；开大风机，加快库内空气循环流动，以利散热，待温度降下后，再减小风速。

（2）强制空气预冷

强制空气预冷包括天棚喷射式、鼓风式、隧道式和压差通风式等几种形式。下面主要对压差通风式进行简介。

压差通风式是指在果蔬箱两侧存在气压差，使冷空气穿过而不是绕过果蔬箱，从而快速带走果蔬的热量，导致温度快速下降。因此，首先要求果蔬箱上有对开的、面积适宜的通气孔。其次是果蔬箱的排列要满足每箱的通气孔相通，这样冷风才能顺利通过。最后还要有挡风板，使冷风从果蔬箱垛的高气压侧流入，低气压侧流出。

影响预冷效果的因素有很多，包括产品尺寸、形状、热学性质、包装形式、容器的通风孔面积、产品厚度、产品初温和预冷终温，以及空气流动速率、空气温度和湿度等。其中冷空气流速是影响预冷效果的重要因素，也是唯一可控的因素，因此，主要通过控制冷空气流速来调控预冷的快慢。

强制空气预冷的优点是预冷速度比室内预冷快得多，通常是后者的 4~10 倍，当然，比水预冷和真空预冷要慢，但对那些不需要快速预冷的果蔬，该预冷方式是一种快速而廉价的方法。

（3）冰预冷

在现代预冷技术产生之前，接触或包装冰预冷广泛应用于果蔬预冷和运输保温。冰预冷有多种形式：将放入容器内的片状冰或碎冰直接置于果蔬的上面。该方法虽预冷充足，但不均匀；液体冰预冷，即水和碎冰混合后泵入容器中降温预冷；将冰放在果蔬包装容器的上面来进行预冷，这种方法只能算是其他预冷方法的补充，现已很少应用。

冰预冷的一个优点是不会使预冷的产品失水萎缩，特别适合于生菜、菠菜、萝卜、胡萝卜等易失水的产品。另一优点是除了使果蔬降温外，还能使果蔬在运输中保持低温，短途运输可不用冷藏车。其缺点是装载大量的冰以及果蔬容器的防水性要求增加了成本。此外，冰预冷时融化的水若打湿了产品，一旦升温，产品容易腐烂。

（4）水预冷

水预冷的本质就是用冷水降低散装或小包装果蔬产品的温度。一般用 $0 \sim 3 \, ℃$ 的水作冷媒，与果蔬表面充分接触，冷却效果极高。

目前应用较多的水预冷技术主要有以下四种。

A. 喷水式

喷水式是一种传统的水预冷方法。传送带上的包装产品经过冷却隧道过程中，隧道顶部的喷头向产品上喷淋冷水，使产品冷却。

B. 喷雾式

基本同喷水式，喷头孔径大幅度减小，喷淋时间较长。喷雾式适合于那些较柔软的果蔬，如果用喷水式易造成机械性损伤。

C. 浸泡式

果蔬由传送带输送，与穿过冷却水槽的冷却水充分接触而交换热量降温。

D. 浸泡喷淋混合式

产品先浸泡在冷水中冷却一定时间，再被倾斜的传送带缓缓升高离开水面，移动到一排喷头下面，被喷淋降温。

影响水预冷速度的因素主要是冷水与果蔬间的对流放热系数、接触面积和温差。此外，还与果蔬的包装及其在包装中所处位置有关，散装果蔬比包装果蔬冷却快，上部的果蔬比中部的冷却快。

水预冷的最大好处是防止果蔬预冷过程中出现失水，预冷速度快，几乎和真空预冷相近。对于那些必须水洗的蔬菜，用温度较低的地下水洗后，再用水预冷还可减少耗水量。

水预冷适合水果、果菜类和根茎类蔬菜，不能应用于叶菜的预冷。其最大问题是易引起果蔬的腐败。

（5）真空预冷

真空条件下果蔬水分快速蒸发（沸腾），蒸发热来自果蔬内部，从而导致果蔬温度快速下降，这种预冷方法就是真空预冷。真空预冷是实现果蔬快速预冷的有效技术。

真空预冷的优点：

A. 冷却速度快

一般预冷时间为 20~30min。

B. 冷却均匀

如果包装透气，冷却效果不受包装限制。

C. 真空预冷的果蔬储藏保鲜期长

当 0℃储藏时，真空预冷的莴笋，保鲜期可达 40d；而其他方法预冷的莴笋，保鲜期仅 20d。

D. 能效高

在各种预冷方法中，真空预冷的能效最高。

影响真空预冷速度的因素，主要是果蔬的表面积和重量（或体积）的比值、水分从果蔬组织中释放的难易程度、抽真空的速率以及预冷果蔬的初温。其中果蔬的表面积和重量的比值是主要因素，比值越大，蒸发越快，降温也越快。因此，适于真空预冷的果蔬种类是有限的。一般表面积大的叶菜类，如菠菜、莴苣、花椰菜、芹菜、卷心菜、芥菜、蘑菇等适合真空预冷；而表面积小的果菜、根茎菜和水果，不适宜这种方法预冷。

为降低水分损失，可在预冷前向果蔬喷水。不仅避免了果蔬失重，而且可将蔬菜预冷到 0℃。

（6）低温预冷

低温预冷的机理是液氮（或干冰）易于汽化（或升华），并在相变时吸收大量潜热。在低温预冷中，果蔬被运载穿过一个有液氮蒸发或干冰升华的隧道，放热降温。低温预冷技术装置相当便宜，但运转费用高。该法主要适用于柔软、贵重而季节性强的果蔬。

（7）预冷站

预冷站一般分为移动式和固定式两种类型。

A. 移动式预冷站

移动式预冷站实际是一种活动的制冷设备，通常是把具有一定制冷能力的装置安装在铁路车辆或改装的汽车上，通过通风软管与已装入货物的冷藏车对接，由制冷装置产生的冷空气对货物进行预冷，运行比较灵活。随着冷藏集装箱的应用，出现了对集装箱内水果快速预冷的小型移动式预冷装置，其制冷能力在 4000kcal/h，经 6~9h 的预冷，可将集装箱内果蔬冷却到 2℃。

B. 固定式预冷站

固定式预冷站的制冷设备固定在地面专门建筑内，通过通风道和连接软管与停留在线路上的冷藏车联通，对已装入车内的货物进行预冷。目前，在多数固定式预冷站内都建有一定容积的冷藏间或冷却地道，其用途主要是对果蔬进行装车前的预冷。

（三）现代果蔬储藏保鲜技术

1. 冷藏库的管理

（1）果蔬入储前的库房准备

果蔬入储前需做如下库房准备。

冷藏库受有害菌污染常常是引起果蔬霉烂的原因，因此，库房使用前应全面消毒和灭菌。常用消毒剂有乳酸、过氧乙酸、漂白粉、福尔马林、臭氧和高锰酸钾等。常用消毒方法有熏蒸和喷雾。若采用乳酸消毒，可将浓度为 80%~90% 的乳酸和水等量混合，按每 $1m^3$ 库容 1mL 乳酸的比例，将混合液放入瓷盆内在电炉上加热，待溶液蒸发完后关闭电炉，闭门熏蒸 6~24h。杀菌完毕后，需通风换气。

（2）果蔬入储的注意事项

A. 储量适当

如果果蔬未经预冷，那么每天入储量不得超过库容量的 10%，否则降温速率就会相对缓慢。经良好预冷的果蔬，可大量入库，但前提是不引起库温出现较大的波动。

B. 果蔬分类分级堆放

堆放时，注意不要太拥挤，货架或货堆间及其与库壁和天花板间要留有适当的空间，以利通风换气和人员操作。货垛排列方式、走向及间隙力求与库内空气环流方向一致。

（3）库房温度控制和空气环流

A. 最佳冷藏温度的控制

果蔬入储完毕后，要尽快将温度降至最佳冷藏温度，必要时可采用压力泵将数倍于蒸发器蒸发量的制冷剂进行强制循环。

B. 适宜冷藏温度的控制

将库温控制在果蔬的适宜冷藏温度下，防止温度升高。同时，也要避免温度过低引起冻害和冷害。可在库内的多个部位安装精确温度计，以便掌握各部位温度情况。通过手动或自动开关冷冻机及控制开动时间来调节库内的温度。

C. 保持库内空气环流畅通

降温时加大环流速度有利于快速排除热量。在储藏期间保持适度的环流速度，一方面可保持库内温度均匀，避免过热或过冷，另一方面有利于维持库温的稳定，避免温度大起大落。

D. 注意除霜

在运行期间，当湿空气与蒸发管接触时，水分会在蒸发管上凝结成霜，形成隔热层，阻碍热交换，影响冷却效应，故应注意除霜。

（4）湿度管理

A. 保持适宜湿度

为防止果蔬大量失水和品质下降，库房相对湿度应保持在 90%~95%。

B. 减少结霜

由于空气中水汽不断地在蒸发器上结霜，并在除霜时水分被带走，致使库内湿度低于果蔬的要求。为此，在冷库设计上应加大蒸发器面积，缩小蒸发面温度与库温的温差，减少结霜；使用鼓风冷却系统时，要缩小鼓风机进出口的温差，当果蔬温度降至储藏温度时，出口风温度应低于进气口温度 1~1.5℃，采用微风循环；对预冷后的果蔬采用打孔塑料薄膜或半封闭进行包装，能起到良好的保水作用。

（5）通风换气和空气洗涤

通风换气是排除果蔬新陈代谢中产生的二氧化碳和乙烯等气体，补充库内氧气消耗的必要手段。通风换气的时间宜选择天气晴朗、气温较低的早晨。雨天、雾天时暂缓，以避免引起库内温湿度发生急剧变化。通风换气时开动冷冻机以减缓温度的升高。

装有空气洗涤器的冷藏库，可将库内空气抽出，经碱液洗涤，除去二氧化碳后再进入冷藏库中。经过这样的往复循环，可不断减少库内的二氧化碳。

2. 果蔬的气调储藏技术

（1）气调储藏技术

气调库房的隔热、防潮等要求与机械冷藏库房相同，但是，作为气调储藏库房还有其特殊要求。

A. 库房气密性高

储藏库必须经过特殊的试验，确保漏气量符合规定。

B. 多个储藏间

与冷藏库相比，气调库不仅要满足果蔬的温湿度条件，还要满足其气调条件要求，而不同果蔬间气调条件差异很大，因此不适合混储。每个气调库应有多个储藏间，一般在 10

个以下，至少 2~3 个，每个储藏间设定的气调条件不受其他储藏间的影响。

C. 装备压力调节器

库房承受库内外气压差的能力有限，需要时应装备压力调节器。

（2）库房气密性

气密性材料必须满足如下要求：良好的气密性，足够的机械强度和韧性，耐腐蚀，抗老化，受温度影响伸缩系数小，易黏结，易修理，无异味，微生物不易侵入。目前使用的气密性材料主要有镀锌铁皮、镀锌钢板或铝合金板，铝箔沥青纤维板或铝箔沥青胶合板，玻璃钢，无毒塑料薄膜和塑料板，软质硅密封胶或橡皮泥，防水橡胶布、胶带纸，环氧树脂等喷涂剂。比如用聚氨酯作喷涂材料，同时形成隔热隔气层。在使用气密材料时，应根据材料的特性和使用部位合理选材。维护结构可选用金属或塑料板材，硅胶、橡皮泥等用于缝隙和搭接处，喷涂剂适用于喷射或涂刷。

（3）气调库储藏管理

A. 温度、湿度管理

基本同机械冷藏库管理，一般可采用冷藏的最佳温湿度参数，但就某种果蔬的最佳冷藏温度可比一般冷藏稍高。一是在气调条件下冷藏温度稍高，也能取得很好的储藏效果；二是在稍高的冷藏温度下，可避免果蔬对低氧或高二氧化碳伤害的敏感性。

B. 气体调节控制

果蔬入库后，要尽快将库内氧气降低至该果蔬的最佳氧气指标。

对有二氧化碳要求的气调储藏，也要尽快达到所需二氧化碳浓度指标。储藏中通过气体分析仪掌握库内气体浓度，并通过调整将气体指标稳定在要求的范围之内。通常的气调指标是氧浓度不低于 2%，二氧化碳维持在 3%~5%。对于快速气调，要求果蔬采后 3d 内入库完毕，经 2d 将温度降至储藏温度，再经 2d 将氧气降至 2%，完成气调指标调控。

C. 乙烯气体控制

乙烯在气调储藏中一般容易控制，但对乙烯高度敏感的果蔬对清除乙烯有更高的要求。相应的机械气调库称为"低乙烯气调库"，如储藏猕猴桃的低乙烯气调库，乙烯浓度控制在 $0.02\mu L/L$ 以下。

（4）塑料薄膜封闭气调法

在机械冷藏库中用对气体有一定渗透能力的塑料薄膜袋或大帐封闭果蔬，果蔬的呼吸作用消耗了包装内的氧气，从而形成低氧和高二氧化碳的气调条件。薄膜对气体的渗透能力使得包装外的氧气进入包装内，而二氧化碳则从包装内排出来，从而有利于保持适度的低氧和高二氧化碳条件，达到延长果蔬保鲜期的目的。

现在较常用的降氧方式主要有以下两种。

A. 自然降氧

完全靠果蔬的呼吸作用形成气调条件，所需时间较长。

B. 快速降氧

根据果蔬的最佳气体浓度指标，配制符合要求的气体，置换薄膜袋或大帐内的空气，使包装内迅速形成所需气体条件，然后封闭薄膜袋或大帐。另一种快速降氧的方法是用气调储藏的降氧机与塑料大帐用管路连接，闭路循环将氧降至所需气体的指标。

储藏期间由于氧气的不断消耗和二氧化碳的产生往往比包装内外气体的交换速度快，从而形成过低的氧浓度或过高的二氧化碳浓度，对果蔬产生毒害。

（四）果蔬保鲜运输技术

1. 影响果蔬品质的运输条件

（1）温度条件

为保持新鲜果蔬的品质，果蔬运输前一般要求需要预冷到接近最佳冷藏的温度而且在最佳温度下运输。但是，在运输中保持最佳温度往往比储藏时困难，因为不可避免会发生变温和低温中断的情况。如果运输时间比较短，比如仅几天的时间，运输温度稍高于最佳冷藏温度、比冷藏时变化范围较大，不会对果蔬保鲜产生明显的不利影响，而且也容易采取补救措施。实际上果蔬运输时间往往比较短。运输时间越长，运输温度就应越接近冷藏最佳温度。一般认为 6d 以上的运输，要求达到冷藏时的最佳温度要求。

（2）湿度条件

为抑制果蔬失水萎缩，冷藏库相对湿度一般保持在95%左右，果蔬运输时也有同样的湿度要求。用纸箱包装果蔬，一天后箱内湿度可达95%~100%。这样的高湿度对短途运输果蔬无不良影响。但是，在长途运输期间，果蔬会因纸箱吸湿、保护强度下降而受到二次损伤。为防止这种情况的发生，纸箱周围要设有透气孔，这也有利于保持低温状态。

（3）机械振动

与冷藏不同的是运输期间果蔬还要遭受不同程度的振动，甚至碰撞等机械作用，其中振动是不可避免的。加速度超过1级的振动将造成果蔬的物理损伤，从而促进果蔬呼吸作用，利于霉菌感染，使其品质迅速降低。在铁路运输中，火车货车的振动通常不超过1级。虽然有时火车货车与果蔬也会发生稍大的振动，出现共振现象，但是火车货车的振动比卡车小得多。在陆路运输中，路面状况和汽车速度是影响振动强度的重要因素。在好的路面或高速路上行驶，一般振动不超过1级，车速对振动影响不大；但在路面不好情况下，高速行驶时，常会发生3级以上的振动。一般轮船的振动比火车、汽车小得多。在海上运输中，万吨级轮船的振动一般为0.1~0.5级。虽然振动不大，但是由于海上运输时间较长，遇到风浪时会产生大的摆动，使果蔬受压，也会对果蔬质量产生影响。

由此可见，果蔬运输时保持适宜的温湿度，最大限度降低振动是保持果蔬品质的必要条件。相对来说，一般情况下的振动强度对果蔬影响很小，湿度也较好控制，但温度控制相对较难，特别是超过6d的运输，因此控制好适宜低温是搞好果蔬运输的关键。

2. 低温冷链运输系统

为保持果品蔬菜的优良品质，从商品生产到消费之间需维持一定的低温，即新鲜水果蔬菜采收后在流通、储藏、运输、销售一系列环节中实行低温保藏，以防止新鲜度和品质下降。这种使低温冷藏技术连贯的体系称为"冷链保藏运输系统"。如果冷链系统中任何环节欠缺，将破坏整个冷链保藏运输系统的完整性。

整个冷链系统包含了一系列低温处理冷藏工艺和工程技术，低温运输在其中担负着联系、串联的中心作用。

第二节　船舶食品管理与组织

一、船舶食品库存管理

库存是指处于储存状态的物品。广义的库存还包括处于生产加工状态和运输状态的物品。通俗地说，库存是指在生产经营过程中为现在和将来的生产或销售而储备的资源。库存的最基本作用是解决生产与消费时间上的不一致，并创造"时间效用"。

（一）库存的分类

按照库存的目的，库存可以分为周转库存、安全库存和季节性储备。

1. 周转库存

又称"经常性库存"，是指在正常的经营环境下，企业为满足日常需要而建立的库存。

2. 安全库存

又称"安全储备"，是指用于防止和减少因订货期间需求率增长或到货期延误所引起的缺货而设置的储备。

3. 季节性储备

是指企业为减少因季节性生产和季节性销售的影响而储存的原材料或成品。

（二）库存管理的目标

库存管理包括实时库存查询与分析和库存预警，对商品的采购做出决策，并在某些情况下对库存进行调配。无论库存过高或过低，都会给生产或经营带来麻烦。因此，库存管理的目的在于用最低的费用，在适宜的时间和适宜的地点获得适当数量的原材料、消耗品、半成品和最终产品，即保持库存量与订货次数的均衡，通过维持适当的库存量，减少不良库存问题，使资金得到合理的利用。

许多船舶都存在库存过剩等不良库存问题。这是因为人们只重视库存保障供应的任务，忽视库存过高所产生的不良影响。库存过高给船舶带来的不良影响主要反映在以下三个方面。

一是库存过高将使大量的资金被冻结在库存上，当库存停滞时，周转的资金越来越短缺，使利息支出相对增加。二是库存过高的必然结果是使库存的储存期增长，库存发生损失和损耗的可能性增加。三是在维持高库存、防止库存损耗、处理不良库存方面的费用将大幅度增加。

船舶产生不良库存主要有以下两方面的原因：一是计划不周或制订计划的方法不当，就会出现计划与实际的偏差，使计划大于实际，从而导致剩余库存；二是船舶航行计划的变更会带来一定数量的原材料或半成品的过剩，如果不及时进行调整，就会转变为不良库存。

（三）食品库存的管理流程

一个完整的食品库存作业管理包括入库管理、在库管理和出库管理三个环节。

1. 食品入库管理

食品库存作业过程的第一个步骤就是验货、收货、食品入库，它是食品在整个食品供应链上的短暂停留。准确的验货和及时的收货能够提高此环节的效率。一般来说，在食品仓库的具体作业过程中，入库主要包括以下两个步骤。

（1）食品的接受

食品接受工作的主要任务是根据到货通知，及时、准确地为食品入库保管做好一切准备。首先，物流部门要与发货单位或部门及承运单位建立联系，以掌握接货的有关信息。其次，在充分掌握到货的时间、数量、重量、体积等基本情况后，就需要安排接货计划。接货计划有两个方面的主要内容：一方面是根据内部情况，与发货单位或部门商定到货接取计划；另一方面安排自己的接货时间、接货人员、接货地点及接货设备。最后，按接货计划在确定的时间办理各种接货手续，如提货或接货手续、财务手续等。在各种手续完成或手续办理过程中，对接收的食品进行卸货、搬运、查看、清点及到货签收工作，并在适当地点暂存。

（2）食品验收入库

食品验收是在食品入库之前，根据订货单检查所购食品是否按时交货，数量、质量、价格和包装是否正确，以最后确认是否接货的工作。

核证重点是核查食品品类、等级、数量、产地、价格、认证材料、装箱单据和发接货手续等。如果交货通知单或订货单与到货货物不一致，则有必要及时通知采购部门或发货部门查明产生出入的原因。

对交货时间进行检验的目的是核查交货期是否和订货单上的日期一致。如果供应商提早供货，可能会导致食品库存上升，占用货位，增加食品储存费用，这时相关部门有权拒收；如果供应商逾期供货，那么要进行必要的索赔。

对食品数量的验收主要是对散装食品进行称量，对整件食品进行数目清点，对贵重食品进行仔细查收等，确认与订货单或交货通知单所列数量是否一致。

质量验收是食品验收入库的核心内容，是整个验收工作中最不能忽略的部分。对食品质量的验收主要有食品是否符合检验检疫标准的要求，食品是否符合仓库质量管理的要求，食品的质量是否达到规定的标准等。

对食品包装方面的验收主要有核对食品的包装是否完好无损，包装标志是否达到规定的要求等。

对食品进行检验以后，应当记录验收结果，并以书面的形式阐述验收情况，包括签填验收单据、形成验收报告及进货日报表。

2. 食品在库管理

仓库作业过程的第二个步骤是库存食品保管。食品进入仓库需要安全、经济地保持食品原有的质量水平，防止由于不合理的保管措施所引起的食品变质或者流失等现象，具体步骤如下。

（1）堆码

由于仓库一般实行按区分类的库位管理制度，因而仓库管理员应当按照食品的存储特性进行综合考虑和堆码，做到既能够充分利用仓库的库位空间，又能够满足食品保管的要求。食品堆码的原则主要有4点。①由于受船舶空间限制，尽量利用库位空间，较多采取立体储存的方式。②根据食品的不同收发批量、包装外形、性质和盘点方法的要求，利用不同的堆码工具，采取不同的堆码形式。其中，性质相互抵触如相互串味的食品应该区分开来，不得混淆。③不要轻易改变食品存储的位置，大多应按照先进先出的原则。④在库位不紧张的情况下，尽量避免食品堆码的覆盖和拥挤。

（2）保管

管理员应当经常或定期对库存食品进行检查和养护，对于易变质或存储环境比较特殊的食品，应当经常进行检查和养护，尽可能使食品保持得长久一些。检查工作的主要目的是尽早发现潜在的问题，保管工作应以预防为主。在仓库管理过程中，应采取适当的温度、湿度和防护措施。

（3）盘点

在库存保管过程中，有些食品因存放时间太长或保管不当使其质量受到影响。为了对库存食品的数量进行有效控制，并查清食品在库存中的质量状况，必须定期或不定期地对食品储存场所进行清点、查核。一是通过点数、计数查明在库食品的实际数量，核对库存账面资料与实际库存数量是否一致。二是检查在库食品质量有无变化，有无超过有效期和保质期，有无长期积压等现象，必要时对食品进行质量检验。三是检查保管条件是否与各种食品的保管要求相符。如堆码是否合理稳固，库内温度、湿度是否符合要求等。四是检查各种安全措施和消防设备、器材是否符合安全要求，建筑物和设备是否处于安全状态。

对仓库中贵重的和易变质的食品，盘点的次数越多越好；其余的食品应当定期进行盘点。盘点时应当做好记录，如果出现问题，应当尽快查出原因。

查清原因后，为了通过盘点使账面数与实物数保持一致，需要对盘点盈亏和报废品一并进行调整。除了数量上的盈亏，有些食品还将通过盘点进行价格调整，这些差异的处理，可以经主管审核后，用更正表进行调整。

3. 食品出库管理

食品仓库作业管理的最后一个步骤是把食品及时、准确地发放到客户手中。仓库管理员应根据提货清单，在保证食品原有质量和价值的情况下，进行食品搬运和简易包装，然后安排发货。仓库管理员的具体操作步骤如下。

（1）出库准备

为了使食品出库迅速，加快物流速度，出库前应安排好出库的时间和批次。同时，做好出库场地、机械设备、装卸工具及人员的安排。

（2）核对出库凭证

仓库管理员根据提货单，核对无误后才能发货，除了保证出库食品的品名和编号与提货单一致之外，还必须在提货单上注明食品所处的货区和库存编号，以便能够比较轻松地找出所需的食品。

（3）配货出库

在提货单上，凡涉及较多的食品，仓库管理员应该认真复核，交与提货人；凡需要运发的食品，仓库管理员应当在食品的包装上做好标记，而且可以对出库食品进行简易的包装，在填写有关的出库单据、办理好出库手续后，可以放行。

（4）记账清点

每次发货完毕，仓库管理员应该做好仓库发货的详细记录，并与仓库的盘点工作结合在一起，以便为以后的仓库管理工作提供便利。

二、船舶食品采购的特点

食品采购，是指在食品交易活动中，从买方角度出发的交易行为中所发生的食品采购活动。与一般商品相比，食品具有以下特点。

食品保质期短，易变质，易腐败，损耗大。食品价格相对变化较大，批零差价大，全年价格变动幅度大。许多食品的季节性很强，在采购价格上表现出明显的季节性变动趋势。食品原料大多为初级农副产品，其质量目前仍主要沿用感官鉴定，造成食品质量分级十分困难。

正是由于食品与一般商品相比存在以上特点，因此船舶食品及食品原材料的采购也具有自己的一些特点。

食品价格变动较大，造成了采购人员市场采购的困难，同时也增加了对采购人员控制的难度。由于船期固定，为延长航行期间生鲜食品的食用期，生鲜食品交货期一般为船舶起航前几天，交货期限的地位与食品质量、价格同等重要。由于食品质量难以标准化，给采购人员降低质量标准以牟取个人私利留下了空间。由于季度性很强，再加上农产品因气候突变影响所造成的产量不确定性，造成了对采购食品的价格预测困难。正是以上问题，造成食品采购的不确定性、复杂性加大。

三、船舶食品溯源管理

食品安全问题的形成机制，一方面取决于食品的生产、流通、环境及消费等诸多方面；另一方面取决于食品体系的复杂化、国际化和多元化等特性。食品供应链的链条越长，环节越多，范围越广，食品风险发生的概率就会越大。随着食品工业的发展和市场范围的扩大，越来越多的食品是通过漫长而复杂的食品供应链到船舶供船员食用的。由于加工过程经常会使食品原料改变性状，大批量的商品生产也难免会产生瑕疵，而多层次的加工和流通往往涉及位于不同地点和不同食品供应链成员，消费者通常很难了解食品生产加工经营的全过程。因此，如何满足消费者对食品安全卫生和营养健康的需求，如何实现食品溯源，已经成为食品安全管理体系中亟待解决的一项重要问题。

（一）食品溯源的基本原理

实施溯源管理的一个重要方法就是在产品上粘贴可追溯性标签。可追溯性标签记载了食品的可读性标识，通过标签中的编码可方便地到食品数据库中查找有关食品的详细信息，通过可追溯性标签也可帮助企业确定产品的流向，便于对产品进行追踪和管理。

对供应链的描述主要是以产品的形成过程为主线，从食品供应链的可追溯性出发来描述食品供应链网。一个供应商会提供多种食品，一些食品直接进入流通渠道，一些食品被送到工厂进行加工后再销售。一种原料可以用来生产多种产品，因此，当一个供应商提供的一种食品出现质量问题时，有理由怀疑其提供的其他食品的质量，因而可追溯其他食品的安全问题。同样，一个配送中心不会只配送一种食品原材料或食品，也不会只配送一个企业的原材料或食品。如果配送中心的食品管理出现问题，从而导致某种食品出现安全问题，那么可对其他食品的安全问题进行追溯。

虽然可以寻找食品物流每一阶段的供应商和配送中心，并对它们的食品管理过程进行调查，但是效率很低。此时，可追溯系统中完备的食品数据库便可发挥重要作用。食品数据库存储了食品生产和管理的完备信息，当食品出现管理问题时，通过查询食品数据库还原其整个管理过程和保存环境，可清楚地发现问题所在，从而找到食品安全问题的根源。由此可见，建立完备的食品数据库是高效的可追溯系统成功实施的重要条件。一个良好的食品数据库的建立，要求尽可能让整个食品物流过程规范化、标准化，且该数据库必须能够包括整个食品供应链上的所有数据。

（二）食品溯源管理的主要内容

食品溯源管理主要包含产品溯源、过程溯源、基因溯源、投入溯源、疾病和害虫溯源5个基本内容，这5个内容也是食品供应链可追溯体系的基本构成要素。

1. 产品溯源管理

从产品溯源的角度来讲，食品溯源体系可以认为是对食品建立从来源到销售的任何一个环节中能迅速召回的可识别和可追踪产品的记录体系。一旦发现某一批次的产品存在问题，就可以根据各环节所记载的信息，沿着食品供应链逆流而上查找出现问题的环节，并快速、准确地召回缺陷食品，从而降低食品安全危害。在食品溯源体系中，至关重要的是确定详细的产品规格、批次或批量规模。对批次规模可以按照生产或运行的时间、产量或有效期来确定。一般情况下，追溯某个产品或小批量产品的详细信息会增加追溯系统的成本；针对大批量产品进行追溯可以降低成本，但是会增加风险，一旦出现食品质量安全问题，将会有更多的产品受到牵连。因此，在做出批量规模决策时应综合考虑追溯成本和风险之间的关系。食品溯源是建立在信息平台基础上，借助食品质量安全溯源系统，使食品供应链成员能够及时了解食品质量安全信息，溯源速度快，透明度高，一旦出现食品质量安全问题，能够迅速查找问题的源头。

2. 过程溯源管理

相对于产品溯源，过程溯源更加关心食品在食品供应链中的流动过程。通过过程溯源，可以确定在食物生长和加工过程中影响食品质量安全的行为和活动，包括产品之间的相互作用、环境因子向食物或食品中的迁移以及食品中的污染情况等。

诱发食品质量安全问题的因素很多，而且分布十分广泛，有可能是在生产环节自然环境条件带来的污染，也有可能是受到食品加工环节环境卫生或添加材料的影响，或是流通过程中受到外界污染或食品组织损伤等而引发食品危害，还有可能是消费者食用方法不当或自身体质问题（如消费者属于敏感人群）。因此，对食品质量安全问题产生原因与机制的研究，应该从分析现代食品供应与需求的特性出发，利用食品溯源系统，对消费者获得产品之间的各个环节以及消费食品的全过程中所出现的情况进行追踪和溯源，这是过程溯源的内涵。

食品所具有的质量特性和食品供应链的日益复杂化，使食品供应链"从农田到餐桌"的任何一个环节都有可能引发食品质量安全问题，并造成严重的后果。过程溯源体系的建立，能够在食品供应链的每一个环节将与食品质量安全有关的有价值的信息保存下来，以备消费者和食品检测部门查询，有效地实现了食品信任特性信息的传递，以及快速有效地处置食品安全事件。

3. 基因溯源管理

通过溯源确定食品的基因构成，包括转基因食品的基因源及类型、农作物的品种等，推动 DNA 鉴定和生物标签等识别技术在基因溯源管理体系中的应用和发展。

由于转基因生物、转基因食品等对人类健康是否存在危险尚未明确，因而消费者有权知道自己所购买、食用的食品是否含有转基因成分，并选择是否购买、食用含有转基因成分的食品。因此，采用生物标签技术对转基因食品进行基因溯源，消费者能够了解转基因食品的基因源及类型，从而放心食用。此外，通过基因溯源，消费者可以了解农作物的品种，更方便选择适合自己的食品。

4. 投入溯源管理

通过溯源，确定种植和养殖过程中投入物质的种类及来源，包括配料、化学喷洒剂、灌溉水源、家畜饲料、保存食品所使用的添加剂等。

蔬菜食品中的农药残留以及重金属污染仍然是我国农业生产的主要问题。从食品安全现状来看，农药残留、兽药残留和重金属污染问题，不仅危害人类健康，还在一定程度上影响了中国农业经济的发展。

因此，当务之急就是要通过投入溯源来确定种植和养殖过程中投入物质的种类及来源，尤其是化学喷洒剂及家畜饲料等，只有这样才能更好地解决农药残留、兽药残留和重金属污染问题。同时，通过与食品溯源的其他基本要素相结合，例如疾病和害虫溯源等，可以更为精准地测定农药残留是否超标、被检测食品是否遭受重金属污染，或是其他需要解决的食品污染问题。

5. 疾病和害虫溯源管理

通过溯源，追溯病害的流行病学资料、生物危害以及摄取的其他来自农业生产原料的生物产品。食品安全是一个重要的全球性公共卫生问题，船舶食品供应更是不局限于一地。尽管科学技术已经发展到了相当的水平，但食品污染和食源性疾病在发达国家和发展中国家仍然普遍存在。建立更灵敏、更有效、更可靠、更简便的微生物检测技术，既是保证食品安全的迫切需求，也是食品微生物检测技术的发展趋势。同时，多种检测技术以及各学科的交叉发展也有望解决疾病和害虫溯源中所出现的各种问题。

第三节　船舶果蔬储藏保鲜冷藏链

一、船舶果蔬冷藏链的组成

（一）船舶果蔬冷藏链的结构

船舶果蔬冷藏链的结构由多个关键部分组成，主要包括冷藏集装箱、制冷系统、温度控制系统、气体调节装置以及智能化监控平台。

（二）船舶果蔬冷藏链的分类

1. 按果蔬从采收加工到消耗的工艺流程的顺序分类

船舶果蔬冷藏链由预冷、冷藏运输、复合气调包装、低温储藏等部分组成。

（1）预冷

其主要涉及各类预冷装置。

（2）冷藏运输

其包括果蔬的中、长途运输及短途送货等，主要涉及铁路冷藏车、冷藏汽车、冷藏船、冷藏集装箱等低温运输工具。

在冷藏运输过程中，温度的波动是引起果蔬品质下降的主要原因之一，因此，运输工具不但要保持规定的低温，而且不能有较大的温度波动，长距离运输尤其重要。

（3）复合气调包装

其主要是在低温库内，采用复合保鲜气体（如 N_2、O_2、CO_2，3 种气体按果蔬特性配比混合）对已装入果蔬的塑料包装袋（盒）内的空气进行置换，改变包装袋内的气体比例，形成袋内的微型气调环境——微型气调库，从而减缓新鲜果蔬的新陈代谢，延长果蔬的保鲜期。

（4）低温储藏

其主要涉及生产单位、采购单位及船舶的冷藏库、各类储藏车、气调车以及设施与通风库等。

2. 按冷藏链中各环节的装置分类

可分为固定装置和流动装置。

（1）固定装置

固定装置包括气调库、冷藏库、冷藏柜等。冷藏库主要完成果蔬的收集、加工、复合气调包装、储藏及分配，冷藏柜主要是船舶临时储藏用。

（2）流动装置

流动装置包括车载式真空冷却装置，如铁路冷藏车、冷藏汽车、冷藏船和冷藏集装箱等。

二、船舶果蔬冷藏保鲜条件

船舶果蔬都是靠运输将果蔬运送到船舶上的，在船舶果蔬的储藏保鲜中，运输成为急需解决的问题。因此，如何科学地运输果蔬以及保鲜保质就显得格外重要。

冷藏运输是果蔬冷藏链中十分重要而又必不可少的一个环节，它是由冷藏运输设备来实现的。因此，冷藏运输可被认为在特殊环境下的短期储藏，而冷藏运输则是可以移动的小型冷藏库或小型气调库。果蔬在运输中除了与储藏时温度、湿度、气体成分、微生物等条件基本相似之外，其运输环境是运动的环境，因此，必须考虑运动环境的特点及其对果蔬品质的影响。

（一）果蔬运输中的振动

1. 振动与果蔬的物理损伤

从流变学的观点来看，果蔬属于黏弹性物体，当果蔬组织在生物屈服点以内时，表现为黏性流动变形及弹性变形相组合的复杂力学特性。在流变学中，典型的黏性体表现为带有阻尼的塑性，典型的弹性体则在应力的作用下呈现可以完全恢复的变形。

振动是果蔬运输时的基本环境条件，更是船舶果蔬长期存在的储藏环境，因此当船舶驶离码头时，船舶果蔬就处于振动的储藏环境中。振动的物理特征主要为振幅与频率。振动强度以振动所产生的加速度来分级，达到一个重力加速度为1级。1级以上的振动加速度可直接造成果蔬的物理损伤，1级以下的振动也可能造成间接损伤。

一般来说，由于果蔬具有良好的黏弹性，可以吸收大量的冲击能量，因此，作为独立个体的抗冲击性能很好。虽然高达45级的加速度会造成单个苹果的跌伤，但是实际上1级以上的振动加速度就足以引起果蔬的损伤，这是因为振动常激发包装和包装内产品的各种运动。这些因素的相加效应在一般的振动强度下足以对某些果蔬造成损伤。此外，对于还不致发生机械损伤的振动，如果反复增加作用次数，那么果蔬抗冲击性也会急剧下降。如果遇到稍大的振动冲击，那么有可能使果蔬产品受到损伤。运输距离越长，强度下降越大。

果蔬在运输中，发生1级以下的振动可能有无数次，由于反复振动，下部果蔬受到反复加压，抗压强度急剧下降。如果受到较大振动冲击，那么果蔬就会受到损伤。在长途运输中微小的振动是难以避免的，果蔬的鲜度必然受到影响。但大的振动是可以防止的，如道路不平，可采取减速等措施，防止果蔬反复加压。另外，长途运输用的果箱，应根据所装果蔬的耐压特性，选择大小、形状和抗压力不同的果蔬箱。

船舶航行时，船舶果蔬一直处于运输状态，上述的振动一直持续，因此船舶果蔬因振动造成的损伤比陆地要多几倍甚至几十倍。船舶果蔬的保鲜期也远低于陆地果蔬的保鲜期。

2. 振动与果蔬的生理失调

振动除了引起果蔬组织的机械损伤之外，还将导致果蔬品质下降。

（1）振动与呼吸速度

在振动不造成果蔬外伤的情况下，振动一开始，果蔬呼吸立即上升，继续振动，呼吸速度逐渐增加，即使振动停止，呼吸也仍有暂时的继续上升。另外，在一定的振动时间内，振动越强呼吸作用越大，当振动时间过长，呼吸作用反而被抑制，产生异常生理反应。

（2）振动与成熟度

成熟果蔬一般对振动的敏感性高。例如，番茄在转色期最为敏感，在振动后，成熟过程中会产生异常情况，如转色期推迟、果实风味变差等。

（3）振动外伤与呼吸速度

将果蔬往下跌落，使其产生外伤，就会立刻出现呼吸上升的现象，跌落距离越高，跌落程度越重，呼吸速度越大。另外，果蔬在运输中的滚动、加压等产生的外伤，也会引起呼吸速度上升。所以果蔬在选果、装箱、装车、运输等过程中应尽量减少振动，因振动受伤的果蔬外观较差，营养物质减少，风味也会随之下降。

（二）船舶果蔬温度

在运输和航行时，每种果蔬与在储藏保鲜时一样，都有一个最适宜的温度。温度对果蔬品质起着决定性的影响，因此，现代果蔬运输最大的特点，就是对温度的控制。如外界温度高，由于受温度和呼吸热的共同影响，果蔬运输温度就会很高，从而造成大量腐烂情况。但是在严寒季节，果蔬紧密堆垛利于其呼吸热积累，利于运输防寒。因此，果蔬运输必须在其适宜温度下进行。

1. 果蔬的呼吸热

在设计果蔬运输和冷藏方案时，必须掌握其呼吸热。因为呼吸热是控温运输和储藏中热量的一个最大来源。

2. 最适运输温度

从理论上来说，果蔬的运输和航行温度最好与最适储藏温度保持一致。但是，实际上，这样往往使运输成本加大，并不经济实用。因为果蔬的最适冷藏温度大多是为长期储藏而确定的，在现代运输条件下，果蔬的陆上运输很少超过10d；因此，果蔬运输只相当于短期的储藏，没有必要套用长期冷藏的指标。根据相关报道，芹菜采收后，在0℃，相对湿度90%~95%下可保存60d，平均呼吸热为79.5kJ/（t·h）。而在4.4℃时，呼吸热为117.2kJ/（t·h）。在4.4℃下储藏40d的消耗与0℃下储藏60d的消耗是相等的，如果以呼吸消耗来换算储藏期，那么，可以认为在4.4℃下运输1d的质量下降（不考虑其他因素）只相当于0℃下运输1.5d的质量下降。再有，苹果在4℃下运输1d的呼吸消耗只相当于0℃的最适冷藏温度下1.86d的消耗，即使运输期长达15d也只是使整年的冷藏寿命缩短13d。这表明在运输中，由于运送时间相对较短，如适当放宽低温条件，采用略高于最适冷藏温度的运输温度对果蔬品质的影响不大。而采取略高的温度，在运输经济性上则具有明显的好处，如采用保温车代替制冷车，可减少能源消耗，降低冷藏车的造价。

（三）船舶果蔬运输湿度

果蔬在低温运输时，由于车厢的密封和产品堆码的密集，运输环境中的相对湿度一般应为95%左右。如果用纸箱运输，那么果蔬入箱后，在1d以内，箱内相对湿度可达95%~100%，在运输期间会一直保持这种状态。这样的高湿度，在短途运输中不会影响果蔬的品质和腐烂率。但如果是长途运输，高湿度会使纸箱吸湿，导致其强度下降，果蔬就会受到二次损伤。为了防止这种情况的发生，纸箱的周围可开透气孔。

（四）气体成分

在常温运输中，果蔬箱内气体成分的变化不大。在低温运输中，由于车厢体的密闭和果蔬的呼吸作用，运输环境中会有CO_2的积累。但由于运输时间不长，CO_2积累到伤害浓度的可能性不大。在使用干冰直接冷却的冷藏运输系统中，CO_2浓度自然会很高，可达到20%~90%，有给果蔬造成CO_2伤害的危险。所以，果蔬运输所用的干冰一般为间接冷却。但在控制的情况下，干冰直接制冷同时还可提供气调运输所需的CO_2源。

第四节　船舶食品保障装备与管理

一、船舶常用食品保障装备

具体装备与构成可参考表4-1。

表4-1　装备及其构成

名称	技术参数	装备描述
三眼电磁灶	型号：DCZ-12/12/5 电制：380V-3PH-50Hz 功率：29kW 尺寸：2400mm×1100mm×850mm	整体不锈钢材质，美观大方，经久耐用 采用全封闭机芯 设有五档功率调节开关及多功能显示屏 无明火，无废气，低噪声 电磁加热，无热辐射，高效节能
蒸饭箱	型号：DHZ-36 容量：36kg 电制：380V-3PH-50Hz 功率：9kW 尺寸：620mm×760mm×1760mm	全不锈钢结构 设定时器，最长时间为2小时 水位控制实现自动补水 电气控制箱独立设置，箱内设除湿装置

名称	技术参数	装备描述
可倾式电汤锅	型号：DZG-60Q 容量：60L 电制：380V-3PH-50Hz 功率：9kW 尺寸：930mm×700mm×980mm	造型美观大方，耐腐蚀，易清洁 不锈钢结构 锅体双隔层设计 蜗轮蜗杆传动倾锅 装有压力表及安全阀 采用电加热方法，无明火，无污染
万能蒸烤箱	型号：FCF061ES 容量：6盘 电制：380V-3PH-50Hz 功率：10kW 尺寸：870mm×770mm×1685mm	专业设计、别致精巧，美观耐用， 体积小，容量大 全不锈钢结构，性能稳定，安全可靠 可设定多种程序，提高工作效率 耐高温玻璃门及柜内照明灯，容易检视操作
切片机	型号：SS-250 容量：6盘 电制：220V-1PH-50Hz 功率：0.15kW 尺寸：485mm×406mm×367mm	高硬度合金钢切刀 切片厚薄均匀，厚度调节方便 设备自带保护装置
绞肉机	型号：TJ12F 容量：120kg/h 电制：220V-1PH-50Hz 功率：0.8kW 尺寸：380mm×220mm×410mm	不锈钢漏斗及盛盘 螺旋式转轴，易清洗 结构紧凑，外形美观 操作简单，易于维护
开水器（挂壁式）	型号：PK-3/B 容量：24L 电制：380V-3PH-50Hz 功率：3kW 尺寸：360mm×350mm×825mm	全不锈钢结构 设自动补水浮球阀 设断水保护功能 设可饮用指示灯和水温表
不锈钢调味品桌	尺寸：420mm×1100mm×850mm	304不锈钢制造
聚乙烯砧板 及不锈钢架	尺寸：650mm×650mm×850mm	304不锈钢制造
不锈钢工作台 （带调味品桌）	尺寸：1600mm×1100mm×850mm	304不锈钢制造
不锈钢挂墙架	尺寸：1600mm×400mm×110mm	304不锈钢制造

名称	技术参数	装备描述
不锈钢双眼桌	尺寸：2080mm×650mm×850mm	304 不锈钢制造
不锈钢集气罩 （带离心风机/ 风管/弯头）	尺寸：2800mm×1100mm×350mm	304 不锈钢制造
不锈钢工作台	尺寸：1900mm×650mm×850mm	304 不锈钢制造
多用机	型号：AE-30N 容量：30L 电制：380V-3PH-50Hz 功率：1kW 尺寸：621mm×610mm×1100mm	球型、拍型、花蕾型三种搅拌器 变速灵活，操作方便 噪声低，耗能小，效率高 不锈钢安全网，加强安全性，使用更加放心 带定时功能
不锈钢平台冰箱 （带揉面功能）	型号：PRO035R1FM 容量：350L 电制：220V-1PH-50Hz 功率：0.45kW 尺寸：1800mm×650mm×850mm	内藏式蒸发器 内外箱体全不锈钢结构采用数显控制 冰箱内设搁架
不锈钢工作台	尺寸：1800mm×600mm×850mm 数量：1	304 不锈钢制造
双温开水器 （落地式）	型号：PK—9/WT 容量：60L 电制：380V-3PH-50Hz 功率：6kW 尺寸：600mm×610mm×1600mm	智能双温设计，100%开水 微电脑控制 卫生耐用 选用 304 不锈钢制造
消毒柜	型号：RTP350MC 容量：350L 电制：220V-1PH-50Hz 功率：2.2kW 尺寸：650mm×650mm×1960mm	纯不锈钢外壳，经久耐用 热风循环消毒，采用立体循环风高温杀菌， 杀毒效果彻底，无死角 温度控制精确，性能优良
电热保温桌	型号：RC1565 容量：4 格 电制：220V-1PH-50Hz 功率：2kW 尺寸：1500mm×650mm×850mm	全不锈钢结构 保温温度由温控器控制， 可根据需要设定温度，在恒温 下设储物柜，方便餐具存放 带防干烧装置，使用更安全

续表

名称	技术参数	装备描述
不锈钢 工作台	尺寸：1500mm×650mm×850mm	304不锈钢制造
不锈钢转角工作台	尺寸：1800/1250mm×650mm×850mm	304不锈钢制造
不锈钢单池洗桌	尺寸：1500mm×650mm×850mm	304不锈钢制造
微波炉	型号：G80F25CSL 容量：25L 电制：220V-1PH-50Hz 功率：1.3kW 尺寸：502mm×420mm×310mm	智能操控 高效速热（热效率提升10%） 质感拉手，磨砂按键配吸盘式底脚
多士炉（4片）	型号：4ATS 容量：160片/h 电制：220V-1PH-50Hz 功率：2.3kW 尺寸：330mm×220mm×225mm	不锈钢结构，优质电热材料， 面包片烘烤可分区控制，装有定时器， 设面包取出装置及不锈钢面包接屑盘 吸盘式底脚固定
咖啡机	型号：ND1000A 容量：160Cups/h 电制：220V-1PH-50Hz 功率：2kW 尺寸：215mm×400mm×460mm	不锈钢机身 带缺水保护、温度保护 操作方便 吸盘式底脚固定
不锈钢吊柜	尺寸：900mm×300mm×600mm	304不锈钢制造

二、船舶食品装备信息化管理

在物联网时代，食品保障已经由完全人工逐步向半自动化甚至全自动化管理发展，利用现有的物流网络可以实现所需物资高速运输；利用物联网技术，可以及时了解食品装备使用情况和进行仓储物资管理。食品保障的数字化可以大幅度减少人力资源消耗，提高资源利用率，也可以及时记录船舶人员工作生活情况，提高管理效率。

在食品装备管理中，可以部署高带宽局域网，方便在船舶上处理各项事务，做到船舶食品部门与其他管理部门的消息互通。如发生故障，可以依托信息化远程系统进行指导维修，利用仓储与物流相结合的备品备件体系对食品信息化设备做到备件及时更换和故障设备维修。在食品补给设施建设上，可以结合信息技术和计算机技术，建立补给信息化管理系统和食品设备管理系统。食品补给信息化管理系统用于统一协调岸上采购、码头或基地仓储、船舶运输、海上船舶之间补给等工作。船舶设备管理系统则可以显示食品设备使用情况，船舶物资清点情况和使用保养情况，提高处理效率。同时食品保障系统还可以录入各个库存点的物资储备情况，根据任务需求建立保障制度。

船舶食品装备管理的信息化建设，指的是在相关领导的组织与规划之下，充分利用现代信息技术，以信息基础设备、信息网络平台作为依托，实现对船舶食品装备管理信息资源的研发与利用，提高装备管理的科学性、准确度。

在船舶食品装备信息化建设过程中，主要包括以下建设内容。①管理主体。装备管理人员即为管理主体，也是信息化建设过程中的决策人与执行人。可以说，加强对装备管理信息化人才的培养是信息化建设的关键一环。②管理客体。装备管理的对象即为管理客体，包括食品装备、管理 PDF 者、使用者以及设施设备等资源。管理客体的信息化建设，主要是通过利用智能信息技术将客体的有价值信息转换成能够被系统所识别的数字化信息，从而实现装备的动态可视化。③管理手段。管理手段是实现信息化建设的途径。管理手段的信息化建设，则指的是通过加强信息系统的软硬件研发与建设，实现信息系统与相关智能设备的创新应用，进而确保食品装备管理的精确与高效。④管理业务。管理业务的信息化建设，主要是根据装备管理过程中的业务需要，通过相应的技术手段，提高业务处理的能力。业务包括装备的调配与供应、维修等。⑤管理决策。基于信息系统的数据资源，为决策者提供准确的信息，帮助其提高决策的科学性与可行性。⑥管理环境。管理环境主要是指政策法规、安全与建设管理等环境。

在船舶食品装备管理信息化建设中，应注重以下建设。①统筹规划。首先，做好标准化与技术体制的协调统一，即把食品装备管理信息化建设全面纳入船舶各项建设，按照统一的规划、管理要求，制定科学的建设方案与合理的建设标准，进而实现建设机制的建立与健全。其次，做到科学规划、管理信息资源，即在论证阶段，通过资源规划、建设规划二者之间的有机结合，来实现对信息资源的最大化利用。最后，做到需求论证环节的有效组织，即在船舶统一管理之下，积极鼓励与引导管理人员、使用人员参与到建设目的、建设方向的确立工作中。②完善运行机制。首先，做好基础信息建设工作。将有关食品装备的所有数据、使用情况等掌握清楚，明确装备管理系统的软件、硬件用途，从而认识与了解当下船舶食品装备的管理规律，分析管理中存在的突出问题，加强制度的规范化建设，切实保障装备效率的有效提升。其次，做到规范化管理食品装备，即对当前的管理制度、规范等进行修改与完善，对于装备基础设施、管理方式、制度等，提出相应的配套标准。同时，针对信息管理中存在的重视检查过程而轻视质量等问题，基于信息化系统，制定符合指标要求的管理考核实施细则，从而有效实现考评的科学性与全面性。最后，做到管理机制的健全与优化，即结合食品装备管理的转型需要，对当前管理工作、流程的各个环节加以规范，进而确保信息资源的实时传递、共享及其有效利用。③加强专业化人才培养。专业人才的存在与培养是食品装备管理信息化建设的基础保障。在人才培养方面，可以通过培训学习等方式，提升保障人员的专业知识与学习技能，做到理论与实际相结合，切实提高执行人员在信息化建设的过程中解决实际难题的能力。除此之外，还要做到加强教育引导。在日常的学习培训当中，加强基础知识与相关常识的教育培训，以信息化建设的特点与规律作为出发点，牢固树立做好装备管理信息化建设的思想基石。在学习信息化基础理论的同时，也要做到优化知识结构，将基础知识与时代发展、科技进步相结合，以满足信息化建设中对各项技术应用的需要。专业人才不能仅限于掌握当前所学的知识与技术能力，还要学会进行创新工作，满足船舶食品装备管理信息化建设不断发展的需要。

第五章 船舶网络管理与引航员安全

第一节 船舶网络安全与管理

网络是一个开放的系统，能实现网上设备间的通信以及资源共享，这必然会给网络管理带来安全隐患。计算机网络的开放性、国际化的特点在增加应用自由度的同时，也为网络上的攻击、破坏、信息窃取等行为提供了方便。

一、船舶网络安全的概念

ISO 对计算机网络安全的定义如下：为数据处理系统建立和使用所采取的技术和管理的安全保护措施，保护计算机硬件、软件和数据不因偶然和恶意的原因遭到破坏、更改和泄露。

按照以上定义，可以将船舶网络安全理解为通过各种技术和管理措施，使船舶网络系统正常运行，确保船舶网络数据的可用性、完整性和保密性。具体来讲，船舶网络安全包括以下五个基本要素。

（一）机密性

确保船舶运行状态相关信息不泄露给未经授权的人或应用程序。

（二）完整性

确保船舶网络中的数据在传输过程中没有被篡改，只有得到允许的人或应用程序才可以修改数据，并且能够判别出数据是否已经被更改，由谁更改。

（三）可用性

只有得到授权的用户在需要的时候才能访问船舶网络数据。

（四）可控性

能够对授权范围内的信息流向和行为方式进行控制。

（五）可审查性

当船舶网络出现安全问题时，能够提供调查的依据和手段。

二、网络安全与安全管理的内容

网络安全和安全管理在个人、船舶、船公司、货物等整个航运产业链运行中发挥着潜在的影响力，起到非常重要的作用。网络安全主要涉及信息技术、操作系统、数据信息等方面发生的未经授权或者恶意的登录、操纵和破坏。安全管理则是对网络稳定运行、数据安全和系统安全中的风险进行有效的识别和管理。

网络安全事故所导致的结果有以下几个方面：

第一，一个网络安全事故将影响整个网络系统的可用性和完整性，如 ECDIS（电子海图显示与信息系统）中的电子海图数据被损坏；

第二，软件升级或者维护时发生错误和失败；

第三，船舶外部传感器数据的丢失，或者操作直接影响船舶的安全运行，如影响船舶全球导航卫星系统等相关设备。

网络安全管理应具备的内容包含：

第一，确定岸上和岸上用户、关键人员和管理人员的角色和职责；

第二，识别网络系统、资产、数据和能力，掌握这些系统在受到破坏时对整体网络系统构成的风险；

第三，具备技术性和程序性措施防范网络安全威胁，确保网络的稳定性；

第四，在发生网络安全事件时，有应对网络安全事件的计划准备。

网络安全管理的某些方面可能包括商业敏感或机密信息。因此，还应该考虑正确地保护这些信息，尽可能不将敏感信息代入其安全管理系统。

三、船舶面临的网络安全风险

随着船舶智能化水平的提升，越来越多的船舶具备网络实时"在线"状态，因此遭受网络威胁的隐患也在不断增加，船舶的网络安全显得尤为重要，国际海事界对船舶网络安全的认识正在不断提升。

根据船舶的实际运行需求，船舶网络安全面临的威胁主要有以下几个方面：

第一，程序中的操作错误；

第二，软件缺陷；

第三，未经授权访问的系统入侵；

第四，管理公司对船舶网络未能实施有效的风险控制程序；

第五，通过网络攻击导致的系统入侵或中断；

第六，系统不断接入网络，船舶越来越多地"在线"。

船舶电子信息化系统中易受网络攻击的系统包括：

第一，船桥系统；

第二，货物操作和管理系统；

第三，推进和机械设备管理，以及动力控制系统；

第四，访问控制系统；

第五，乘客服务和管理系统；

第六，乘客公共网络系统；

第七，管理及船员保障系统；

第八，通信系统。

四、网络安全应急响应与恢复

网络安全应急响应与恢复应以安全队伍建设为基础，建立组织管理、预案流程、制度规范等综合措施，以便尽早对有重大危害的计算机和网络安全事件进行发现、分析和确认，并对其进行响应，以降低可能造成的风险和损失。

(一) 准备阶段

准备阶段是网络安全事件响应的第一个阶段，也属于一个过渡阶段，即横跨在网络安全事件真正发生前和有迹象将要发生的时间段，大部分工作需要在应急响应之前就已做好准备。这一阶段极为重要，因为事件发生时可能需要在短时间内处理较多事务，如果没有足够的准备，将无法及时、准确地完成响应，导致出现难以预料的损失。

1. 准备阶段工作内容

准备阶段的工作内容主要包括两个方面：一是对信息网络系统进行初始化快照；二是准备应急响应工具包。系统快照是指在常规情况下，信息系统进程、账号、服务端口和关键文件签名等状态信息的记录。在系统初始化或发生重要状态改变后，在确保系统未被入侵的前提下，立即制作并保存系统快照，并在检测的时候将保存的快照与信息系统当前状态进行对比，是后续"检测"安全事件的一个重要途径。

（1）系统快照

系统快照是系统正常状态下的精简化描述，因此须在确保系统未被入侵的前提下，由系统维护人员完成系统快照的生成和保存工作，注意执行系统快照留存的时间点有以下几种：

①系统初始化安装完成后；

②系统重要配置文件发生更改后；

③系统进行软件升级后；

④系统发生过安全入侵事件并恢复后。

在进行安全检测时，通过将最近保存的系统快照与当前系统快照进行仔细的核对，能够快速、准确地发现系统的改变或异常。准备阶段还应包括建立安全保障措施、对系统进行安全加固、制定安全事件应急预案、进行应急演练等内容。

主机系统快照，应包括但并不限于以下内容：

①系统进程快照；

②关键文件签名快照；

③开放的对外服务端口快照；

④系统资源利用率的快照；

⑤注册表快照；

⑥计划任务快照；

⑦系统账号快照；

⑧日志及审核策略快照。

以上内容中的系统进程快照、关键文件签名快照和系统账号快照尤为重要，一般入侵事件均可通过此三项快照的关联分析查找获得重要信息。

网络设备快照应包括但并不限于以下内容：

①路由快照；

②设备账号快照；

③系统资源利用率快照。

数据库系统快照应包括但并不限于以下内容：

①开启的服务；

②所有用户及所具有的角色及权限；

③概要文件；

④数据库参数；

⑤所有初始化参数。

（2）应急响应工具包

应急响应工具包是指网络与信息安全应急事件处理过程中使用工具的集合。该工具包应由安全技术人员及时建立，并定时更新。使用应急响应工具包中的工具所产生的结果将是网络与信息安全应急事件处理过程中的可信基础。工具包应尽量放置在不可更改的介质上，如只读光盘。

2. 准备阶段工作流程

准备阶段工作流程包括：

第一，系统维护人员按照系统的初始化策略对系统进行安装和配置加固；

第二，系统维护人员对安装和配置加固后的系统进行自我检查，确认是否加固完成；

第三，系统维护人员建立系统状态快照；

第四，系统维护人员对快照信息进行完整性签名，以防止快照被非法篡改；

第五，系统维护人员将快照保存在与系统分离的存储介质上。

3. 准备阶段操作说明

准备阶段操作说明包括如下内容。

（1）对系统的影响

这里的操作不会对系统造成影响，在系统正常运行情况下执行各个步骤。

（2）操作的复杂度

（容易/普通/复杂）为"容易"。

（3）操作效果

对执行后的结果必须保存到不可更改的存储介质上。

（4）操作人员

各操作系统、数据库、网络设备的系统维护人员。

（二）检测阶段

对比系统初始化快照，安全事件检测手段还包括部署入侵检测设备、流量监控和防病毒系统集中监控等。其中，入侵检测系统通过侦听网络流量并与事先存在的攻击特征匹配，实现对入侵事件的实时和自动发现。入侵检测系统往往存在较高的误报率。实际应用入侵检测系统时，需要结合部署环境的实际情况定制检测策略，以保证检测的准确性。流量监控的检测方式对于发现有明显流量特征的安全事件，如网络蠕虫十分有效。在事件检测阶段做到"及时发现"，必须合理利用各种已有的检测手段，综合分析发现安全事件的真实原因。

1. 检测阶段工作内容

检测阶段是应急响应执行过程中的关键一环，在这个阶段需要系统维护人员使用初级的检测技术进行检测，确定系统是否出现异常。在发现异常情况后，形成安全事件报告，由安全技术人员和安全专业技术人员介入进行高级检测来查找安全事件发生的真正原因，明确安全事件的特征、影响范围并标识安全事件对受影响的系统所带来的改变，最终形成安全事件的应急处理方案。

2. 检测阶段工作流程

检测阶段工作流程包括：

第一步：系统维护人员或安全技术人员在执行日常任务和检测中发现系统异常。

第二步：发现异常情况后，形成安全事件报告。

第三步：安全技术人员、系统维护人员和第三方安全事件应急服务人员查找安全事件的原因。

第四步：安全技术人员、系统维护人员和第三方安全事件应急服务人员确定安全事件的原因、性质和影响范围。

第五步：安全技术人员、系统维护人员和第三方安全事件应急服务人员确定安全事件的应急处理方案。

在此阶段工作中应注意，第三方安全事件应急服务人员应在必要时参加；制定应急处理方案应包含实施方案失败的应变和回退措施。

3. 检测阶段操作说明

检测阶段操作说明包括：

第一，检测阶段操作不会对系统造成影响，在系统正常运行的情况下执行各个步骤，但在事件驱动检测方式中，确定有安全事件发生的情况下必须根据流程采取相应的措施，防止中断系统或网络的正常运行。

第二，初级检测操作的复杂度为"普通"，高级检测操作的复杂度为"复杂"。

第三，例行检测是一种积极的方式，能预先发现系统和网络存在的漏洞，可根据流程采取补救措施；事件驱动方式的检测方法对安全事件能迅速响应，防止安全事件扩大。

第四，检测阶段的操作人员主要有系统维护人员、安全技术人员、第三方安全事件应急服务人员、安全评估人员。

（三）抑制和根除阶段的工作

1. 抑制和根除阶段的工作内容

网络安全攻击事件的进行可以分为拒绝服务类攻击、系统漏洞及恶意代码类攻击、网络欺骗类攻击、网络窃听类攻击、数据库 SQL 注入类攻击，针对每一类攻击事件都需提供专门的抑制方法，以及可操作性的技术规范和指导。

抑制是对攻击所影响的范围、程度进行扼制，通过采取各种方法，控制、阻断、转移安全攻击。抑制阶段主要是针对前面检测阶段发现的攻击特征，比如攻击利用的端口、服务、攻击源、攻击利用系统漏洞等，采取有针对性的安全补救措施，以防止攻击进一步加深和扩大。

抑制阶段的风险可能会对正常业务造成影响，如系统中了蠕虫病毒后要拔掉网线，遭到 DDOS 攻击时会在网络设备上做一些安全配置。由于简单口令遭到入侵后要更改口令会对系统的业务造成中断或延迟，所以在采取抑制措施时，必须充分考虑其风险。

根除阶段是在抑制的基础上，对引起该类安全问题的最终技术原因在技术上进行完全的杜绝，并对这类安全问题所造成的后果进行弥补和消除。在根除阶段，采取措施最大的风险主要是在系统升级或打补丁时可能造成系统故障，所以必须做好备份工作。

在进入抑制和根除阶段之前，应形成安全事件应急响应方案，并对方案的实施获取必要的管理授权。

2. 抑制和根除阶段工作流程

抑制和根除阶段工作流程包括：

第一步：应急处理方案获得授权。

第二步：系统维护人员、安全技术人员和第三方安全事件应急服务人员共同测试应急处理方案，验证效果。

第三步：系统维护人员、安全技术人员和第三方安全事件应急服务人员共同测试应急处理方案是否影响系统运行，对系统的影响程度不可接受时返回检测阶段。

第四步：实施应急处理方案。

第五步：当实施应急处理方案失败的情况时，采取应变和回退措施，并返回到检测阶段。

此阶段工作中应注意以下两点：

第一，第三方安全事件应急服务人员仅在必要时参加；

第二，测试工作根据实际情况可以选择口头演练、实验室测试、现网局部测试三种方式进行。

3. 抑制和根除阶段操作说明

抑制和根除阶段操作说明包括：

第一，应急处理方案由相关人员和第三方安全事件应急服务人员共同制定，根据流程需进行严格和充分的测试，但是由于抑制和根除操作需要对系统做相关设置，加上一些系统实际情况较为特殊和复杂，必须根据系统实际情况制定实施应急处理方案失败的应变和回退措施；

第二，抑制和根除阶段操作的复杂度为"复杂"；

第三，具体执行操作人员包括系统维护人员、安全技术人员、第三方安全事件应急服务人员。

（四）恢复阶段

恢复阶段是指通过采取一系列措施将系统恢复到正常业务状态。恢复方式包含两种：一种是在应急处理方案中列明所有系统变化的情况下，直接删除并恢复所有变化；另一种是在应急处理方案中未列明所有系统变化的情况下，重装系统。

1. 恢复阶段工作内容

本部分的主要工作内容是将系统恢复到正常的任务状态。在系统遭到入侵后，攻击者一定会对入侵的系统进行更改。同时，攻击者还会想尽各种办法使这种修改不被系统维护人员发现，从而达到隐藏自己的目的。

在根除阶段能彻底恢复配置和清除系统上的恶意文件，并且能够确定系统在所有变化完全根除的情况下，通过直接恢复业务系统的方式来恢复系统。这种恢复方式的优点是时间短，系统恢复快，系统维护人员工作量小和对业务的影响较小。

在根除阶段不能彻底恢复配置和清除系统上的恶意文件或不能肯定系统经过根除后是否已达干净时，就一定要彻底地重装系统。简单地说，系统重装往往是系统最可靠的恢复手段。

2. 恢复阶段工作流程

恢复阶段工作流程包括：

第一步：如果应急处理方案中列明所有系统变化，删除并恢复所有变化，实施安全加固。

第二步：如果应急处理方案中未列明所有的系统变化，备份重要数据，低级格式化磁盘。

第三步：严格按照系统的初始化安全策略安装和加固。

3. 恢复阶段操作说明

恢复阶段操作说明包括：

第一，恢复阶段操作对系统的影响较大，操作系统需要停止，安全加固后对系统再次快照，审计合格后方可上线运行；

第二，操作的复杂度为"普通"，但必须严格按照操作步骤执行；

第三，操作人员一般仅为企业内部系统维护人员。

4. 重装系统

由于恢复阶段可以采取重装系统这一简单有效的办法达到初始运行状态，此外再介绍一下重装系统的步骤和需要注意的事项。

（1）重装系统时应采取的步骤

重装系统时应采取的步骤包括：

①重新安装操作系统之前要确定所有资料已经备份，备份的资料要保证是没有被攻击者改变的干净的资料；

②低级格式化硬盘，确保所有磁盘分区为系统的安全分区；

③操作系统、Web主目录、日志分别安装在不同的分区，注意权限配置；

④不要安装不需要的软件、协议和服务，尽量最小化安装；

⑤安全加固请参阅安全配置文档并打上所有的补丁；

⑥安装应用软件如IS，应参照安全配置文档进行配置；

⑦安装操作系统和应用软件的最新补丁；

⑧恢复备份的资料；

⑨恢复业务系统。

（2）重装系统时的注意事项

重装系统时的注意事项包括：

①为了彻底消除攻击者可能留下的安全隐患，一定要进行低级格式化。这样做将删除所有的资料并且无法再进行恢复，所以一定要做好备份工作；

②在重新安装系统的时候要严格遵守系统安装的各项规定；

③系统在安装和安全配置没有全部做好之前，严禁连接网络；

④恢复系统的应用和数据的时候，要对应用和数据进行检查，以免其中存在的漏洞随着数据恢复被安装在系统上。

5. 安全加固及系统初始化

在系统重装完毕后，正式上线以前，必须做好以下两件事情。

（1）安全加固

进行系统的安全加固工作；尤其要注意对引发安全事件的漏洞的修复和加固的处理，如果手册上没有，要及时对手册进行更新。

（2）安全快照

在进行安全加固后，按照第一阶段介绍的方法做好系统的安全快照。

（五）跟进阶段

跟进阶段的目的是通过对系统的审计（进行完整的检测流程），确认系统有没有被再入侵。在检测过程中应该特别注意的是检查抑制和根除阶段的工作效果，同时回顾、总结并整合发生应急响应事件过程中的相关信息。提高事件处理人员技能，以应对将来发生的类似场景。提高安全事件应急响应的处理能力。

1. 跟进阶段工作内容

跟进阶段是应急响应的最后一个阶段，本部分的内容主要是对抑制或根除的效果进行审计，确认系统没有被再次入侵。下面将详细说明跟进阶段的工作要如何进行、在何时进行比较合适、具体的工作流程、要思考和总结的问题以及需要报告的内容。跟进阶段的主要任务是确认系统有没有被再入侵，而确认系统有没有被再入侵是通过对抑制或根除的效果进行审计完成的。这种审计是一个需要定期进行的过程。通常，第一次审计应该在一定期限之内进行，以后再进行复查，并详细记录和输出跟进阶段的报告内容，包括安全事件的类型、时间、检测方法、抑制方法、根除方法、事件影响范围等。

跟进阶段还需对事件处理情况进行总结，吸取经验教训，对已有安全防护措施和安全事件应急响应预案进行改进。跟进阶段是安全事件应急响应 5 个阶段方法论的最后一个阶段，也是最可能被忽略的阶段。但这一阶段也是非常关键的。该阶段需要完成的原因有以下几点：

第一，有助于从安全事件中吸取经验教训，提高技能；

第二，有助于评判应急响应组织的事件响应能力；

第三，如果可能的话，可以在更大范围推广介绍事件处理经验。

2. 跟进阶段工作流程

跟进阶段工作流程包括：

（1）执行完整的检测阶段流程。

（2）确认系统是否再次被入侵，如果是，请回到抑制和根除阶段。

（3）总结安全事件的处理过程和技能，调整安全策略，输出总结文档。

（4）输出跟进阶段的报告内容。

（5）安排再次审计，内容同以上4个步骤。

3. 跟进阶段操作说明

跟进阶段操作说明包括：

（1）对系统的影响

不会对系统造成影响，在系统正常运行情况下执行各个步骤。

（2）操作的复杂度（容易/普通/复杂）

为"普通"。

（3）操作效果

确定系统状态，总结应急响应流程和技术。

（4）操作人员

系统维护人员、安全技术人员、第三方安全事件应急服务人员、安全评估人员。

4. 跟进阶段的报告格式及模板

跟进阶段最重要的任务就是要记录下整个应急响应的报告，填写报告内容，包括安全事件的类型、时间、检测方法、抑制方法、根除方法、事件影响范围等。详细记录下这些内容以待备用。此处先介绍一下需要记录的内容条目，然后给出跟进报告的模板。

跟进阶段报告里需要写清楚的内容条目如下：

（1）事件类型

事件类型是对事件的定性，包括的信息有攻击的来源（内部/外部，国内/国外）、攻击的方法、攻击导致的后果等。

（2）时间

不能简单地记录计算机的时间，还要记录当前标准时间以及受攻击的系统同标准时间的误差。

（3）检测方法

记录采用了什么检测方法，检测到了什么结果。

（4）抑制方法

记录采用了什么抑制方法，抑制效果如何。

（5）根除方法

记录采用了什么根除方法，根除效果如何。

（6）事件影响

估计和总结事件的影响范围，总结在事件整个过程中的成功经验。

第二节　船舶引航员安全保障设施

一、引航员软梯

（一）引航员登离船装置要求

1. 对干舷为 9m 及以下的船舶所设置的引航员软梯要求

第一，扶手立柱直径至少为 32mm、高出舷墙 120cm，两柱之间距离为 70cm~80cm。

第二，根据引航员的需要，准备两根没有绳结、直径为 28mm~32mm 的扶手绳。

第三，软梯边索直径至少为 18mm，两根边索之间的距离至少为 40cm。

第四，软梯的所有踏板必须保持水平并稳固地紧靠在船舷侧，两块踏板之间距离为 31cm~35cm。

第五，设置防止软梯扭转的横撑踏板，长至少为 1.80m。

第六，最下方的四块踏板可用具有足够强度和刚度的橡胶制成，第五块必须是防止软梯扭转的横撑踏板。

第七，两块防止软梯扭转的横撑踏板之间最多设 9 块踏板。

第八，软梯离海面高度由引航员决定。

第九，如果船舷侧有带状护舷材料等可能会妨碍引航船艇安全靠近的结构，则应将其截短以保证至少沿船舷侧 6m 内无障碍物；对长度小于 90m 的特定用途的近海船舶或小于 90m 的其他类似船舶，在其带状护舷材上留出 6m 的空隙不切实际时，则无须符合这一要求，但应采取其他适当措施确保引航员能安全登离船。

2. 对没有舷门，干舷为 9m 以上的船舶的要求

对没有舷门，干舷为 9m 以上的船舶的要求如下：

第一，舷梯必须紧靠船舷侧并导向船尾设置，最大坡度不超过 45°，宽至少为 600mm，下端的平台必须保持水平，离海面 5m 以上，舷梯和平台两边均应装有坚固的立柱和栏杆；

第二，软梯自舷梯下端平台还需向上延伸至少2m，其中平台以上1.5m的软梯必须紧靠船舷侧，软梯和下端平台之间的水平距离应为0.1~0.2m，引航员所需要攀爬的软梯长度为1.5~9m；

第三，推荐在设置引航员登离船装置附近的船舷侧涂一个上白下红的"9m干舷标志"，其宽为50cm、高为4m，标志的中间线代表9m干舷高度的位置（如果没有看到标志的红色部分，表明干舷高度小于9m；看到标志的红色部分，表明干舷高度大于9m）。

3. 对组合梯中舷梯的要求

应使用环板或磁性、气动系统，将舷梯固定在船舷侧。

4. 对软梯的具体要求

对软梯的具体要求如下：

第一，边索上不能有卸扣、绳结和接头；

第二，踏板必须水平，踏板之间等距离，踏板下的楔子必须紧紧扎牢边索；

第三，踏板应具有有效的防滑表面，不应被油漆弄脏；

第四，防止软梯扭转的横撑踏板不能被绑在正常的两块踏板中间；

第五，两根边索之间的距离必须保持相等；

第六，软梯最下端不应有各种圈、绳，因存在把人绊倒和缠住引航艇的危险。

5. 对登离船出入口处的要求

对登离船出入口处的要求如下：

第一，舷墙梯紧紧固定在船舶甲板上，登离船出入口处无障碍物；

第二，两根扶手立柱，紧紧固定在船舶甲板上；

第三，带有一个自亮灯浮的救生圈和一根撇缆绳；

第四，负责接送引航员的驾驶员携带无线电对讲机在登船入口处照料并与驾驶台保持联系。

6. 引航员软梯绞车卷筒的安装

绞车卷筒的安装位置应确保往来于软梯和登离船位置的引航员能安全、方便和无障碍地登船或离船。在系固软梯时不应仅仅依赖软梯绞车，而是将软梯系固在软梯绞车以外的一个结实的地方。

7. 具体安放和固定引航员登离船装置的要求

供引航员登离船使用的所有装置均应有效地达到使引航员安全登船和离船的目的。如果目测船舶安放的引航员登离船装置不符合要求，最大的可能是要求船方重新安放，这样不仅浪费时间，还可能因滞航、掉头等带来安全隐患；如果引航员在登离船过程中发生伤残或死亡事故，那么给船方带来的各种损失将是巨大的。

具体安放和固定引航员登离船装置的要求如下：

第一，船舶配置的引航员软梯长度除了考虑空载时的干舷高度外，还应考虑各种吃水差以及 15°的不利倾侧需要；

第二，软梯应置于船体的平直部位内，如实际可行，置于船舶长度一半的船中处，以确保软梯的所有踏板紧靠船舷侧；

第三，放置软梯应避开船上任何可能的排泄口；

第四，应为引航员提供安全、方便和无障碍的甲板通道，通道上方有障碍物时应该进行警示，在通道行走时要有足够的照明等；

第五，设在舷墙梯上的两根扶手立柱，必须在底部或靠在船舶结构处牢牢固定，扶手立柱或栏杆不应装设在舷墙梯上；

第六，舷墙梯必须牢牢地固定在船体上，以防引航员登离船时发生倾覆；

第七，夜间应保证引航员登离船装置和引航员通道均有足够的照明；

第八，在上海港水域所有的在航、锚泊船舶，禁止仅使用舷梯作为引航员的登离船装置的通道。

8. 引航员登离船的时机

引航员登离船时一定要掌握好时机，即当引航船艇在风浪中摇摆到最高的一点时，这是登离船的最佳时机，因被引船比引航船艇大得多，故被引船的摇摆可不计入。换言之，引航员必须等到引航船艇处于波峰的时机，才能采取行动登船或离船，其他时机行动容易发生危险。引航员如有请船方吊提包、吊引航设备的习惯或者所携带的物品较重需要船方帮助，最好提前告诉船方，便于船方准备。请船方吊提包、吊引航设备，对引航员登离船时的安全是有帮助的。

（二）引航员软梯安全辅助装置

1. 与引航员软梯配合的舷梯

对于特别类型的船舶，能够同样提供安全保证的更合适的安排是可以接受的。

舷梯应有足够的长度以保证斜面的倾斜角不能大于 45°。对于吃水范围大的船，应该提供多个引航员软梯悬挂点，以提供更小的斜面夹角。舷梯宽度应该不小于 600mm。

舷梯使用时，其底部平台应该处于水平位置并固定在船侧。底部平台高于海平面的最小值为 5m。

如果安放有中部平台，中部平台应该能够自动调整为水平。舷梯的踏板和阶梯应该在可操作的角度设计有足够并且安全的支撑点。

梯子和平台的两边都应该安装有柱子和坚硬的扶手，如果使用扶手绳，绳子应该被紧紧地固定。梯子纵梁与扶手或扶手绳之间的垂直空间应该有固定的围栏。

引航员软梯应该就安装在舷梯底层平台的毗邻处，往平台上方至少要延伸 2m。引航员软梯与舷梯底层平台之间的水平距离应该为 0.1~0.2m。

如果在底部平台安装了活板门以允许通往引航员软梯，门的大小应该不小于 750mm×750mm。门应该朝上开并且固定在登船平台，或是对着扶手的尾部，或是在平台上朝舷外侧，并且门与扶手相对独立。在这种情况下，底部平台的后部也应该有围栏保护，引航员软梯应该延伸到底层平台的上面一直到扶手的位置并且与船的侧边保持或相对成直线。

2. 登甲板通道

要为任何人在引航员软梯或舷梯与甲板之间登船或离船提供保证安全、便捷、无障碍的通道。这样的通道可以直接由有固定扶手保护的平台提供。

舷墙梯应该牢固地附着在船体上以防止翻转。两个扶手的柱子应该安装在上下船两侧的点上，相互间隔应该为 0.7~0.8m。每个柱子应该牢固地固定在船体结构上，并且处于一个相对较高的位置，直径不小于 32mm，延伸到高于舷墙顶部至少 1.2m 高的位置。支柱或扶手不能附着在舷墙梯上。

二、引航员个人装备

（一）个人防护装备

引航员在船舶登离船时的个人防护装备（PPE）是保障引航员个人安全的重要措施。澳大利亚当局曾做过有关引航员个人防护装备的调查，主要是从人为因素角度出发，综合考虑设备的应用、用户的使用情况、环境影响、任务组织和工作系统等多个方面。

引航员在登离船期间使用的个人防护装备主要包括鞋类、手套、头部保护装备、个人自浮设备、救生衣和个人定位发射器等。

（二）便携式引航仪

便携式引航仪（PPU）是基于计算机的引航决策支持系统。接入 GPS/DGPS 等定位传感器，通过电子海图系统进行显示，能够实时显示其他船舶位置和运动状态（AIS）。此外，PPU 还被用来显示其他航行相关信息，如水深、风流、冰况和安全区等。

（三）引航员智能穿戴设备

1. 智能穿戴设备

随着移动通信技术的发展，移动互联网日益普及，传统互联网已经在向移动互联网迁移，智能穿戴设备近年来发展得非常迅速，已成为一个热点行业。智能穿戴产品涉及的领域十分广泛，从眼镜、娱乐、儿童监护、健康、智能家居、智能服饰到通信等领域，可以加入拍照、语音识别、镜片导航、体重监测等各种功能。可以认为智能穿戴设备是一种基于移动互联网的、具有高性能低功耗特点的智能终端，其展现形式不是手机，而是日常生活中的可穿戴物品。它通过借助传感器，与人体进行信息交互，是一种在新理念下诞生的智能设备，具有广泛的应用领域，并能够根据用户需求不断升级。智能穿戴设备在提高人们生活品质、促进生活方式智能化方面将会起到很重要的作用，智能穿戴设备产业将迎来巨大的市场空间。

随着智能穿戴产业竞争日趋激烈，同质化产品现象越来越严重，各类只具备单一功能的智能硬件纷纷开始与其他智能硬件寻求合作。在未来，随着单一领域的智能穿戴产品技术日渐成熟，不同领域和功能诉求的产品会根据用户实际需求在功能上实现互补，从而带来更符合用户需求的智能体验，发展方向也会日渐明确和多元化。

（1）传感技术

传感技术主要实现语音控制眼球追踪、手势辨别、生理监控（包括心跳、血压、睡眠质量等）、环境感知（如温度、湿度、位置和压力等）等方面的功能。目前，应用较多的传感器类型有骨传导、声源感测、肌电感测、重力感测、影像感测、陀螺仪、加速度计、磁力计、方向感测、线性加速度感测、光体积信号变化感测模组、心电图脑波感测模组、眼球追踪感测等。

（2）显示技术

目前，应用在智能穿戴设备中的常见显示技术包括薄膜电晶体液晶显示器、主动式矩阵有机发光二极体、有机发光二极体、发光二极体与电子纸等。

（3）无线通信技术

对于智能穿戴设备的应用而言，短距离无线通信技术更适合智能穿戴用户之间、智能穿戴设备与其他便携式电子设备之间的数据通信和信息共享。目前，智能穿戴设备与终端的通信大部分是基于 WLAN、蓝牙、NFC 等短距离无线通信技术，应用数据的同步采用私有协议。用户可以通过 NFC 技术将可穿戴设备与智能手机相连，不需要进行其他复杂的设置；用户可以通过蓝牙和 WLAN 技术从可穿戴设备中获取数据，并将数据发送到智能手机或云端，同时又不会消耗太多电量；用户还可以借助 WLAN 直连技术直接将两个 Wi-Fi

设备连接在一起，无须设置接入点。此外，智能穿戴设备也可以通过 3G、LTE 等移动通信技术进行数据传输或共享。

（4）数据计算处理技术

人机交互输出界面或回馈包括文字显示、数据分析、语音反馈、动态或虚拟影像等，所有这些输出界面的呈现都必须透过内容运算系统分析，如增强现实（AR）、虚拟现实（VR）、AR 结合 VR 的混合现实、立体投影等各种现实内容计算和环境感知分析以及各种测量分析计算如血压、血氧、心率、脉搏、体温等。

此外，云计算、大数据等相关数据处理技术，可以将智能穿戴设备采集的数据及时、准确地发送到后台，通过对收集到的数据进行有效的统计分析，可以为用户提供合理的建议。

（5）提高续航时间技术

在智能穿戴技术里，如何提高设备的续航时间是关注的重点，也是要解决的重要问题。目前，主要的解决方法有三种：一是从操作系统、芯片、屏幕以及终端互联等方面来减少功耗，在性能与功耗之间找到平衡点；二是增加电池容量，如弯曲电池技术可在缩小电池体积的同时增加电池容量；三是通过无线充电、极速充电、太阳能和生物充电等技术缓解该问题，但这些充电技术大多处于研究阶段，尚未大规模商用。

（6）数据交互技术

智能穿戴设备的价值不仅是简单的硬件功能，还包括依托于硬件的软件和数据服务。但是目前很多厂商的应用和云服务封闭，存在数据孤岛，不能与其他设备共享数据，缺乏开放产业生态环境。因此需要开放并统一智能穿戴设备、手机、云服务之间的接口，推动信息的流动和共享，消除数据孤岛，为用户创造出更多的价值。

智能穿戴设备与云平台的交互方式，按照通信方式的不同可以分为两类：一类是智能穿戴设备具备通信能力，能够直接与云平台进行交互；另一类是可穿戴设备不具备通信能力，需要通过手机与云平台交互。

可穿戴设备市场产业链主要包括硬件、行业应用、社交平台、运营服务、大数据、云计算等环节。目前，可穿戴设备产业还不够成熟，不同厂家的产品彼此独立封闭缺少合作，数据缺乏有效共享。同时每个可穿戴设备都已开发自己的应用以及数据业务平台。这种端到端的研发模式投入大而且风险高，同时人力资源分散，难以专注于自己的核心优势。未来智能穿戴设备产业链上各方将会加强合作，共同促进该行业的发展。

随着智能穿戴设备市场的扩大，智能穿戴设备与生命健康、移动互联网技术将进一步融合，可穿戴设备低功耗设计和研发水平将进一步得到提高，智能人机交互技术及产品应用将会得到发展。在低功耗与高效能的微处理器、智能人机交互、柔性可拉伸器件、微型化供能、短距离无线通信等关键技术得到突破之后，智能穿戴设备的市场将进一步扩大。

2. VR 与 AR

VR 是指以计算机技术为核心，结合相关科学技术，模拟生成逼真的视觉、听觉、触觉等一体化的封闭三维虚拟空间，通过专用的输入和输出设备以及虚拟空间的人与物的交互，使用户获得身临其境的全方位沉浸式体验。它是一种可以创建和体验虚拟世界的计算机仿真系统，利用计算机生成一种模拟环境，是一种多源信息融合的、交互式的三维动态视景和实体行为的系统仿真。

AR 是指借助计算机视觉技术和人工智能技术产生现实世界中不存在的虚拟对象，并将虚拟对象精确地"叠加"在真实场景中，通过自然的交互方式，为用户呈现一个感知更丰富的新场景。它是一种实时地计算摄影机影像的位置及角度并加上相应图像、视频、3D模型的技术，这种技术的目标是在屏幕上把虚拟世界套在现实世界并进行互动。随着随身电子产品 CPU 运算能力的提升，AR 的用途将会越来越广。

VR/AR 服务提供商能够在云上对内容进行实时数据分析管理，对不同消费等级的用户提供差异化服务体验。在 5G 技术的支持下，产业链各方与电信运营商合力促进了 VR/AR 行业应用的加速发展。VR/AR 除了在典型的视频、游戏、影视、教育培训等行业有重大应用外，在购物和商品体验、医疗、交通、安防、生态保护等行业也显现出积极的作用和活力。

VR 和 AR 是两个不同的细分领域，VR 作为虚拟现实技术，给用户营造的是在虚拟现实中的一种身临其境感；AR 作为增强现实技术，则是在现实环境的基础上强化一种极致体验，通常首先借助于某种设备（最典型的是摄像头）获取"现实"的影像，然而这种影像却不是如传统视频应用那样原封不动地展示到屏幕上，而是经过了一道信息技术的处理，将在原生的影像上叠加上文字、声音、虚拟图像形象等信息之后再展示给用户。

AR 技术核心是处理信号（摄像头）输入问题，让计算机理解周边环境，解决线上线下信息和交互不对称的问题，使用户获得"超能力"去处理现实中的问题。VR 技术核心是处理信号（显示）输出问题，要"以假乱真"，使用户获得"超体验"。为了强化这种视听感受，硬件与软件以及硬件之间开始融合发展。此外，AR 与 VR 融合将成为可能，人们将突破虚拟与现实的限制，实现更深层次的探索。

第三节　船舶引航人文艺术

一、引航业务沟通是一门艺术

引航员在船舶进出港或靠离泊过程中发挥着重要作用。引航员与船长之间，虽然常被业界看作雇佣和被雇佣的法律关系，但引航员同船长及所有值班人员都对船舶安全负有不可推卸的责任。有理由相信，任何一名引航员和船长都会高度重视自己正置身其中的船舶的航行安全，大家的目的和宗旨是高度一致的。但双方各有自身独特的优势。

引航员相对于船长有下列优势：熟悉其所在港口的水文、气象等自然条件以及航道、码头泊位、当地船舶交通流、小型船舶习惯航法、海事法律、法规、特别注意事项等情况，积累了丰富的关于当地水域的应急反应经验。

船长相对于引航员有下列优势：船长熟悉自己船舶的状况、操纵性、驾驶台资源管理程序以及船员的工作技能水平和相互间的协调配合能力。

因此，引航员和船长及船员之间应当是相辅相成的互补关系。双方若能够体面、周全而高效地沟通，互相理解与信任，默契地补位与配合，则能优质地完成船舶进出港或靠离泊作业，充分保障船舶安全，成就一次优雅而高效的短暂外交。

尽管多数引航员和船长之间能够做到良好沟通与合作，但相互不够信任甚至产生矛盾与激烈情绪的情况也时有发生，出现这样的问题势必会对船舶安全带来不利影响。

二、引航业务特定的沟通艺术

（一）引航员的外交礼仪

引航员具备基本的外交礼仪和修养，是实现与船方良好沟通的基本姿态，是促进引航合作的良好开端。中华民族自古被称为"礼仪之邦"，礼仪是礼节和仪式的统称。礼仪内容包括仪容、表情、举止、言谈等对对方示以尊重的形式表达。礼仪是一张素质名片，良好的礼仪要求人在交往中从仪态到内涵做到敬人、自律、适度、真诚。

1. 仪态

仪态包括：制服规范整洁，精神饱满，说话铿锵有力、简洁明了，与船长交流不卑不亢，特别是首次与船长握手时，船长通常会谨慎地观察引航员的神态仪表，默默衡量引航员的气场与资历。仪态形象欠佳，容易造成船长对引航员的业务认知和操作水平的质疑和低估，同时也会使性格敏感的船长认为对方不尊重自己。

2. 内涵

内涵包括：通过简短的握手问候和船长对引航员做的船舶信息简介的过程，迅速感知船长的沟通风格，在自身可调节的范围内，尽可能以贴近船长言行风格的模式进行信息交流互动。例如，引航员在登船后，主动采用对方的母语进行友好问候，会使对方从心里产生亲近感和一致感，并有较大概率愿意主动配合引航员的工作，更加积极地向引航员介绍本船目前的航向、航速、车钟情况，并向引航员提供引航卡上的相关信息，甚至自愿向引航员介绍本船的操纵特性，如几节才能倒车、倒车功率小、加速缓慢、倒车偏转严重等，对此引航员应予以高度重视。当一方呈现出真诚积极、尊重对方的姿态后，另一方也会自动跟进；相反，当一方的言行举止未传递给对方意欲友好配合的信号时，对方也没有动力呈现积极协作的精神状态，会严重阻碍双方交流的进程。

除了基本的外交礼仪外，由于不同国家、民族、地区的文化差异，在仪态和言行习惯上也有不少忌讳需要注意。

（二）引航员的柔性发挥

在引航工作中，引航员在坚守法定的刚性底线的同时，更多地需要依据当时当地的氛围做灵活的柔性发挥。

1. 引航沟通过程的刚性底线

在引航过程中，引航员可依据当时当地的情势，进行业务沟通的柔性发挥，而柔性发挥的起点，是双方权责的刚性底线。一方面，船长应当接受和尊重引航员在一定程度上操纵、指挥船舶航行和靠离泊的权力，通常情况下，船长应当采纳引航员的劝告，船长有责任和义务与引航员密切协作；另一方面，船长是船舶所有人的代理人，始终负有管理和驾驶船舶的责任，对船舶的安全拥有最终的决定权。这种机制的设立使船舶处在船长和引航员的双重监控之下。在处理双方关系时，引航员与船长都应理解和尊重对方的权利和义务，坦诚接受对方的监督，给对方的工作予以必要的技术配合与支持。

2. "发现"对方

引航员在登船之后，需要主动而快速地"发现"对方的人格和业务能力属性，以便实现顺畅的情感契合。

每个人的人格和业务能力可以生动而简化地以不同的几何形状进行描述。不规则的几何形状分别表征交道双方的属性情况。当两个人发生某种互动合作关系时，如果双方的形状能够产生人格互补，则会友好顺畅地持续合作，如果不能充分契合，则难免产生摩擦。

如果希望合作过程能够优质地进行并完成，则需要双方进行一定程度的人格让渡，即对自身的人格形状进行适度的切削或补充，以实现妥帖地迎合对方。

引航员在登船之后，应以最快的速度对对方的"形状"信息（船长为主，以及相关驾驶员）进行识别，包括船长的资历、年龄、用语风格、配合意愿以及一些特殊的工作礼节和习惯。引航员通过释放积极友好的元素，主动且自然地表露各种对方进行积极配合时所需的"形状"信息，以激发对方的配合欲。船长是否愿意积极地调整自己固有的"形状"，常常随着引航员的情况而能动地改变。

3. "对接"对方

当引航员发现对方的"形状"之后，应以最便（biàn）宜的方式调整自我"形状"，与对方对接。所谓便宜，即双方契合成本综合最低的那条目标虚线。调整的过程并非只做自身调整，同时也需观察和示意对方做相应的调整，双方一起促成理想的、优质的合作。

心理学家亚伯拉罕·马斯洛（Abraham Maslow）提出，依据人的需求层级，个人需求可分为基本生理需求、安全需求、社交需求、尊重需求、自我实现需求等五个层级。与引航业务相关的有安全需求、社交需求、尊重需求和自我实现需求。引航员甲在指挥船舶靠码头时，是安全需求与自我实现需求的满足过程。由于对技术思路的认知冲突，引航员甲的指挥行为对船长的安全需求造成显著压力，船长认为拖船如果不及时采取回拉行为，则会导致船舶与码头发生碰撞。船长的担忧没有得到引航员甲的理解与响应，尊重需求受到破坏，于是产生暴怒情绪。船长的晕悠回应，又对引航员甲的尊重需求和自我实现需求产生严重伤害。双方由于技术契合失败，需求在多个层级产生互相伤害；又由于需求的互相伤害，造成进一步的契合失败，产生加速的恶性循环，很快导致合作崩溃。

当引航员甲与船长合作中断后，引航员乙登船继续引航服务。据事后采访，引航员乙做好"英国船长不可理喻"的心理准备，在登船之后并未立刻开启引航业务，而是在简洁的礼仪之后，对船长之前的粗暴反应表示理解，并对引航员甲的指挥意图的合理性做出简要解释，同时对自己即将开展的引航业务思路进行简要的阐述，使船长立即感受到诚意和专业程度，转而收起不体面的粗暴面孔，表以歉意。船长在对之前的粗暴言行表达歉意之后，将自己的思路和担忧表达给引航员乙，并对引航员乙的思路表示支持。在引航任务完成之后，引航员乙在撤离时对船长之前对甲的粗暴行为提出了有理、有力、有节的批评，船长欣然接受批评。此过程中，由引航员乙发起、由船长积极响应而建立起理想的心理契约，是一个成功的技术与心理的对接过程。

从需求层次理论的角度看，引航员乙在船长情绪失控的前提下首先对船长的言行表示一定程度的认可和理解，与引航员甲产生了鲜明的对比，满足了船长的尊重需求。人在被理解和认同的前提下，能够自然地消解对抗情绪而回归理性，容易听取对方的进一步解释。引航员乙将具体的引航思路做简要的表达，即主动与船长进行技术对接，船长的安全需求和尊重需求得到巩固，很快与引航员乙建立一致的心理契约，乙顺势拿到二人合作系统的主动权，合作顺利进行。自此，乙代表引航站和甲，完成了自我实现需求。在合作过程中，乙先承受了必要的委屈，在合作完成之后，作为平衡，乙对之前船长对甲的不体面言行表示批评，保全了引航站一方的尊重需求。船长在受到尊重且船舶已安全靠港的情况下，易于接纳乙的批评，双方愉快地实现了各自的需求并完成合作。

4. 共同成长

优质的合作可以促进双方的共同成长。尤其在恰当地发现对方和对接对方时，可以愉快而高效地学习对方的技术思路和职业修养。在引航员乙与船长快速对接之后，双方都能学习到对方的认知角度，在今后各自的工作岗位中，遇见类似的情况时，无须再付出同样多的对接铺垫，便可更加高效地进行合作。反之，甲未充分掌握沟通艺术，遇到同样不懂沟通艺术的船长，则产生了十分糟糕的工作体验，容易滋生对工作的排斥和厌倦情绪，并将负面情绪带入下一次的引航工作中，产生恶性循环，难以成长。乙沟通艺术的高明之处在于，不急于在船长面前找回甲失去的被尊重需求，而是先主动契合船长，使船长得到满足并产生愧疚心态，而产生愉快的配合，并为自己的情绪管控不力而道歉。

（三）引航危机化解技巧

下面继续以引例做阐述，总结引航危机化解技巧。

1. 危机源的洞察

引航员甲与船长合作危机的产生，必然源自至少其中一方的某种需求被显著的无视或否决。船长之所以情绪失控，是因为安全需求受到严重的挑战。引航员甲未能照顾船长的安全需求，而引发船长由于被尊重需求受到连锁挑战而情绪失控。船长的情绪失控反作用于引航员甲，成为甲的被尊重需求受到严重破坏的危机源。整个过程中的危机连锁发作。

洞察并观照当下势态的危机源，是避免点燃新危机的第一步。甲与船长的不欢而散，给予了乙充分的警醒，使乙有机会将注意力用于发现分歧并做好心理准备，防止鲁莽行事。

2. 自身情绪管理

引航员甲与船长合作危机的升级，在于双方都无法做到恰当的自身情绪管理。船长在感受到引航员的指挥存有明显的安全隐患时，没能更有技巧地说服引航员甲调整作业计划或方案，而是直接将不满情绪充分暴露。同样，引航员甲在指挥过程中受到船长质疑时，没能克制好自身情绪，给予船长充分关照。在明晰具体的危机源后，化解危机的第二步是能够掌控好自身的情绪，不将负面情绪暴露出来，避免造成新的连锁危机。

引航员乙在情绪管理方面比甲有显著优势，即没有直接经受船长的粗暴言辞，并且在登船前有机会做好心理建设和准备，而甲在情急之下没有足够的机会调整好心态应对船长的强烈情绪。

3. 主动认同对方

当因为某种原因而使对方产生抵触和排斥情绪时，消解或缓释对方情绪的最有效方法是快速找到和对方一致的方面并表示认同，淡化双方的对立局势。对方在被认同的情况下，被尊重的需求得到满足，对立情绪会自然下行，从而松弛心理防备，愿意接受意见和建议。

乙登船后首先表示对船长激烈情绪的充分理解，船长的心理警备解除，随即恢复理性和原有风度，从对抗转向配合。

4. 积极修辞转化

双方在一致的立场下可以更加顺畅地进行合作。化解危机的第四步是尽可能使用积极修辞，巩固和对方的一致立场。引航员甲采用的是消极修辞：船长，您过于谨慎心细，现在船舶不需要拖船立即回拉，我自有行事节奏。而引航员乙采用的是积极修辞：船长，您非常有安全意识，对全船十分有责任心，我方的指挥意图与您并无显著矛盾，具体有以下几点可说明我方的指挥充分具有科学性……

船长发现甲与自己的立场不一致后，甲的修辞是认可和强化双方的不一致，使得船长的担忧得到明确的反馈；而乙的修辞是淡化双方的不一致，从一致的立场出发，将对对方的否定转换为柔性建议，平顺地引向自己的领域。

第六章 船舶安全消防与环保管理

第一节 船舶安全监督管理

一、船旗国监督管理

保证悬挂本国国旗的船舶符合其加入且生效的国际公约的相关要求是每一作为缔约国的船旗国政府的责任。船旗国应根据本国的法律对愿意加入并符合登记条件的船舶进行登记，并按相关要求对船舶进行法定检验、审核和检查，确保其能遵守国际公约及本国制定的相关法规。

（一）船舶登记管理

船舶登记是一项法律行为，是船舶获得国籍的前提条件。船舶在获得船籍后有权悬挂船旗国的国旗，有权受到船旗国的外交和军事保护。船舶登记后所获得的国籍还决定了船舶在战争中的贸易地位。从民法的角度而言，船舶登记保护了船东对船舶的所有权，保护了包括船舶抵押权人对被抵押船舶的应有权利。船舶的光船租赁权的取得以及变更、注销，均应登记。

1. 船舶登记制度

从目前的状况看，根据船舶登记制度的不同，可以把船舶的登记类型归纳为 3 种模式：严格登记制度、开放登记制度和半开放登记制度。

（1）严格登记制度

严格登记制度的登记条件包括：船舶所有权全部或大部分属船旗国所有；船公司或主要营业场所设在船旗国境内，并由船旗国公民或法人管理；船员必须全部或主要由船旗国公民组成。我国属于船舶严格登记制度国家。

（2）开放登记制度

开放登记制度对船舶登记条件的限制很少。当前世界上按吨位排名前 8 位的船队中有

5 个属于开放登记国家，这 5 个国家是巴拿马、利比里亚、塞浦路斯、巴哈马和马耳他。开放登记制度的主要特征可以归纳如下：船舶所有权可以归外国人所有；船舶登记手续比较简单；基本不收船舶的收入税；在国内法上对船舶的规定和要求比较宽松，尽管对船舶的吨位收取较低的登记费用，但通过吸收大量的吨位可以获得较高的国家收入；允许雇用外籍船员。

（3）半开放登记制度

半开放登记制度是介于严格登记制度与开放登记制度之间的一种登记制度。20 世纪 80 年代，为避免高昂的登记税费、降低营运成本，许多船东特别是欧洲发达国家的船东纷纷选择开放登记制度，造成本国船舶吨位税收的巨大损失。为避免这种尴尬局面，增加本国收入，以挪威为代表的许多欧洲船旗国变通了严格的登记制度，设立了半开放登记制度的模式。这种制度的主要特征可以归纳如下：船东和船员都可以为外籍人；可以协商船员的工资；船东只要有营业代理在本国工作，并实施部分管理船舶的功能，主要营业场所就可以设在国外；对外国的船东不增加税收等。船舶登记吨位的回流使这些欧洲国家已经获益，当前许多国家正在考虑学习这种设立半开放登记制度的方法。

2. 我国船舶登记管理

船舶登记是赋予船舶以国籍和权利义务的行为，各个国家对在本国登记的船舶，都有自己的规定。我国对船舶登记的规定包括以下内容。

（1）应当登记的船舶

我国船舶登记主要依据经 2014 年 7 月 29 日修订的 1995 年《中华人民共和国船舶登记条例》、2016 年 12 月 8 日发布的《中华人民共和国船舶登记办法》以及《船舶登记工作规程》等法律法规。登记条例适用于在中华人民共和国境内有住所或者主要营业所的中国公民的船舶、依据中华人民共和国法律设立的主要营业所在中华人民共和国境内的企业法人的船舶（在该法人的注册资本中有外商出资的，中方投资人的出资额不得低于50%）、中华人民共和国政府公务船舶和事业法人的船舶、中华人民共和国海事局认为应当登记的其他船舶。军事船舶、渔业船舶和体育运动船艇的登记依照有关法规的规定进行办理。

（2）主管机关

中华人民共和国海事局是船舶登记主管机关。位于各地的分支海事局是具体实施船舶登记的机关（以下简称船舶登记机关），其管辖范围由中华人民共和国海事局确定。

（3）船舶登记的一般规定

登记条例对船舶国籍、船籍港、所有权、船名以及船员组成等做了明确规定和具体要求。

　　船舶经依法登记，取得中华人民共和国国籍，方可悬挂中华人民共和国国旗航行，未经登记的，不得悬挂中华人民共和国国旗航行。船舶不得具有双重国籍。凡在外国登记的船舶，未中止或者注销原登记国国籍的，不得取得中华人民共和国国籍。船舶所有权的取得、转让和消灭，应当向船舶登记机关进行登记，未经登记的，不得对抗第三人。船舶由两个以上的法人或者个人共有的，应当向船舶登记机关登记，未经登记的，不得对抗第三人。船舶抵押权、光船租赁权的设定、转移和消灭，应当向船舶登记机关登记，未经登记的，不得对抗第三人。

　　中国籍船舶上应持适任证书的船员，必须持有相应的中华人民共和国船员适任证书。船舶登记港为船籍港。船舶登记港由船舶所有人依据其住所或者主要营业所所在地就近选择，但是不得选择两个或者两个以上的船舶登记港。一艘船只准使用一个名称，船名由船籍港船舶登记机关核定，船名不得与登记在先的船舶重名或者同音。船舶登记机关应当建立船舶登记簿。船舶登记机关应当允许利害关系人查阅船舶登记簿。

　　（4）所有权登记

　　船舶所有人申请船舶所有权登记，应当向船籍港船舶登记机关交验足以证明其合法身份的文件，并提供有关船舶技术资料和船舶所有权取得的证明文件的正本、副本。

　　（5）船籍登记

　　船舶所有人申请船舶国籍，除应当交验依照本条例取得的船舶所有权登记证书外，还应当按照船舶航区要求相应交验有关文件。航行国际航线的船舶，船舶所有人应当根据船舶的种类，交验法定的船舶检验机构签发的下列有效船舶技术证书：国际吨位丈量证书；国际船舶载重线证书；货船构造安全证书；货船设备安全证书；乘客定额证书；客船安全证书；货船无线电报安全证书；国际防止油污证书；船舶航行安全证书；其他有关技术证书。国内航行的船舶，船舶所有人应当根据船舶的种类，交验法定的船舶检验机构签发的船舶检验证书簿和其他有效船舶技术证书。从境外购买具有外国国籍的船舶，船舶所有人在申请船舶国籍时，还应当提供原船籍港船舶登记机关出具的注销原国籍的证明书或者将于重新登记时立即注销原国籍的证明书。

　　对经审查符合登记条例规定的船舶，船籍港船舶登记机关应予以核准并发给船舶国籍证书。船舶国籍证书的有效期为5年。向境外出售新造的船舶，船舶所有人应当持船舶所有权取得的证明文件和有效船舶技术证书，到建造地船舶机关申请办理临时船舶国籍证书。从境外购买新造的船舶，船舶所有人应当持船舶所有权取得的证明文件和有效船舶技术证书，到中华人民共和国驻外大使馆、领事馆申请办理临时船舶国籍证书。境内异地建造船舶，需要办理临时船舶国籍证书的，船舶所有人应当持船舶建造合同和交接文件以及有效船舶技术证书，到建造地船舶登记机关申请办理临时船舶国籍证书。在境外建造船舶，船舶所有人应当持船舶建造合同和交接文件以及有效船舶技术证书，到中华人民共和国驻外大使馆、领事馆申请办理临时船舶国籍证书。以光船条件从境外租进船舶，光船承租人应当持光船租赁合同和原船籍港船舶登记机关出具的中止或者注销原国籍的证明书，或者将于重新登记时立即中止或者注销原国籍的证明书，到船舶登记机关申请办理临时船舶国籍证书。对经审查符合相关条例规定的船舶登记机关或者中华人民共和国驻外大使馆、领事馆予以核准并发给临时船舶国籍证书，其有效期一般不超过1年。以光船租赁条件从境外租进的船舶，临时船舶国籍证书的期限可以根据租期确定，但是最长不得超过2年。光船租赁合同期限超过2年的，承租人应当在证书有效期内，到船籍港船舶登记机关申请换发临时船舶国籍证书。临时船舶国籍证书和船舶国籍证书具有同等法律效力。

（6）光船租赁登记

有下列情形之一的，出租人、承租人应当办理光船租赁登记：中国籍船舶以光船条件出租给本国企业的；中国企业以光船条件租进外国籍船舶的；中国籍船舶以光船条件出租境外的。船舶在境内出租时，出租人和承租人应当在船舶起租前，持船舶所有权登记证书、船舶国籍证书和光船租赁合同正本、副本，到船籍港船舶登记机关申请办理光船租赁登记。

（7）变更登记

船舶登记项目发生变更时，船舶所有人应当持船舶登记的有关证明文件和变更证明文件，到船籍港船舶登记机关办理变更登记。船舶变更船籍时，船舶所有人应当持船舶国籍证书和变更证明文件，到原船籍港船舶登记机关申请办理船籍港变更登记。对经审查符合本条例规定的，原船籍港船舶登记机关在船舶国籍证书签证栏内注明，并将船舶有关登记档案转交新船籍港船舶登记机关，船舶所有人再到新船籍港船舶登记机关办理登记。船舶共有情况发生变更时，船舶所有人应当持船舶所有权登记证书和有关船舶共有情况变更的证明文件，到船籍港船舶登记机关办理有关变更登记。船舶抵押合同变更时，抵押权人和抵押人应当持船舶所有权登记证书、船舶抵押权登记证书和船舶抵押合同变更的证明文件，到船籍港船舶登记机关办理变更登记。

（8）注销登记

船舶所有权发生转移时，原船舶所有人应当持船舶所有权登记证书、船舶国籍证书和其他有关证明文件到船籍港船舶登记机关办理注销登记。对经审查符合条例规定的，船籍港船舶登记机关应当注销该船舶在船舶登记簿上的所有权登记以及与之相关的登记，收回有关登记证书，并向船舶所有人出具相应的船舶登记注销证明书。向境外出售的船舶，船舶登记机关可以根据具体情况出具注销国籍的证明书或者将于重新登记时立即注销国籍的证明书。船舶灭失（含船舶拆解、船舶沉没）或船舶失踪，船舶所有人应当自船舶灭失（含船舶拆解、船舶沉没）或者船舶失踪之日起 3 个月内持船舶所有权登记证书、船舶国籍证书和有关船舶灭失（含船舶拆解、船舶沉没）或船舶失踪的证明文件，到船籍港船舶登记机关办理注销登记。经审查核实，船籍港船舶登记机关应当注销该船舶在船舶登记簿上的登记，收回有关登记证书，并向船舶所有人出具船舶登记注销证明书。船舶抵押合同解除，抵押权人和抵押人应当持船舶所有权登记证书、船舶抵押权登记证书和经抵押权人签字的解除抵押合同的文件，到船籍港船舶登记机关办理注销登记。

（9）船舶应当具有的标志

船首两舷和船尾标明船名；船尾船名下方标明船籍港；船名、船籍港下方标明汉语拼音；船首和船尾两舷标明吃水标尺；船舶中部两舷标明载重线。受船型或者尺寸限制不能在上述规定的位置标明标志的船舶，应当在船上显著位置标明船名和船籍港。船舶所有人设置船舶烟囱标志、公司旗，可以向船籍港船舶登记机关申请登记，并按照规定提供标准设计图纸。同一公司的船舶只准使用一个船舶烟囱标志、公司旗。船舶烟囱标志、公司旗由船籍港船舶登记机关审核。船舶烟囱标志、公司旗不得与登记在先的船舶烟囱标志、公司旗相同或者相似。船籍港船舶登记机关对经核准予以登记的船舶烟囱标志、公司旗应当予以公告。已经登记的船舶烟囱标志、公司旗属登记申请人专用，其他船舶或者公司不得使用。

（10）法律责任

假冒中华人民共和国国籍，悬挂中华人民共和国国旗航行的，或中国籍船舶假冒外国国籍，悬挂外国国旗航行的，由船舶登记机关依法没收该船舶。隐瞒在境内或者境外的登记事实，造成双重国籍的，由船籍港船舶登记机关吊销其船舶国籍证书，并视情节处以罚款。

在办理登记手续时隐瞒真实情况、弄虚作假的，隐瞒登记事实，造成重复登记的，伪造、涂改船舶登记证书的，船籍港船舶登记机关可以视情节给予警告、罚款直至没收船舶登记证书。不按照规定办理变更或者注销登记的，或者使用过期的船舶国籍证书或者临时船舶国籍证书的，由船籍港船舶登记机关责令其补办有关登记手续；情节严重的，可以根据船舶吨位处以一定的罚款。

擅自雇用外国籍船员或者使用他人业经登记的船舶烟囱标志、公司旗的，由船籍港船舶登记机关责令其改正；拒不改正的，可以根据船舶吨位处以一定的罚款；情节严重的，可以吊销其船舶国籍证书或者临时船舶国籍证书。

（二）船舶检验与发证

船舶检验是船舶检验机构对船舶及其设备的技术状况进行的检验、审核、测试和鉴定。船舶只有通过相应的检验，才能取得必要的技术证书或保持技术证书的有效性。船舶检验的目的在于通过船舶检验，促使船舶保持良好的技术状态，以保障海上人命安全和防止水域污染，保证国家对船舶安全的管理和控制得到有效实施，同时也为船舶所有人在船舶登记、取得船舶技术证书、提高船舶在航运市场的竞争力及海事处理等方面提供必要的依据。

1. 验船机构

世界上许多国家有专门执行船舶技术监督、制定船舶规范和规章、保障船舶具备安全航行技术条件的验船机构。

验船机构根据其性质分为两类：一类是政府的验船机构，另一类是民间组织的验船机构。根据国家性质的不同，有些国家只有政府的验船机构，有些国家既有政府的验船机构又有民间组织的验船机构。政府验船机构直接对船舶执行技术监督，签发有关国际公约规定的船舶证书；民间组织的验船机构经政府授权后可以代表国家签发有关国际公约规定的船舶证书。民间组织的验船机构办理船舶入级业务，仅设政府验船机构的国家所属验船机构也办理船舶入级业务。

船级社大多属于民间性质的验船机构，其主要任务是办理船舶登记、船舶技术检验和船舶入级，同时办理公证检验业务。船级社往往接受本国或其他国家政府授权或委托，签发有关国际公约规定的船舶证书。世界上各大船级社在大多数国家、地区的港口均设有办事处和代理机构，并与许多国家的验船机构订有相互代理验船协议。

2. 船舶检验种类

按照检验目的、依据和性质的不同，船舶检验通常分为法定检验、船级检验和公证检验三种。

（1）法定检验

法定检验是指船旗国政府或其授权的组织按照船旗国政府的规定以及国际公约的要求，对船舶结构、设备、载重线、稳性、主机、辅机、电气设备、无线电通信设备、救生设备、消防设备、航行设备、防止污染设备等进行监督，并确认处于有效技术状态和适合其预定用途，并颁发符合法定要求的证明。

（2）船级检验

船舶入级检验通常是由船级社对申请入级或维持船级的船舶状况进行检验，检验的依据是船级社的验船规范和技术标准。验船师对船舶进行入级检验和试验合格后，授予并签发船体船级证书和轮机船级证书。未签发正式船体船级证书和轮机船级证书之前，在确认船体和机械处于良好有效的状态下，可以签发相应的临时船级证书。如果船体船级证书和轮机船级证书之一失效，则另一证书也同时失效。

（3）公证检验

公证检验是船舶的所有人、经营人或租船人、保险人等为证明船舶实际存在的状况或产生事故的原因，聘请验船师进行的检验，检验报告可为处理诸如海损、机损、货损等事故进行索赔和起诉、退租等业务提供依据。

3. 法定检验与发证

法定检验是指船旗国政府或其授权的组织按照船旗国政府的规定以及（或）国际公约的要求，对船舶的结构、稳性、主辅机、救生消防设备、防污设备及载重线等进行的强制性的监督和检验。相关国际海事公约规定，适用船舶应当进行相应的法定检验，取得相应的船舶技术证书，并将证书正本保留在船上。按照有关国际公约的要求，适用船舶应当进行相应的法定检验、取得相应的船舶技术证书。需要注意的是，船上具备的所有证书都必须为证书正本，无论检验是由船旗国政府还是其授权的组织或个人进行，船旗国政府都应当对证书负责。

船舶法定检验类型可以分为初次检验与营运中检验以及换证检验，营运中检验包括年度检验、期间检验、定期检验、船底外部检验与附加检验。若规定营运中检验的有关装置和设备没能保持有效状态，或检验没有在规定的期限内完成，或没有按规定对证书进行签署，则证书将中止有效。

（三）船旗国的安全检查

为保障水上人命财产的安全，防止污染水域，除了针对船舶技术状况的船舶检验和发证以外，船旗国还应依据有关国际公约和国内法规对国内航行和悬挂本国国旗的国际航行船舶进行安全检查（FSI），以加强对船舶技术设备状况和人员配备及适任状况的监督。船旗国的安全检查由主管机关负责，也可授权给其他缔约国的主管机关或其他组织进行。

1. 安全检查内容

与针对船舶技术状况的船舶检验不同，安全检查的内容较广泛，主要针对船舶的营运管理状况和人员操作水平等。对船舶安全检查的内容一般包括：船舶证书及有关文件、资料；船员及其配备；救生设备；消防设备；事故预防；一般安全设施；报警设施；货物积载及其装卸设备；载重线要求；系泊设施；推进和辅助机械；航行设备；无线电设备；防污染设备；液货装载设施；船员对与其岗位职责相关的设施、设备的实际操作能力；船舶保安要求；船舶劳工条件等。

2. 安全检查程序

对船舶的安全检查，一般于船舶在港口停泊或作业期间进行。为保证船舶的航行安全，原则上禁止对在航船舶进行安全检查，但法律、行政法规另有规定的除外。船舶检查人员进行船舶安全检查时，由船长如实报告船舶的安全状况，并指派有关船员陪同检查。陪同检查的船员按检查人员的要求调试和操纵有关设备，回答有关问题。

检查人员对船舶进行安全检查后，按规定的格式填写船舶检查记录或签发检查报告，注明所查项目、发现的缺陷及处理意见，签名并加盖专用印章。船舶检查记录或检查报告通常一式两份，一份留船备查，一份由主管机关存档，也有的另寄船舶所有人或经营人一份。船舶必须按照船舶安全检查结果的要求，对存在的缺陷予以纠正和改善，并申请复查。检查人员要求船舶在指定港口纠正缺陷的，船舶在离开指定港口前应当纠正。如果船舶存在的缺陷危及船舶、船员及旅客和水上交通安全或者可能造成水域严重污染的，按照规定的程序报经批准后，执行检查的主管机关会禁止船舶离港。被禁止离港的船舶在纠正缺陷后，经执行检查的主管机关复查合格，并按规定报批，船舶获得解除禁止离港的处理通知或文书后方可离港。

3. 我国的安全检查管理

船旗国安全检查的主要依据是有关国际公约和国内法规，并按规定的程序进行。

（1）安全检查规则

安全检查规则适用于中国籍船舶以及航行、停泊、作业于我国港口（包括海上系泊点）内水和领海的外国籍船舶。安全检查不适用于从事营业性运输以外的军事船舶、公安船舶、渔业船舶和体育运动船艇。船舶安全检查的内容主要包括船舶配员，船舶及船员的有关证书、文本、文件、资料，船舶结构、设施和设备，载重线要求，货物积载及其装卸设备，船舶保安相关要求，船员的定位能力，船员人身安全、卫生健康条件，船舶安全与防污染管理体系的运行有效性以及法律法规、国际公约要求的其他检查内容等。

船旗国监督检查结束后，检查人员将签发"船旗国监督检查记录簿"；船舶及其相关人员应当按照检查人员签发的"船旗国监督检查记录簿"的要求，纠正船舶存在的缺陷。

（2）重点跟踪监督管理

对于重点跟踪船舶实施的船旗国监督检查不受船期、装卸货等因素的影响，条件允许时，应每港必查。对所有船舶列入重点跟踪的船舶管理公司，相关海事机构应加大日常监督检查的力度和频次。对重点跟踪船舶和有船舶列入重点跟踪的船舶管理公司开展安全管理体系审核时，应将船舶及公司采取的相关整改措施纳入审核范围。

列入重点跟踪的船舶，自公布之日起3个月后，船公司可向船籍港海事机构提出脱离重点跟踪的申请，并提交船公司整改报告，由船籍港海事机构评估确认是否予以解除重点跟踪。

（3）开航前检查

开航前检查管理办法适用于驶往下一港为境外港口的中国籍国际航行船舶、航运公司以及为船舶签发法定证书的船舶检验机构。开航前检查的依据是我国缔结、加入的有关国际公约和船舶驶往境外港口所属国家或地区缔结、加入的有关国际公约。

开航前检查由航运公司、船舶检验机构和海事主管机关共同实施管理。船舶需要进行开航前检查的，可由航运公司向海事主管机关提出申请，及时通报船舶动态，并为开航前检查活动提供工作便利。船舶应当提前做好开航前检查准备工作，确保船舶处于良好状态。船舶检验机构应指派验船师参与船舶开航前检查联合工作组，对开航前检查中发现的问题提供必要的技术支持。海事主管机关负责开航前检查信息发布，组织并协调船舶开航前检查联合工作组具体开展检查工作。

船舶在申请开航前检查时应提交开航前检查申请书、最近一次港口国监督检查报告复印件和最近一次船旗国监督检查报告复印件、船舶开航前检查自查报告或情况说明。海事主管机关收到船方申请并审核通过后，应协调航运公司和船舶检验机构组成开航前检查联合工作组，制订开航前检查方案。开航前检查联合工作组在检查过程中发现的缺陷与船方提供的自检报告出入较大的，可中止检查，要求船舶进一步自查并纠正有关缺陷。缺陷纠正后，船舶可再次申请开航前检查。对开航前检查中发现的缺陷，船舶应按开航前检查联合工作组开具的处理意见予以纠正，航运公司及船舶检验机构应予配合并提供支持。开航前检查中发现可能导致滞留的缺陷，且船舶不能按联合工作组开具的处理意见予以纠正的，联合工作组组长应提请相关海事管理机构实施船旗国监督检查，以确保有关缺陷得以纠正。可能导致滞留的缺陷包括两种：严重危及海上人命和财产安全，可能导致船舶在接受港口国检查时被滞留的缺陷；明显违反驶往境外港口所属国家或地区缔结、加入的有关国际公约或对我国船舶有约束力的法律法规，可能导致船舶滞留的缺陷。

二、港口国监督管理

港口国监督也叫"港口国控制"，简称PSC（Port State Control），是港口所属的国家主管机关对停靠在其港口的外国籍船舶的安全检查。根据国际法，船旗国负有确保在本国登记的船舶遵守适用的法律法规和其他相应的标准的责任，港口国监督只是船旗国监督的一个重要补充，不能代替船旗国的相应责任。确保到达本国港口的外国籍船舶符合本国加入的国际公约的要求是港口国监督的目的。通过采取检查和在必要的情况下滞留船舶等措施，港口国监督在识别和消除低标准船方面发挥着积极的作用。

（一）港口国监督简介

挂方便旗船舶发生各类海难的比率一直比较高，除船东及其船舶不能很好地执行船旗国和IMO（国际海事组织）的各项规定这个主要原因外，方便旗国家对船舶安全的管理不严也是重要原因。高事故率和高滞留率使一些方便旗国家在20世纪90年代失去了相当多的登记吨位。港口国监督机制的引入，迫使这些开放登记的国家加强了船旗国对登记船舶的管理。近年来海上安全形势的改善说明，港口国监督是促使缔约国、船公司提高履约水平的有效监督机制之一。

实施港口国监督的法律依据是有关国际公约、地区协议和国家法律，在实际操作中主要涉及的国际公约、地区协议及其监督要求如下。

1. SOLAS公约（国际海上人命安全公约）

第一，任何船舶当其在另一缔约国的港口时，应接受该国政府正式授权官员的监督。这种监督的目的，仅在于查明该船按规定所持有的各项证书是否有效。

第二，当船舶实际状况与证书所载情况不符或证书过期或失效时，执行监督的官员应采取措施，以保证该船在不具备安全航行的条件时，不得开航或离港。

第三，如因这种监督引起任何干涉，执行监督的官员应将认为必须干涉的一切情况，立即书面通知船旗国的领事，或当领事不在时，则通知其最近的外交代表。此外，还应通知负责发证的指定验船师或认可组织，有关干涉的事实应向国际海事组织报告。

第四，如未能按以上规定采取措施，或已允许该船驶往下一停靠港时，港口国有关当局除应立即通知前一条中所述的有关方面外，还应将有关该船的情况通知下一个停靠港当局。

2. STCW公约（海员培训、发证和值班标准国际公约）

（1）经正式授权的监督官员按规定所行使的监督仅限于下列各项

核实所有应持证的船员是否都持有适当的证书或有效的特免证明。核实船员人数和证书是否符合主管机关的适用的安全配员要求。如果发生下列任一情况而有明显理由认为未能保持安全值班和保安标准时，可对船员的值班和保安能力是否符合公约的标准要求进行评估：船舶发生碰撞、搁浅或触礁；船舶在航行、锚泊或靠泊时，违反任一国际公约而非法排放物质；以不稳定或不安全方式操纵船舶；以其他危及人员、财产或环境的方式或危及保安的方式操作船舶。

（2）可被认为危及人员、财产或环境的缺陷包括下列几个方面

要求持有证书的船员未持有适当的证书或有效的特免证明；未按主管机关规定的要求做出航行或轮机值班安排；没有专门负责操作安全航行、安全无线电通信或防止海洋污染必要设备的合格人员值班；未能为航次开始第一个班次和其后的接班提供经过充分休息并适于值班职责的人员。未能纠正上述所提及的任何缺陷，只要实施监督的缔约国确定这些缺陷危及人员、财产或环境，便构成缔约国按公约规定滞留船舶的理由。

3. 国际载重线公约

国际载重线公约规定，持有国际载重线证书的船舶在其他缔约国的港口时，应接受该国政府授权的官员的监督。在船上具有有效的载重线证书的前提下，这种监督仅限于确定船舶载重量的位置与证书相符，船舶载重量未超过证书所允许的限度，船舶的船体或上层建筑以及有关装置、设备没有实质性变动，使船舶显然能在不危及人命安全的情况下适合于出航。

4. MARPOL 公约（国际防止船舶造成污染公约）

MARPOL 公约的几个附则均提供了港口国监督的程序。凡按公约规定需要持有证书的船舶停靠在另一缔约国的港口或近海装卸站时，应接受经该国政府正式授权的官员的检查。这种检查应以核实船上的证书是否有效为限。如果有明显理由表明该船或其设备的条件实质上不符合证书所载的情况或船舶未备有有效的证书，应对船舶采取措施以确保该船出航不致对海洋环境造成危害，才准其开航。对于操作性要求，如有明显理由认为船长或船员不熟悉船上主要的防污染程序时，该船应接受该缔约国正式授权的官员根据相应附则进行的操作性检查，采取措施确保该船已按相关附则的要求调整至正常状态，才准其开航。

（二）保安监督和符合措施

1. 对在港船舶的监督

当适用船舶位于另一缔约国港口时，该缔约国正式授权的官员有权核查公约所要求的证书是否符合规定。如果有明显理由认为船舶不符合要求，可能会对该船舶采取监督措施，例如进行附加检查或滞留。

如果导致船舶被滞留的缺陷无法在受检查的港口予以纠正，缔约国政府可以允许船舶

驶往另一港口，条件是要满足港口国与船旗国主管机关和船长之间达成一致的限制条件。

2. 船舶不符合要求的明显理由

即使船上的证书有效，正式授权官员根据其职业判断仍可能有明显理由相信船舶不符合要求。明显理由的实例可包括（如果相关）：

第一，在审查证书时取得的关于证书无效或已过期的证据；

第二，保安设备、文件或安排存在严重缺陷的证据或可靠信息；

第三，收到了报告或申诉，根据正式授权官员的职业判断，报告和申诉包含了明确指出船舶不符合要求的可靠信息；

第四，正式授权官员通过职业判断所取得的关于船长或船舶人员不熟悉关键的船上保安程序或不能开展与船舶保安有关的演练或未履行该程序或演练的证据或发现；

第五，正式授权官员通过职业判断取得的关于船舶人员中的关键成员不能与任何其他船舶人员中负有船上保安责任的关键成员建立正常通信的证据或发现。

3. 附加规定

在所有情况下，如果拒绝船舶进港或驱逐船舶出港，应将所有已知的情况通知有关国家的当局。通知应包括以下已知内容：船名、船旗、船舶识别号、呼号、船型和货物；拒绝进入或驱逐出港口或港区的原因；任何保安不符合项的性质（如适用）；试图纠正任何不符合情况的详情，包括为了本航次航行对船舶提出的要求；以前挂靠的港口和宣称将要挂靠的下一港口；离港时间和预计到达这些港口的时间；发给船舶的指令，例如沿途报告；可获得的船舶目前营运所处保安等级的信息；关于港口国与主管机关的任何通信的信息；做出报告的港口国内联络点，以便取得进一步信息；船员名单任何其他有关信息。需联系的相关国家包括船舶预期驶往下一港口航行沿途的国家，特别是在船舶意欲进入该沿岸国领海的情况下。其他有关国家还可能包括以前停靠过的港口所在的国家，其目的是获得更进一步的信息，解决与以前停靠港口有关的保安问题。ISPS（国际船舶和港口设施保安规则）规则要求，正式授权官员在实施监督和符合措施时，应确保所采取的任何措施或步骤轻重适当。此种措施或步骤应合理而且其严厉程度和持续时间应为纠正或缓解不符合情况所需的最低限度。

（三）针对 PSC 应采取的措施

如何顺利地通过 PSC 的检查，是船舶、船东乃至船旗国所共同关心的问题，船舶如果被滞留，不仅使本公司其他船舶受到更加严格的检查，还会影响船级社乃至船旗国的声誉。当发现船舶即将被滞留时，船长应马上通知船级社以获得技术指导，尽快改正所发现的缺陷。尽管不少船舶在滞留前通过了安全检查及船级社的检验，但随后缺乏适当的维修保养，因而意想不到地被 PSC 检查官发现很多严重的缺陷。为了避免这种情况的发生，船东和船长应认真地按照计划做好船舶的维护保养工作，使人员和设备都处于良好的状态，以应对 PSC 的检查。在船舶进港前，船东和船长要特别注意以下几点。

第一，对随船的各种证书、文件和手册要认真检查，及时检验，保持其有效性。尤其要注意的是船舶证书、船员职务证书、防污染证书和演习记录等。

第二，驾驶台的各种书籍及其设备必须齐全可用。航海出版物要及时更新，海图得到及时的改正，磁罗经处于正常的工作状态并且可以被正确地调整，号灯、号型和声号设备处于良好的状态，GMDSS（全球海上遇险与安全系统）设备及 EPIRB（无线电示位标）能被正确地使用，烟火报警设备处于良好的工作状态。

第三，应急电路及电池处于良好的工作状态，救生艇结构完好，发动机能迅速启动，艇架及其索具保养良好，艇内设备可用及属具完好，救生筏周围无障碍物，静水压力释放器在有效期内。

第四，防火门能紧密关闭，消防设备就位并处于良好的状态，防火控制图得到及时更新并就位。所有的标志和标记都能根据要求勘绘在合适的地方。水密门、烟雾探测器、通风等应急电和灯光都能正常工作，卫生设施齐全并正常工作。

第五，甲板、栏杆、步桥、舱盖及其加强结构、水密门等结构得到良好的保养，起货设备、锚设备等甲板设备要处于良好的工作状态，通风筒和空气管、阀箱的标志得到正常维护。

第六，应急消防泵、应急发电机、应急照明处于良好的状态。

第七，正确使用污油柜并做好记录工作，保持机舱的清洁，主机和辅机工作正常，油水分离设备及其 15ppm 报警装置处于良好的工作状态等，正确记录油类记录簿，消防泵有足够的压力，舵机和机舱内的应急照明工作正常，正确标记机舱内各种标志，保持各种消防设备有效，水密门水密并可以被远距离关闭等。

第二节　船舶进出港管理

由于船舶营运环境的特殊性，有关船员及旅客出入境、货物通关、卫生检疫等国境管理事务以及船舶航行安全的管理通常在船舶进出港口时进行，船舶进出港口的管理是岸上对船舶安全进行监控的重要环节。

一、国际船舶进出口岸检查

除了法律另有规定以外，国际船舶进出口岸检查主要针对进出口岸的国际航行船舶及其所载船员、旅客、货物和其他物品。

（一）主管机关

国际航行的船舶进出港口涉及航行安全、船员及旅客出入境、货物通关、卫生检疫等国境管理事务。除了专门负责船舶安全管理的海事机构以外，实施进出口岸检查的主管机关还包括海关、边防检查机关、卫生检疫机关和动植物检疫机关。

（二）一般程序

船方或其代理人应当在船舶预计抵达口岸规定时间内，将抵达时间、停泊地点、靠泊移泊计划及船员、旅客的有关情况报告检查机关，办妥进口岸手续。在船舶抵达口岸前未办妥进口岸手续的，须在船舶抵达口岸规定时间内到检查机关办理进口岸手续。船舶在口岸停泊时间较短，满足规定条件的，经检查机关同意，船方或其代理人在办理进口岸手续时，一般可以同时办理出口岸手续。

为了便利船舶进出口岸，提高口岸效能，船舶进出口岸时，通常代理人（或船方）依照有关规定办理进出口岸手续，除卫生检疫或者其他特殊情形外，检查机关一般不登船检查。卫生检疫机关一般对船舶实施电讯检疫，持有卫生证书的船舶，其船方或代理人可以向卫生检疫机关申请电讯检疫。对来自疫区的船舶，载有检疫传染病染疫人、疑似检疫传染病染疫人、非意外伤害而死亡且死因不明尸体的船舶，未持有卫生证书或者证书过期或者卫生状况不符合要求的船舶，卫生检疫机关应当在锚地实施检疫。动植物检疫机关对来自动植物疫区的船舶和船舶装载的动植物、动植物产品及其他检疫物，可以在锚地实施检疫。

船方或其代理人在船舶抵达口岸前已经办妥进口岸手续的，船舶抵达后即可上下人员、装卸货物和其他物品。在船舶抵达口岸前未办妥进口岸手续的，船舶抵达后，除检查机关办理进口岸检查手续的工作人员和引航员外，其他人员不得上下船舶，也不得装卸货物和其他物品。船舶进出的上一口岸是同一国家口岸的，船舶抵达后一般可上下人员、装卸货物和其他物品，但是应当立即办理进口岸手续。

船方或其代理人应当在船舶驶离口岸前规定时间内，到检查机关办理必要的出口岸手续，申请领取出口岸许可。船舶领取出口岸许可后，情况发生变化或者在规定时间内未能驶离口岸的，船方或其代理人应当报告主管机关，由主管机关协商其他检查机关决定是否重新办理出口岸手续。定航线、定船员并在规定时间内往返一个或者一个以上航次的船舶，船方或其代理人可以向主管机关书面申请办理定期进出口岸手续。

（三）我国进出口岸管理

船舶进出中华人民共和国口岸，由船方（是指船舶所有人或者经营人）或其代理人依照有关规定办理进出口岸手续。除卫生检疫或者其他特殊情形外，检查机关不登船检查。

1. 进口岸手续

船方或其代理人应当在船舶预计抵达口岸 7 日前（航程不足 7 日的，在驶离上一口岸时），填写"国际航行船舶进口岸申请书"，报请抵达口岸的海事主管部门审批。拟进入长江水域的船舶，船方或其代理人应当在船舶预计经上海港区 7 日前（航程不足 7 日的，在驶离上一口岸时），填写"国际航行船舶进口岸申请书"，报请抵达口岸的海事主管部门审批。船方或其代理人应当在船舶预计抵达口岸 24 小时前（航程不足 24 小时的，在驶离上一口岸时），将抵达时间、停泊地点、靠泊移泊计划及船员、旅客的有关情况报告检查机关。船方或其代理人在船舶抵达口岸前未办妥进口岸手续的，须在船舶抵达口岸 24 小时内到检查机关办理进口岸手续。

2. 出口岸手续

船舶在口岸停泊时间不足 24 小时的，经检查机关同意，船方或其代理人在办理进口岸手续时，可以同时办理出口岸手续。船方或其代理人应当在船舶驶离口岸前 4 小时内（船舶在口岸停泊时间不足 4 小时的，在抵达口岸时），到检查机关办理必要的出口岸手续。有关检查机关应当在"船舶出口岸手续联系单"上签注；船方或其代理人持"船舶出口岸手续联系单"和海事主管部门要求的其他证件、资料，到海事主管部门申请领取出口岸许可证。船舶领取出口岸许可证后，情况发生变化或者 24 小时内未能驶离口岸的，船方或其代理人应当报告海事主管部门，由海事主管部门协商其他检查机关决定是否重新办理出口岸手续。

3. 定期进出口岸手续

定航线、定船员并在 24 小时内往返一个或者一个以上航次的船舶，船方或其代理人可以向海事主管部门书面申请办理定期进出口岸手续。受理申请的海事主管部门商其他检查机关审查批准后，签发有效期不超过 7 天的定期出口岸许可证，在许可证有效期内对该船舶免办进口岸手续。

二、船舶签证管理

船舶签证是中国籍国内航行船为取得合法航行资格而必须办理的进出港口手续，是海事主管部门对进出港口的中国籍船舶施行监督管理的重要措施。中华人民共和国海事局主管全国的船舶签证管理工作。各级海事管理机构具体负责本辖区内的船舶签证管理工作。

（一）适用船舶

国内航行船舶在中华人民共和国管辖水域内办理船舶签证，适用签证规则。签证规则不适用于军事船舶、渔船、体育运动船舶。但是前述船舶从事营业性运输时，应当按照规则办理船舶签证。

（二）航次签证

除规则另有规定外，船舶有下列情形之一的，应当向海事管理机构申请航次船舶签证：①由港内驶出港外；②由港外驶入港内；③因作业需要在港内航行驶出港内泊位；④因作业需要在港内航行驶入港内泊位；⑤驶出船舶修造（厂）点、港外作业点、海上作业平台；⑥驶入船舶修造（厂）点、港外作业点、海上作业平台。其中①、③、⑤项船舶签证统称"出港签证"，申请人应当在船舶开航前24小时内办理。

②、④、⑥项船舶签证统称"进港签证"，申请人应当在船舶抵达后24小时内办理。船舶抵达前24小时内已经向拟抵达地海事管理机构报告船舶情况的，进港签证可以与出港签证合并办理。船舶签证应当由船舶或者其经营人申请办理。被拖船可由被拖船或者其经营人申请，也可由拖船或者其经营人代为申请。申请人可以委托代理人办理船舶签证。申请办理出港签证的船舶，应当处于适航或者适拖状态。

船舶或者其经营人申请办理航次船舶签证，应当向海事管理机构提交以下材料：①船舶签证簿；②船舶电子信息卡（适用的船舶）；③船舶国籍证书；④船舶检验证书；⑤船舶最低安全配员证书；⑥船员适任证书；⑦防止油污证书（适用的船舶）；⑧船舶安全管理证书和公司安全管理体系符合证明副本（适用的船舶）；⑨船舶安全检查记录簿；⑩船舶港务费缴纳或者免于缴纳证明；⑪经批准的船舶载运危险货物申报单（适用的船舶）；⑫船长开航前声明和车辆安全装载记录（适用的船舶）；⑬护航申请书（适用的船舶）；⑭船舶营运证。第③项至第⑧项所列证书信息已经由海事管理机构在船舶签证簿内记载或者存储在船舶电子信息卡的，可以免于提交。第⑭项所指船舶营运证仅要求从事国内运输的老旧运输船舶在办理船舶签证时提供。船舶营运证的发证机关应当向海事管理机构提供船舶营运证的相关信息。

船舶或者其经营人向海事管理机构提交申请材料应当如实反映情况，并对申报内容的真实性负责。船舶或者其经营人可以通过传真、电子邮件、电子数据交换（EDI）等方式办理船舶签证，可以采用电报、电传、传真、手机信息、电子邮件、电子数据交换（EDI）等方式报告船舶进港情况，并在船舶航海（行）日志内做相应的记载。报告的内容应当包括船舶名称、种类、尺度、总吨、吃水、客货载运情况、拟靠泊地点。

海事管理机构负责审查船舶签证的申请材料是否齐全，是否符合申报要求，是否有明显涂改或者伪造现象，是否在有效期内等形式要件。当对船舶签证申请材料内容的真实性有怀疑或者接到相关举报时，海事管理机构应派执法人员进行现场核查。对航次船舶签证应当当场办理。签证人员应当在船舶签证簿内签注是否准予签证的意见、海事行政执法证编号、日期，加盖船舶签证专用章。不予签证的，还应当在船舶签证簿内签注不予签证的理由。

船舶有下列情形之一的，应当重新申请出港签证：①船长或者履行相应职责的船员发生变动；②船舶结构、有关航行安全的重要设备发生重大变化；③改变船舶航行区域、航线；④出港签证办妥后 48 小时内未能出港。

船舶由于抢险、救生等紧急事由，不能按照规定程序办理船舶签证的，应当在开航前向海事管理机构报告，并在任务完成后 24 小时内补办船舶签证。

船舶因避风、候潮、补给等原因临时进港或者航经港区水域的，免于办理船舶签证。但如有船长或者履行相应职责的船员发生变动、上下旅客、装卸货物的情形之一，船舶仍须办理签证。拖驳船队在中途要加、解驳船时，加、解的船舶应当申请船舶签证，拖驳船队其他船舶不再办理船舶签证。

（三）定期签证

在固定水域范围内航行的船舶或者定线航行的船舶可以申请短期定期船舶签证取代航次船舶签证。在固定水域范围内航行的船舶，应当向对该固定水域有管辖权的任一海事管理机构提出申请；定线航行的船舶应当向航线始发港和终点港所在地海事管理机构分别提出申请。

符合下列情形的船舶可以向船籍港所在地的交通运输部直属的海事管理机构或者省级交通主管部门所属的海事管理机构申请年度定期船舶签证取代航次船舶签证：①安全诚信船舶；②安装并按规定使用船舶自动识别系统；③在前一个年度签证期内按照规定递交进出港报告；④已经与有关金融机构签订船舶港务费交纳协议。规则中所称安全诚信船舶，是指符合下列条件，被中华人民共和国海事局评定为安全诚信的船舶：①12 个月内最近一次船舶安全检查或者港口国监督检查记录良好，无严重缺陷；②取得船舶安全管理证书

（SMC）2年以上，且在最近3年内未被实施跟踪审核或者附加审核；③最近3年未发生安全、污染责任事故；④最近3年未受到海事行政处罚；⑤船龄为12年及以下的船舶，最近3年内船舶安全检查或者港口国监督检查中未发生滞留；船龄为12年以上的船舶，最近5年内船舶安全检查或者港口国监督检查中未发生滞留。

海事管理机构应当在受理申请之日起7个工作日内办结短期定期船舶签证，在20个工作日内办结年度定期船舶签证。准予定期船舶签证的，还应当在船舶签证簿内注明签证的有效期限、航行区域或者航线。短期定期船舶签证的有效期限最长不超过3个月。年度定期船舶签证在全国范围内有效，有效期限为12个月。客船、载运危险货物的船舶只能办理有效期限不超过1个月的短期定期船舶签证。

船舶超出定期船舶签证的有效期限、核定航区或者航线航行的，或者签证核定的其他内容发生变化的，应当申请航次船舶签证。

（四）船舶签证簿

船舶签证簿是办理船舶签证的专用文书，是记载船舶办理签证情况的证明文件，必须随船妥善保管。除海事管理机构外，任何单位、人员不得扣留、收缴船舶签证簿，也不得在船舶签证簿上签注。船舶签证簿由船舶或者其经营人向海事管理机构书面申请核发、换发、补发。

船舶首次申领船舶签证簿以及船舶所有人、船舶经营人、船舶名称变更后申领新船舶签证簿的，应当向船籍港海事管理机构申请核发。船舶签证簿遗失、灭失的，应当向船籍港海事管理机构申请补发。申请补发时，应当提交最近一次经海事管理机构签证的船舶签证申请单复印件。船舶签证簿使用完毕或者污损不能使用的，可向船籍港或者签证地海事管理机构申请换发。申请换发时，应当交验前一本船舶签证簿。

船舶签证簿应当连续使用，保持完整，不得缺页或者擅自涂改。使用完毕后，应当在船保存两年。船舶报废、灭失或者船舶所有人、船舶经营人、船舶名称变更时，船舶应当将船舶签证簿交回船籍港海事管理机构注销。船舶不得伪造、变造、租借、冒用、骗取船舶签证簿。

（五）监督检查与法律责任

海事管理机构应当加强对船舶签证的监督检查。海事管理机构实施监督检查时，有关单位和个人应当予以协助和配合，不得拒绝、妨碍或者阻挠。发现船舶未按照规定办理船舶签证的，海事管理机构应当责令船舶办理签证，并可以责令船舶到指定地点接受查处；拒不改正的，可以采取禁止进港、离港或者停止航行等措施。发现船舶以不正当手段取得船舶签证，尚未出港的，海事管理机构应当撤销船舶签证，并在船舶签证簿内签注撤销的原因、日期，加盖印章；已经出港的，海事管理机构应当进行调查处理或者通知下一抵达地的海事管理机构进行调查处理。

海事管理机构在监督检查过程中对下列事项应当在船舶签证簿中予以记载，并通报船籍港海事管理机构：①船舶受到海事行政处罚；②船舶发生水上交通事故和船舶污染事故；③船舶被禁止离港。船籍港海事管理机构对收到的上述信息应当予以记录，并协助调查处理。

（六）船舶电子签证

船舶电子签证，是指船舶或者其经营人通过互联网、手机短信、船载设备等电子数据传输方式，办理船舶进出港签证的行为。船舶电子签证与窗口签证并行实施，具有同等效力。船舶可根据实际情况选择一种方式办理签证。

1. 申请程序

船舶在首次申请船舶电子签证前，应当通过互联网登录注册，填写并提交"注册信息表"。船籍港海事管理机构应当在 3 个工作日内完成对"注册信息表"的信息核验。核验无误的，授予电子签证账号和身份认证方式。"注册信息表"的信息发生变化的，应当及时登录互联网办理变更。

船舶抵港后，申请人应当在船舶离泊或者驶离作业点 4 小时前申请办理出港电子签证，但提前时间不应超过 24 小时。船舶在港时间不足 4 小时的，应当在办妥进港签证后立即申请出港电子签证。

船舶办理电子签证时，应当通过互联网、手机短信或者船载设备等提交船舶动态、货物装卸、在船人员、规费缴交等信息，并对信息的真实性负责。

申请电子签证的船舶应当始终保持船舶自动识别系统（AIS）处于正常工作状态，准确显示本船信息。

2. 审批程序

海事管理机构对船舶电子签证申请的符合性进行形式审查，符合签证条件的，准予签证；不符合签证条件的，不予签证，并注明理由。对船舶电子签证申请审查采取系统校验和人工校验相结合的方式进行，必要时可通过船载 AIS 核实船舶实际位置信息。海事管理机构应当于接收到船舶电子签证申请 4 小时内将审批结果和验证方式反馈申请人。

船舶电子签证申请不予受理或者不通过的，申请人应当按照反馈信息重新申请或者到签证站点办理窗口签证。

办理电子签证的船舶应当及时将船舶动态、货物装卸、在船人员等信息，以及审批结果和验证方式，准确记录在船舶签证簿中。

第三节　船舶运行安全管理

一、船舶管理体制转换后的 SMS 运行管理工作

船舶的安全管理必须由船舶所有人或已承担船舶所有人的营运责任并同意承担 ISM/NSM 规则规定的所有责任和义务的任何组织（如船舶管理人或光船承租人）承担。船舶要适应由于改革重组或船舶所有人因各种情况变更船舶管理人的管理体制转换，在安全管理方面做好有序衔接，实现船舶管理的平稳过渡，确保船舶航行安全、体系运行正常，保障船舶的安全运营和保护好海洋环境不受污染。部分船长对体系在船舶运行的重要性认识不足，对 SMS 正常运行程序理解不足，在船舶运行中的"不符合"现象频现。特别是船舶突然变更管理人后，船长做好船舶管理体制转换后体系运行的管理工作至关重要。

（一）明确船舶的主体责任

航运公司是指承担安全与防污染管理责任和义务的航运企业。船长是承担船舶安全与防污染的第一责任人。一些船长常常弄不清船舶所有人、经营人、管理人和（或）光船承租人的责任与义务，以致对船舶管理体系运行中的主体责任不明确，在船舶营运中对来自经营人等多方面的指示盲目执行或者执行不力，甚至因船舶安全体系的运行管理出现严重缺陷而被滞留或者出现严重事故。例如：甲轮某航次装货，船长未能准确核算船舶的载重能力，按计划排出相应的压载水，盲目执行承租人的指示导致船舶超载；乙轮未能遵守体系文件的规定做好装船货物的监控，导致装船的镍矿含水量严重超标，在航行中货物液化，船舶发生严重横倾。这些都说明船长对船舶的主体责任不明确，没有尽到第一责任人应尽的责任和义务，且不知道如何执行来自多方面对船舶的指令，导致船舶出现严重的管理问题。

（二）船舶变更管理公司的体系管理

由于各种原因，船东需要变更船舶管理人，需要明确切换管理流程。在体系切换前，船舶的相关管理按照原 SMS 运行，直到以新的船舶管理公司签发临时安全管理证书（SMC）并送到船上，船舶才开始运行新 SMS，并在航海日志重大记事栏上进行记录。新的船舶管理公司会预先发（寄）送一些 SMS 资料到船上，船舶要做好签收和标识工作，

防止混用，并按 SMS 要求配发、建立相关记录和表格、文件收发及借阅记录，做好文件控制工作，确认新的船舶管理公司 DOC 证书（或临时证书）复印件已经发（送）到船。

船舶的岸基主管人员（通常是海务主管）开始向主管机关或授权的组织机构申请船舶临时审核时，船舶应当确认已配备公司制定的、适用本船的 SMS 文件，公司已取得适用于该船种的符合证明或临时符合证明。审核人员上船后，船舶要能够出示与本船有关的 SMS 文件清单、公司在 3 个月内对该船实施的内审计划、船舶（即船舶所有人与管理人不一致的代管船舶）管理协议复印件、船舶之前持有的 SMC 和/或临时 SMC 的复印件或情况说明、代管船舶评估报告，国际航行船舶还要提供有关保安规则和海事劳工方面的资料。在通常情况下，船舶通过审核后就能取得临时 SMC，即开始运行新 SMS，有关原 SMS 文件和证书需要全部收集，退回原管理公司或根据主管人员的意见集中销毁，并做好记录。

临时 SMC 的有效期为 6 个月。在特殊情况下，审核发证机构依据公司的申请可对临时 SMC 延期 6 个月。船舶应按照体系文件要求制订体系文件学习计划、应急演习演练计划并组织实施；检查标识船上的关键性系统和设备情况，编制《船舶设备操作规程》，经管理公司批准后在设备操作现场张贴；编制、实施设备维修保养计划，并做好记录。

待船舶新 SMS 运行 2 个月后，公司根据船期即可组织对船舶进行 SMS 内审。内审指验证 SMS 及其各要素的活动及其实施结果是否符合有关标准或文件，SMS 各项文件规定是否得到有效贯彻并达到安全管理目标，由公司内部审核人员进行的系统、独立审核。内审包括但不限于 SMS，船舶能效管理，实施船舶 CO_2 监控、报告和验证等。内审由公司岸基安排的相关内审员到船舶进行，内审员一般由审核组长及审核员组成。

内审流程一般包括：（1）审核组长主持召开由审核组成员、被审核部门领导及相关人员参加的首次会议；（2）与会人员填写内审会议签到表；（3）审核组长宣布内审的目的、依据、范围、内容、日程安排、审核纪律和注意事项等；（4）审核员按照分工进行现场审核，通过交谈、提问、抽样、查看相关活动记录等形式收集体系运行的客观证据，并作好审核记录；（5）审核组长主持核定不符合项目，并对被审核部门、船舶进行综合评价；（6）被审核部门确认内部审核不符合报告表并填写纠正措施；（7）审核组还应对被审核部门、SMS 运行情况做出评价，并与船舶协商纠正措施的实施时限及验证措施。

内审完成后，船长要组织对本船运行 SMS 进行评审（复查），并形成报告。随之，岸基部门即可向审核发证机构申请对船舶进行初次审核。船舶初次审核的主要内容包括验证 SMS 文件是否适合于该船，以及 SMS 在船上运行的有效性。通过审核并经审核发证机构审定同意发证的，审核发证机构可以向船舶签发有效期为 5 年的 SMC，其有效性服从于中间审核。SMS 运行步入正轨。

（三）船长执行和监控 SMS 运行

SMS 在船舶上能否保持有效运行，依靠船长对 SMS 运行的执行和监控工作。在船上，船长既是运动员又是裁判员。船长要完全熟悉公司的 SMS，不仅要带领船员遵守 SMS 各项规定，而且要按照 SMS 的要求做好运行自查和总结，定期做好管理评审，督促船员认真履行职责，保证船舶按 SMS 要求正常、有效地运行，确保实现安全和防污染目标。

二、船舶安全管理与海务监督工作

（一）现场检查和督导是海务工作的重要组成部分

随着科学技术的发展和船舶管理体系在船上的运行。经验管理已被科学的、规范化的体系管理所替代。船舶操作须知覆盖了船舶日常工作的方方面面。船上日常操作要做什么、什么地方做、何时做、怎么做，关于这些内容操作须知都有详细的规定。现场检查就是要检查管理体系在船上的运作。检查船员对文件化、规范化和体系有关操作须知的执行情况，并对体系的进一步完善提出意见或建议。同时，作为海务监督通过现场检查对所主管船舶结构强度、设备状况、应急演练、船风船貌、船舶管理、人员素质进行深入的了解，通过查看、询问、聆听找出船上存在的问题，通过现场演习发现的情况，组织船员进行现场整改。明确分工，职责到人。对已经认定的风险，要求船舶制定防范措施，再通过各种途径，包括授课、研讨、讲座、演习和训练等，不断提高有效培训，提高船舶岸人员的安全管理技能，逐步健全和完善体系管理机制。

（二）及时掌握船舶动态

根据调度室的船舶动态表和船舶的航行计划，及时编辑自己所管船舶的动态，包括其所处的海区、所在的位置、装载货物的种类和数量、有无甲板货大重货危险品、下航次任务、抵离港时间、有否船员换班等。只有对船舶进行多方面的监控，指导才能做到有序、有效、有的放矢。此外，还可以在监管船舶的动态表中，标注须提醒、关注、监控和跟踪的问题等。

（三）了解有关海区港口和航路

作为一名给航行于世界各地的船舶提供指导的海务监督，必须首先对有关海区、航路、运河、航道、海峡、港口等有基本的熟悉和了解。

（四）熟悉全球气象概况

气象、海况与船舶安全密切相关。有条件时可通过气象网络下载 500hPa、700hPa 高空图、地面形势图，并对图上气压场的分布、高压脊与低压槽的相对位置和高空环流情况进行分析，了解未来的天气形势。

（五）熟悉相关国际公约和法律法规

作为海务监督，必须熟悉有关国际公约和法规，尤其是 SOLAS74、MARPOL73/78、STCW95 和 COLREG72，才能有效地督促和指导船舶。使船舶、设备、操作和管理各方面都达到公约的规范和要求；特别要熟悉 1972 年国际海上避碰规则，才能通过上船前考核、现场检查等途径了解船长及驾驶员对避碰规则的熟悉程度并给予必要的指导。

（六）建立船舶技术档案

对主管船舶的船体结构、水密状况、航行设备、动力设备、助航仪器等技术状况要有详细档案记录。尤其对那些老旧船舶的船体结构、水密状况、出现过的故障、有事故隐患的设备，要提高警惕，做到心中有数。并为可能出现的紧急情况制定有效的应急措施。只有这样，才能使船舶可能发生的事故得到预控、减少，甚至能杜绝事故的发生。

（七）重点监控

船舶航行安全的监控，涉及面广而杂，受影响的因素多而变数大。所以要对那些可能对船舶造成严重危害的因素进行重点监控，如船舶防台、抗台、大风浪航行、雾航及船舶进出港等。针对这些重点监控的问题，船舶要做到有布置、有检查、有落实、有反馈。对恶劣天气的监控，海务监督应认真阅读各种气象报告和天气图，每天要跟踪该海区的气象和船舶的航行情况，对受恶劣天气影响的各海区的船舶进行监控、跟踪、指导。必要时，应及时提供给船舶最新的气象资料和对气象的分析和建议，供船舶参考，并提醒船舶采取相应措施，以策安全。这样才能使船舶在各种灾害性的天气情况下有更充足的天气预报信息，更有效的在各种恶劣天气情况下保证航行安全的措施。在加大对船舶监控力度的同时，也要防止"保姆式"的指导，给船长自信和权威。充分鼓励船长在防抗台风、大风浪航行、环境保护等各种复杂应急情况下，大胆提出自己的方案设想，克服依赖和盲从的坏习惯。只有这样才能造就一支高素质的驾驶队伍，更有效地保证船舶航行安全。

三、危险品运输船舶消防管理

（一）危险品船舶事故敲响长江安全警钟

凡具有爆炸、易燃、毒害、腐蚀、放射性等特性，在运输、装卸和储存过程中容易造成人身伤亡和财产毁损而需要特别防护的货物，均属危险品。船运危险品是一种最经济、运输量最大的运输方式。目前长江运输船舶装运的化学危险品多达 400 多种，据长江海事部门信息披露，近年来长江沿江石油化工业发展迅猛，长江干线危险品运输增加，运输航线由长江下游一直延伸到上游，覆盖了整个长江主干线，甚至覆盖了整个长江水系。在长江危险品运输带来巨大经济效益的同时，也带来了诸多消防安全问题，容易造成重大事故，造成人身伤害、财产损失和环境污染，严重危及公共安全和人民群众的生命财产安全。

（二）危险品船舶运输中引发火灾事故的因素

仔细研究近年来危险品船舶在长江上发生火灾的典型案例，事故发生的主要原因有以下几方面。

1. 人为因素

一方面是各项安全管理制度还不健全，其中部分人员未经过消防培训，没有取得相关部门核发的上岗资格证书，在操作中业务不熟练，消防安全意识淡薄，对安全知识知之甚少。另一方面是危险物品运输行业业主为降低工资成本，提高经济效益，低价招聘文化程度不高的船员。由于船员素质不高，他们对技术含量较高的消防设施、设备不能熟练掌握与操作，更有甚者，对火灾、爆炸危险性及危害性不了解，违章操作现象严重，如船员在危险品船上吸烟、生火烧饭；在非危险品码头装卸危险物品，不按危险品等级装卸油品；船舶之间的停泊间距不符合消防规定；等等。

2. 船舶因素

船舶适装条件的好坏，是危险品安全运输的基础。有些船舶没有运输危险品的专用设备和相应的设施。据了解，目前我国只有数量不多的危险品专用船，绝大多数都用化学品和石油兼用船甚至用油轮来运输化学品。有些更是老龄船，设备残旧。这样的船舶适装条件，会严重影响船舶安全，导致事故发生。有的业主过分追求经济效益，疏忽消防安全管理，消防设施投入不足，对消防设施出现的问题熟视无睹，缺乏有效维护保养，造成消防设施配备不全，设备老化损坏，灭火剂过期失效，不按消防部门规定的等级、数量、质量的要求配备，自救能力不强。在这样的情况下，一旦发生火灾，后果不堪设想。

3. 客观因素

主要是由于自然环境、天气变化等因素所引起的火灾事故，如雷击等。船舶上有许多易燃物品，在夏季多雷的日子，容易由雷击引燃，酿成火灾。

（三）危险品船舶消防安全管理的对策

危险品安全运输是保障国民经济发展的一个重要环节，也是维护社会秩序稳定和人民生活安定的一个重要因素，危险品运输的安全管理是一项系统的、长期的、复杂的工程。那么，如何加强对长江水域内危险品运输船舶的消防安全监管呢？

1. 加强防火安全教育，增强船员的防火意识

加强防火宣传是提高危险品从业人员安全防范意识的重要手段。消防监督检查人员应利用每次上船检查的机会，采用发放宣传资料、致船员公开信、展示宣传图片、播放消防录像、讲解消防常识等形式，不断增强有关人员的消防安全意识，提高其纠正违法行为和消除火灾隐患的自觉性、积极性。同时加强船员的培训管理，提高培训质量；严把考试评估和发证关；加强对持证船员的跟踪管理；注重船员教育和知识更新工作，使得消防安全意识深深扎根于从业人员头脑中，从源头上杜绝安全隐患。

2. 加强对危险品运输船舶消防安全监督检查

消防设备及器材的检查和维护是消防工作的重点。要按照安全体系规则，加强对危险品运输船舶的消防设备以及防护设备等重要部位的日常检查、保养和维护，尤其是船舶的电器设备必须符合要求，保证设备可靠有效。危险品船舶中任何危险区域或处所的电器设备必须是船检部门认可的船用防爆型电器设备、防爆型和空气驱动型照明灯具；电缆必须穿管敷设，日常应当加强对其检查，防止被腐蚀和外力损伤。船舶禁止明火作业，货物装卸期间不加油。平时应加强对危险品码头避雷设施的检查、维护、检测，保证安全完好。船岸双方应严格执行在遇到雷雨天气时停止装卸作业的规定。

3. 加强培训，提高船员的法律意识和业务素质

载运危险品船舶的船员，应当持有海事管理机构颁发的适任证书和相应的培训合格证，熟悉所在船舶载运危险货物安全知识和安全操作规程，船员应当事先了解所运危险货物的危险性和危害性及安全预防措施，掌握安全载运的相关知识。发生事故时，应遵循应急预案，采取相应的行动。要针对水上的特点开展水上安全、救生和危险品知识学习，开展水上抢险救援技能练兵，通过练兵提高船员的理论水平和水上救援能力，增强应对处置突发事件能力。

4. 加强危险品船舶的管理，积极推行档案化管理

对长期在辖区活动的危险品船舶，按照档案管理要求，建立船舶危险品等级档案，实行一船一档，登记造册。把好"四关"。一是把好审批关，对初次申请办证的危险品船舶，仔细查验船舶相关资料，认真核对，资料要齐全。对从业人员要采取函调、电话查询、上网比对等方式认真核实，查清身份。二是把好年审关，对危险物品运输船舶，与海事等部门配合，严格一年一审制度。在年审时，不是盖章了事，而是对照档案认真核对，发现船

舶资料、从业人员等内容有变动的，要及时变更相关信息。三是把好职责关，对危险物品运输船舶的管理，实行领导负责制。消防部门分层次管理，一级抓一级，层层落实责任，做到分工明确、责任到人。四是把好管理关，对危险品运输船舶实行跟踪式管理，及时准确掌握船只的活动情况，做到"来时有记载，走时有回音"。对存在火灾隐患的船舶，及时上船进行教育，督促其落实整改，把火灾隐患消除在萌芽状态。

5. 以流动消防警务站为平台，实行动态化管理

危险品运输船舶流动性大，这就要求管理模式与之相适应。要以流动警务站为平台，对辖区水域实行动态巡逻、流动式管理，做到逐船检查，一条不漏。同时，加强对外港流动危险物品船的登记管理工作，发现一条，登记一条，建立外港流动危险物品船的"活档案"。

6. 职能部门切实履行职责，建立执法联席会议制度

公安、海事、安监、消防等部门要联合进行集中整治，查纠违规的码头、船舶及从业人员，消除潜在的安全隐患。同时，要建立公安、海事、消防为主的执法联席会议机制，畅通信息沟通渠道，相互配合执法。还要建立应对突发事件的应急处置体系，明确专职分工，组织实战演练，一旦遇有警情，做到应急有备、处置有力。

7. 严格管理，秉公执法

认真开展消防安全检查，这是消防执法工作最基本的手段，水上公安、消防应经常深入码头、船舶进行消防执法检查，对检查发现的重大隐患，逐个落实整治方案，限期整改。对拒不整改或拖延整改的，要依法采取强制措施监督整改，要毫不手软地予以处罚、严肃问责。

8. 公安消防监督机关加大监督力度

监督检查应做到"严、实、细、责"，查出的火灾隐患要分类登记，对重大火灾隐患要采取坚决的态度和果断的法律措施，督促其认真整改。

第四节　环保管理与绿色船舶

一、健康安全环境管理体系（HSE）在船舶管理中的要素

经济效益、社会效益是每个企业生存的根本，健康安全和环保是企业健康可持续发展的重要基石。健康、安全和环保工作没有做好，谈不上企业健康可持续发展，更不能保证

员工的身心健康和对社会、人类的环境的保护以及安全生产，企业的效益也就无从谈起，企业也不可能获得好的效益，也绝对不可能做到健康可持续发展。确保企业健康可持续发展，有效地运行公司健康安全环境管理体系（HSE）（以下简称"HSE管理体系"）是其重要的手段。HSE管理体系是近几年国际石油、天然气、化工工业和液体货物运输企业通行的管理体系。它集各国同行管理经验之大成，体现当今相关企业为健康、安全和环保的规范运作，突出了预防为主、领导承诺、全员参与、持续改进的科学管理思想，是相关企业实现现代科学管理，走向国际大市场的通行证。

HSE管理体系的形成和发展是企业多年管理工作经验积累的成果。其是按PDCA模式，即规划（PLAN）—实施（DO）—验证（CHECK）—改进（ACTION）的运行模式来建立的，它体现了完整的一体化管理思想。第一，HSE管理体系是一个能够自我完善的动态管理系统，可以帮助企业控制重大风险，避免重大事故、险情的发生，最终达到企业健康环保和安全管理的目的。第二，HSE管理体系要形成公司管理层和操作层以及全员风险管理意识，达到规避和降低各种风险，消除各种安全隐患，使风险成为可控，成为可接受风险。第三，完善的HSE管理体系需要不断的持续改进，不断的自我修正和完善。

有效实施HSE管理体系，重要手段是在HSE管理体系文件中明确有效实施针对液货船安全和环境保护活动的"风险控制"，为更好地完善体系管理，实施风险控制，使HSE管理体系在安全管理中有效运用，一些关键因素便显得尤为重要。为此，我们需要从如下几个方面去认识。

（一）运用"精益管理"的理念

持续改进和完善HSE管理体系需要"精益管理"，提升安全和环保的理念。将"精益管理"运用到公司安全管理中，依托HSE管理体系推广落实到公司所属和管理的船舶，也是对风险的细化控制。在HSE管理体系的运行过程中，需要对HSE管理体系执行情况进行检查和有效监督，直接反映运行结果，使在检查中发现的缺陷具有可追溯性，通过发现船舶保养、人员培训及应急操作方面的缺陷，可以判断HSE管理体系在船上运行的不足，以此从源头上发现船舶一些缺陷产生的原因，进行分析纠正，采取这种方式既可以掐断风险源，又可以进一步促进HSE管理体系的完善。小的地方看不到、做不细，就会造成大漏洞；小的地方看得到、做得细、做得精，将小事做成精品，会保证实施安全长效机制，对风险细化，保证及时采取更有效的措施规避风险。

（二）有效沟通和知识共享

为保证HSE管理体系的有效实施，建立全方位有效沟通和知识共享机制显得尤为重要，包括紧密的船岸联系制度、部门联系制度、信息共享制度等。利用电子化的现代管理手段，岸基部门可以将公司的安全管理理念迅速传递到船舶，并及时接收船舶反馈；同时以文件规范公司管理人员的访船制度，使岸基管理人员定期安排检查船队中每艘船舶，监控安全标准和培训；岸基部门也可以通过信息共享渠道与船舶建立联系，及时共享相关信息。相关信息、反馈的及时传达与共享使岸基部门能够对船舶进行有效跟踪、控制，同时能够保证向船舶提供所需的岸基部门支持，也可以使管理部门定期检验风险评估的有效性和确保共性的风险评估结果在船舶中得以运用，使船岸对风险有共同的认知，共同控制风险的发展。

（三）坚持"以人为本"

"以人为本"体现了管理中人的关键因素，该理念持续推进激励机制，形成安全文化，控制风险。船舶管理行业的竞争说到底是行业人才的竞争，如何吸引人才、留住人才，达到人尽其用、人尽其才，在 HSE 管理体系框架下的安全文化建立与维护是有力保证，必须给予高度的重视。建立安全文化，使安全文化落地生根，才能促进 HSE 管理体系健康有效地运行。使每名船岸员工充分认识到安全工作的重要意义，并将安全培训工作贯穿于船舶的经营和安全管理的全过程，使安全成为员工的自觉行为；不断提高安全管理综合素质和安全管理工作能力，确保安全、稳定、效益和可持续发展。积极开展安全性评价和风险评估工作，对安全基础的现状和水平进行正确评价，对各种危险因素及严重程度进行综合评估，明确重点和需要采取的措施，实现风险超前控制，减少和消除事故的发生，最大限度降低事故损失。

（四）建立风险评估机制

建立风险评估机制并在 HSE 管理体系中推广应用，评估管理体系，能够使 HSE 体系得到有效运行，对于保障行业的可持续发展至关重要。如果 HSE 管理体系不能得到有效运行，则体系文件再完善，对安全工作也无实质的指导意义，也就谈不上对风险的控制。要发挥文件体系的巨大潜力，必须持续改进原有的不足，形成一个闭环的、动态的、自我调整和完善的管理体系。在不断完善的过程中，需要从实际出发，力求简明，操作性强，以便人员将更多的精力放在值班、航行、设备维修、技能培训和对本船的操纵和监控上，切忌繁琐和无所适从，避免增加风险。

二、绿色船舶技术的应用

绿色船舶技术围绕新船的设计、建造展开，同时包含运营船舶的出航、老龄化船的改造、损毁船的拆卸等多方面内容。应用绿色船舶技术能够大幅度降低对自然环境造成的伤害程度，同时将绿色环保的理念融入到船舶的制造、运营、拆卸等各个层面。持续应用先进的环保科技来提升船舶的绿色化程度，实现绿色船舶生产制造，改进传统船舶污染较大的缺点，用绿色技术促进船舶产业的发展。

（一）绿色船舶的概念、研究意义

绿色船舶是指在船舶生命周期内，保证安全性和功能性的基础上，采用绿色技术实现能源高效率应用、减少自然环境污染的船舶。将船舶功能设计与绿色环保核心理念有机融合，绿色船舶概念也确立了在其生命期内做到节能减排和减少环境污染的基本准则，在尽量提升船舶生产制造和运营全过程绿色化的基础上，进一步完成低能耗、低污染等目标。

从环境保护的视角来看，"绿色船舶"在制造和运营全过程中，必须在最大程度上减少对陆地、海洋、空气等造成的污染。该总体目标能够从多方面实现，例如船舶设计方案、制造和维护保养全过程中尽可能采用不影响生态环境和人体健康的"绿色"原材料，同时提升对汽柴油等危险性液体的管理，坚决杜绝危险化学品发生泄漏，防止导致自然环境的污染和毁坏。制订并实行绿色压载水管理方案，清除压载水中有害生物，达到防治病原菌污染的效果，杜绝多样性的外部污染。在确保安全的前提下，尽量选用绿色能源取代传统式非可再生资源，通过减少 CO_2、NO_x、SO_x 等气体的排放来减少空气污染。持续开展技术革新，尽量提高船舶自动化和智能化监测水平，减轻工作人员压力，感受"绿色船舶"带来的人性化服务。

对绿色船舶技术的科学研究，应将船舶与可能造成的污染相关联开展分析。一般船舶极有可能造成如矿物质污染，煤炭等烟尘污染，石油、压缩天然气等在运送和存储过程中蒸发、泄漏等均会对周边海域造成污染，如燃烧排放、垃圾焚烧等排出的废气污染，运载的有害液体与船舶压载水的污染等。噪声污染主要来自排风系统、主甲板机械设备、舵机和推进系统等所产生的噪声，噪声等级受柴油发动机转速、船舶载货量等因素影响。固体废物污染主要有塑胶制品、夹层玻璃等不可降解的废弃物等。在现代化的船舶制造过程中，普遍注重绿色环境保护的重要性，科学研究绿色船舶技术应用，能够减少污染排放标准，实现节约资源，减少资源耗费的目标。绿色船舶技术应用是船舶领域亟待解决的难题，与能源、自然环境关联密切，对可持续发展、创新驱动发展具有重要意义。

（二）船舶绿色建造技术的应用研究

1. 船舶制造中应用绿色建造材料

船舶制造时采用的原材料应便于生产加工和回收，防止在生产过程中污染自然环境，并能够确保废弃原料不污染自然环境，影响员工身体健康。船舶绿色制造全过程中对建造材料的选择，主要从提升不锈钢板材使用率、优化智能化设备设计方案、有效调节船体零件利用率等方面出发。根据原材料的管理流程，从选料数据库查询适合的材料生产加工，同时提升材料的使用率，在选材过程中避免盲目跟风应用。选用高强度钢板能减少预制构件横截面规格，减少空船净重，同时可提升船舶的装载量和船速，节约焊接原材料。船底设计可采用绿色舱底绝缘层材料，在船舶损毁拆卸时，机器设备和不锈钢板材可回收再利用，而多数保温隔热材料因无使用价值被丢弃，例如岩绵、陶瓷绵等无法通过生物降解的方式回收，可能造成周边的水质和土壤层污染。选用舱底防火、隔音降噪、保温隔热材料时，须保证其技术特性符合应用标准的同时，结合绿色保护技术进行选择。

2. 绿色焊接技术应用

船舶的绿色焊接技术主要解决船焊接过程中产生污染的问题。原始焊接方式或导致自然环境污染，生成粉尘、电离辐射、噪音等污染源，会导致比较严重的空气污染，对工作人员的人身安全和健康造成巨大的威胁。为提升焊接品质，减少污染，目前主要采用绿色焊接材料的方式解决，避免药物在电弧高温点燃下与焊接粉尘扩散导致周边环境污染，在焊接环节可选用微毒、少烟、对自然环境污染小的绿色焊条和焊丝。搅拌摩擦焊接是一种固相焊接方式，可用以对金属板材进行全熔透焊接，能够焊接铝合金型材等低熔点金属复合材料，同时不需加焊条和维护气体，无出气孔、裂痕等焊接缺点，焊接抗压强度高，形变小，是一种优质、环保的焊接新方式；熔化极气体保护焊是一项绿色环保的焊接加工技术，应用效率高，操作简单，环保节能，易于实现焊接机械自动化支持，其焊接品质平稳，无电光和粉尘污染。横向对接焊缝焊机主要应用于船壳正垂面横向对接焊缝的自动焊接，该设备具有工程施工效率高、焊接性价比高的特性，能够合理地解决横向焊接中原手工焊接所无法处理的焊接问题，同时为手工焊接成形品质差、生产率低、作业环境差、劳动力消耗大等问题提供有效的解决方案。

3. 绿色涂装技术的应用

进行船舶绿色涂装前应依据船壳涂装的工程特性进行施工，设计涂装方案并选用节能型的涂装加工工艺、装备，在提升涂装工作效率的同时减少资源耗费和减少污染物质生成。选用优秀的涂装材料和涂装加工工艺，能够有效提升涂装品质，增加镀层使用寿命，同时能减少资源浪费，提升生产率。如选用性能卓越的专用型涂料，能够减少热处理的涂层损害，减少按段生产制造期内的厚膜型涂料使用量，减少涂装频次。采用万能型底漆可减少船舶使用涂料种类，最大程度上简化涂装工艺流程。采用环保涂装技术支持装备，可实现移动按段涂装操作，根据工作环境的空气质量、温度、湿度按要求自动控制，同时选用烟尘和油雾分离技术，合理控制溶剂排出，完成节能型涂装。移动式喷砂除锈设备，具有处理速度高、外观小、挪动便捷等多方面优势，是针对镀层新标准而开发设计的一款船壳防锈处理设备，在涂装环节引入该设备，能够通过设备集耐磨材料喷涌、清除和控制作用于一体，具备节约资源、保护环境、提升洁净度、方便快捷等优势。

（三）船舶绿色航运技术的应用

1. 船用柴油机污染物排放控制技术

船舶航运过程中，推进动力系统的柴油机排放气体中，有害成分主要包括 CO_2、NO_x、SO_x 等，以及不完全燃烧生成的固态颗粒，如碳、硫酸盐等。柴油机排放的有害成分能够较严重地破坏周边环境，同时影响有关人员的身体健康状况。目前采用的降低柴油机污染性排放物技术，主要有优化油气混合比、降低喷油时长、雾化技术等。目前在绿色船舶技术中，针对柴油机燃油污染排放的研究方向，主要技术集中在改进柴油机使用的燃油燃烧过程、促进柴油机废气再循环等方面，例如在柴油机工作过程中，采用燃油分层喷射技术抑制 NO_x 生成等。在柴油机排放气体的后期处理环节中，针对污染物成分主要通过氧化、催化还原等技术进行排放气体的处理，例如安装 SCR 装置。采用柴油机污染物排放绿色处理技术，能够最大程度保障船舶绿色运营。

2. 船舶生活污水的处理技术

在绿色船舶技术中，对船舶生活污水的妥善处理研究较为深入。目前在船舶污水处理中，针对较低浓度的生活污水、工业废水等，较多采用触氧化技术完成污水处理。该技术能够依据船舶生活污水成分，设计接触氧化反应器完成船舶生活污水处理，具有处理效率高、停留时间短、抗冲击力强等特点，该系统处理船舶生活污水时可以实现污水、污泥处理一体化操作，且处理后无剩余污泥排放，能够满足船舶生活污水绿色处理需要。

第七章 船舶应急部署与海事调查处理

第一节 船舶人因事故预警管理

一、船舶人因事故预警管理的目标

（一）船舶人因事故预警管理目标概述

船舶人因事故是船舶人因事故系统作为一个系统整体功能缺失的外在表现，而船舶人因事故系统是一个复杂的开放的社会技术系统，对该系统的预警管理不应该只立足于职能划分和经验判断的角度，实现系统要素的监测、评价并不代表实现了系统的预警管理，船舶人因事故系统的复杂性主要体现在要素之间的相干作用，即其结构的复杂，而事故发生往往也源于要素的相干交互作用，因此，仅仅实现了系统要素的监测、评价，无法真正做到对系统事故的预防。

（二）系统本质安全的层次特征

根据系统的交互机制，系统要素之间的相干作用关系可以分为不同的层次，不同层次的相干作用关系共存于同一个系统中，为系统的本质安全发挥功效，对应不同的层次，系统本质安全也有相应的种类。船舶人因事故系统要素之间的相干作用关系分为初级相干作用、中级相干作用和高级相干作用三个层次，每个层次的相干作用又包含正效相干（PC，Positive Coherence）、负效相干（NC，Negative Coherence）、有效相干（VC，Valid Coherence）、无效相干（IC，Invalid Coherence）等微观的相干交互作用。对应于以上三个层次，系统本质安全也被分为初级本质安全、中级本质安全、高级本质安全，三个层次的本质安全共存于系统之中，它们是系统本质安全在某个微观层面的具体表现，也是系统要素相干作用的表现。

系统的初级本质安全比较接近本质安全最初的本意，即技术系统的本质安全，主要注重物与物、物与环境相干作用的安全，即人机环境系统工程理论中所强调的机、环境自身的可靠，以及在此基础上它们之间发生的相干作用的安全。随着经济社会的发展、科技水平的提高，系统的初级本质安全已经比较容易得到保证，但是需要注意的是，该层次的本质安全是船舶人因事故系统本质安全最基础的层次，如果该层次的本质安全得不到保证，那么更高层次的本质安全将是空中楼阁，如果该层次的相干交互作用安全能够得到保证，那么系统可实现初级本质安全。

系统的中级本质安全强调的是人与人、人与机、人与环境以及人机环境的相干交互作用，这也是目前安全人机工程学、人机工效学研究的内容，但是安全人机工程学、人机工效学强调以人为核心，研究系统其他要素要匹配人的性能，没有注意到它们之间的交互性。如果系统该层次的相干交互作用安全能够得到保证，则系统可以实现中级本质安全。

系统的高级本质安全是系统本质安全的最高层次，注重的是安全习惯的形成、安全思想的成熟、安全文化在系统中的弥漫，强调安全文化深入人心，安全的全员主动式参与。如果系统该层次的相干交互作用安全能够得到保证，则系统可以实现高级本质安全。

二、船舶人因事故预警管理过程域研究

（一）船舶人因事故预警管理模型构建的出发点

船舶人因事故系统具有复杂性、强烈的相干交互性，并且其组成要素大都是具有思维的智能体，这种特征就使得船舶人因事故不单单是系统要素功能的缺失，而是系统作为一个整体功能的缺失，因此，对船舶人因事故系统实施预警管理就不能按照以往职能分工、经验总结的方式，而应当从系统的整体出发分层次研究系统的本质安全。

船舶人因事故系统的相干交互性佐证了系统的复杂性，而其相干交互性也指出了传统事故致因机理在研究船舶人因事故系统这一复杂社会技术系统事故时的一大缺陷，即忽视了系统结构在事故发生和演化过程中的作用，船舶人因事故系统相干交互性将系统复杂性和系统安全有机统一在了一起，为复杂社会技术系统的预警管理提出了新的要求，即如何从系统整体的层面针对系统的相干交互性实施预警管理。

另外，在船舶人因事故系统构成要素中，人占据着非常重要的位置，它是系统中重要的连接件，也是系统中最能动、最活跃的要素，具有非常大的自由度和可塑性，也正是基于此，人在船舶人因事故爆发过程中通常扮演着诱导因素的角色。在这种情况下，船舶人因事故往往具有流变—突变的特性，船舶人因事故系统总是处于流变—突变的过程当中，因此，对该系统的预警管理也应该是一种过程管理。船舶人因事故是一系列不安全事件的集合，预警管理则是针对这些不安全事件的相应的管理行为序列，它的覆盖范围比事故的

不安全序列要广，这些管理行为序列就构成了一个域，一个事故安全管理的过程域。

（二）能力成熟度与船舶人因事故预警管理过程域

能力成熟度模型（CMM）是对于软件组织在定义、实施、度量、控制和改善其软件过程的实践中各个发展阶段的描述。CMM 的核心是把软件开发视为一个过程，并根据这一原则对软件开发和维护进行过程监控和研究，以使其更加科学化、标准化，使企业能够更好地实现商业目标。其所依据的思想是只要集中精力持续努力去建立有效的软件工程过程的基础结构，不断进行管理的实践和过程的改进，就可以克服软件生产中的困难。CMM 是以增量方式逐步引入变化的，它明确地定义了 5 个不同的"成熟度"等级（一级为初始级，二级为可重复级，三级为已定义级，四级为已管理级，五级为优化级）一个组织可按一系列小的改良性步骤向更高的成熟度等级前进。

（三）船舶人因事故预警管理过程域模型构建

船舶人因事故预警管理秉承事故致因机理的发展演进方向，目前已经有学者指出安全文化对船舶人因事故预警管理的重要作用，但是在实际的船舶营运企业，安全文化还停留在口号上，并没有在实际生产活动中加以贯彻，对船舶人因事故的预警管理也仅仅停留在安全教育培训上，而且往往是在出现一次事故之后，进行一次安全教育培训，这种一次性、事后性的预警管理严重落后于船舶人因事故预警管理的需要。

1. 传统预警管理模型缺点分析

（1）被动性

现阶段船舶从业人员的技术规范是依据事故多发点形成的原因和过程，进而建立约束条件（如技术标准、管理制度、工作程序等）来实现安全目标的，这种预警管理的基础是被动的，缺乏主动控制安全事故的能力，约束条件的建立、修订都是基于事故经验的，以此制定的技术规范、管理制度永远都落后于事故的多样性。

（2）片面性

由于技术标准、工作程序是以经验事故为基础，"被动"地按照标准和程序完成相关的预防与控制安全事故的工作，这种"被动"的预警管理行为不能对实际生产作业进行全面有效的预警，尤其是复杂作业过程中各种不安全因素综合出现，相互行为之间存在复杂的非线性关联，这种片面的、基于还原论范式的事故预警管理不能及时准确地认识和控制事故隐患。

（3）可改进性

针对类似船舶这种复杂社会技术系统的预警管理模式应该是可改进的，因为这类系统有一个很重要的特点是其组成要素大都是具有思维判断能力的智能体，具有很高的自由度和可塑性，这就意味着其预警管理是柔性可改进的，要充分利用智能体的自组织能力，而智能体对复杂社会技术系统的认知水平是变化的，总体上看是逐渐提高的，所以一成不变的预警管理模式反而会束缚智能体的自组织能力；并且，这种改进是针对预警管理的系统改进，而非某一环节的单独改进，由于船舶人因事故系统功能缺失是整个系统功能失效的表现，虽然引起系统功能失效的原因可能是单一要素功能失效的连锁反应，但是要素之间复杂的非线性相干作用在传递要素功能缺失的同时，也可以实现要素功能的弥补，因此，复杂社会技术系统预警管理模式的改进应该是系统的可改进性，而非针对某一危险点、某一方面的改进。

2. 船舶人因事故预警管理过程域系统构建

上述结论对船舶人因事故预警管理提出了如下的要求。

船舶人因事故预警管理若要实现船舶人因事故系统的本质安全，在事故控制方法上需要做到"刚柔并济，以柔为重"，即针对不同复杂程度的船舶人因事故系统，刚性的控制手段及柔性的管理手段不可偏废，需刚柔相济，刚性的确定性控制及系统优化手段用以实现对显性不安全要素行为波动的纠正、对上述行为波动相干交互作用的和谐配置，而柔性针对人的不安全行为的不确定性规避管理手段，则致力于实现系统的长效安全。

船舶人因事故系统不安全因素、不安全事件与船舶作业人员作业过程的共存性决定了船舶人因事故预警管理必须是和谐管理，不能厚此薄彼，不能只针对已经显现在外的显性不安全要素及不安全事故隐患，必须实施全方位、全面的、均衡和谐的手段与方法，否则将又重蹈"头痛医头，脚痛医脚"的覆辙。

船舶人因事故是船舶系统事故的主要组成部分，其比例大约为80%，船舶人因事故按照船舶人因事故系统的复杂程度具有鲜明的层次特性，因此，船舶人因事故预警管理也需要有相应的层次特性，这里所构建的船舶人因事故预警管理过程域就凸显了这一特征，由初级安全域—结构安全域—安全文化域是层次递进的，并且高层次的预警管理过程域对低层次的船舶人因事故具有良好的预警管理效果，而低层次的预警管理过程域不足以完全实现对高层次船舶人因事故的预警管理。

船舶人因事故的发生具有明显的时间轨迹和事件轨迹，是众多不安全事件在时间、空间上的高度耦合，是众多不安全要素行为波动在时空上的高度耦合，船舶人因事故系统内外具有复杂的非线性相干交互作用，由此船舶人因事故具有明显的初值敏感性，这就要求船舶人因事故预警管理三个过程域不仅具有层次关系，还需要共存于船舶人因事故预警管理系统之中，并且三个过程域需要紧密配合、功能协作，在完成各层次功能的同时涌现出船舶人因事故预警管理系统的功能，以保证船舶人因事故系统的本质安全。

第二节 船舶应急计划与演习组织

一、船舶应急反应计划

基于目前国际通用的质量保证和质量管理的原理，ISM 规则要求对船舶公司安全和防污染管理运作以及船舶安全防污染操作管理的各项活动进行系统化、规范化处理，并建立、实施和保持一套适合本公司（本船）的安全管理体系，实现活动文件化、工作程序化和行为规范化。

船上应急计划整体体系的结构分为概述，规定，规划、准备和培训，反应行动，报告程序和附件等 6 个单元。

（一）概述

该系统应有一题为"前言"的单元。内容包括制订本系统和整体计划的用途、主要目的、最终目标以及改进要求，为系统的运行提出简明概念。

（二）规定

本单元应向本系统的使用者通报本计划至少应符合的最重要的要求，应阐述下列主要成分：①报告紧急情况时应遵循的程序；②识别、描述和对船上潜在的紧急情况反应的程序；③维护系统和有关计划的程序或活动。因此该模块中应规定有船上应急预防准备和反应行动的主要目的，就是建立该系统并不断得到完善，规定岸上公司和船上应急计划和反应的协调联系，规定有应急程度的评价、对实施提出适当反馈信息和修改计划的程序，以改进船上事故预防准备和措施。

（三）规划、准备和培训

内容包括：①使船上人员熟悉系统和计划的规定；②培训和教育船上新换岗人员关于系统和计划的内容；③做出日常训练和练习的时间表，使船员能够处理船上可能的紧急情况；④有效地协调船上人员和公司的行动，包括外部应急机构可能提供的帮助；⑤准备可操作的反馈系统。

（四）反应行动

在这一单元中对船上各种紧急情况（4 类 23 种）加以标识，并指导建立各种应急计划的反应和具体内容，包括：①反应行动的协调；②对各种可能的事故情况的反应程序，包括保护人员生命、海上环境和财产；③对各项反应行动负责的人员，能通过职务或姓名识别；④用于与外部应急反应专家联络的通信路线；⑤关于应急反应设备可用性和所在位置的信息；⑥船上报告和联络程序。

（五）报告程序

对涉及紧急情况或海洋污染事故的船舶，必须与适当的船方联系点和沿海国或港口联络点进行通信，及时通报，获得外援。为此，应有这样的程序确保船舶与应急控制中心、公司主要办公室和国家当局之间建立和保持迅速可靠的24小时通信畅通，同时对电话、电传和传真号码等详细资料也应进行及时更新。

（六）附件

除了对紧急情况成功地做出反应所要求的资料外，可能还要求有其他一些有利于提高船上人员判定和操作计划能力的规定。

二、船舶应急演习与组织

按照ISM规则的要求，每一个公司都应建立、实施、保持适合本公司和公司所属船舶的安全管理体系（SMS）。安全管理体系应对船舶海上营运所面临的潜在风险进行标识，针对每一潜在的风险制定应急措施，并根据公约的规定，提出对各种应急情况进行演习和训练的要求。船员处在安全生产的第一线，应严格按照公司体系文件的要求进行演习和训练，增强安全意识，树立居安思危、常备不懈的思想；经常检查、检验各类应变器材设备的技术状态，保证使其处于随时可用状态。

（一）演习周期

演习的周期由安全管理体系规定，但不应低于有关公约和船旗国法规的最低标准。

1. 弃船演习和消防演习

货船每名船员每月至少应参加弃船演习和消防演习各一次，若25%的船员未参加上个月的演习，应在该船离港后24小时内举行上述两项演习。

从事非短途国际航行的客船，应在乘客上船后24小时内举行乘客集合演习。客船每周进行一次弃船演习和消防演习，每次演习中不必全体船员都参加，但应满足每人每月参加一次弃船演习和消防演习的要求。从事短途航行的客船上，如在离港后未能举行乘客集合演习，则应请乘客注意"应变须知"的内容介绍。

2. 其他演习

船舶保安演习应至少每 3 个月开展一次，如果在任一时间有 25% 的船员被换成了在前 3 个月内未曾参加过该船任何演习的人员，应在变动后 1 周内进行；另外，船岸联合演习应至少每日历年进行一次，两次演习间隔不得超过 18 个月。船舶保安演习可与其他演习合并举行。

堵漏、应急操舵、人员落水等演习每 3 个月至少进行一次。我国船上配备的船上油污应急计划中通常要求每月至少进行一次，中远系统要求船舶每月至少进行一次溢油演习，溢油或溢漏应急演习可与其他演习合并举行。

（二）演习的一般要求

演习应尽可能模拟实际应急情况进行。应急警报发出后，全体船员应在 2 分钟内按照应急职责的规定，携带指定器材到达指定地点。消防演习时，机舱应能在 5 分钟内开泵供水。弃船演习时，发出弃船信号后，客船和货船全部救生艇应分别于 30 分钟和 10 分钟内降至水面，发出放艇命令后每艘艇应在 5 分钟内放至水面。

演习中使用过的设备应立即恢复到工作状态，演习中发现的问题应尽快排除。演习的日期及其细节应记载于航海日志内，如在指定的时间未能进行应变演习，应在航海日志内记述其原因。

（三）演习的具体要求

1. 弃船演习要求

每次演习应包括下列内容：利用广播或其他通信系统发出通知，将船员、旅客召集到集合地点，并且使他们了解弃船命令；向集合地点报到，并准备执行应变部署表中规定的任务；查看船员和旅客的穿着是否合适；查看是否正确地穿好救生衣；至少降下一艘救生艇；启动并操纵救生艇发动机；操作吊筏架；模拟搜救几个被困于客舱中的乘客；介绍无线电救生设备的使用。

不同的救生艇应尽可能在逐次演习中降落，每艘救生艇应每 3 个月在弃船演习时由指定操作船员降落下水一次，并在水上操纵。从事短途国际航行的船舶，每艘救生艇至少每 3 个月下降一次，并每年降落下水一次。自由降落降放式救生艇，至少每 3 个月下降一次，在弃船演习时，船员须登上该救生艇，各自正确系固在其座位上并开始降放程序直至但不包括实际释放救生艇（即不得松开释放钩）为止。之后，该救生艇或者仅带所需操作船员自由降落降放，或者用第二降放手段带着或不带操作船员降至水中。之后，在两种情况下均由船员在水中操纵。在不超过 6 个月间隔里，该艇须或仅载有操作船员自由降落降放或按 IMO 制定的指南进行模拟降放。

航行中降落救生艇、救助艇下水演习时，应在遮蔽水域进行，并在有此项演习经验的驾驶员监督下进行。每次弃船演习应试验供集合和弃船用的应急照明系统。

为了保证安全，在训练时不必以该设备最高的 5 节航速设计降放能力进行操练；应在水速相对较低的情况下进行操练，特别当有生手参加时，更要注重安全问题；在计划操练时，应确保在可行时要在相对水速最小时将艇回收。降放操练时，应遵守以下注意事项：操练一定要在对这种操练具有经验的高级船员的监督下，于风平浪静、水面无障碍的条件下进行；做好在出现未能预见的情况下向操练中使用的艇提供援助的准备工作，例如，如可行，应做好降放第二艘艇的准备工作；在可行时，操练应在船处于最小干舷时进行；操练开始前，负责的高级船员应将程序须知通知艇上船员；艇中的船员应为适合于训练的最小数目；如果适当的话，应穿上救生衣和浸水服；除非是全封闭艇，否则应佩戴头盔；在操练时，艇内如装有滑座，除非滑座设计为在一切降放情况下都保留，否则应被取下；对于全封闭艇，除为了更好地观察降放情况而可以打开的舵手舱口之外，其他一切开口均要合上；在降放开始前，在负责降放的高级船员、驾驶桥楼和艇之间应建立起双向无线电话通信并在整个操练期间保持这种通信；如果可行的话，在降艇和收艇以及当艇靠近船舶时，应采取措施确保船舶的推进器不再转动；在艇下水之前，艇的发动机应当是开动的；在降艇和收艇后应进行情况汇报以巩固学到的东西。

2. 消防演习要求

每次消防演习应包括下列内容：到集合地点报到，并准备执行应变部署表中规定的任务；启动消防泵，至少使用 2 支水枪，以显示该系统处于正常工作状态；检查消防员装备和其他人员的救助设备；船上应针对演习所使用呼吸器气瓶提供充装方法或提供适当数量的备用气瓶用来替换；检查有关的通信设备；检查演习区域内的水密门、防火门、挡火风闸和通风系统的主要进口和出口的操作；检查供随后弃船用的必要装置。

演习结束后，由现场指挥进行讲评，并将演习的起止时间、地点、演习内容和情况，如实记入航海日志。

3. 围蔽处所进入和救助演习

每次围蔽处所进入和救助演习均应包括下列内容：检查并使用进入所需的个人保护设备；检查并使用通信设备和程序；检查并使用测量围蔽处所内空气的仪器；检查并使用救助设备和程序；急救和复苏技术的指导。

4. 保安演习

船舶的保安演习应按照公司的"船舶保安计划"进行，每次保安演习应包括测试通信、协调、资源的可用性和反应。

对于有公司保安员、港口设施保安员、缔约国有关机构以及船舶保安员（如有）参加的各类演习，应测试通信、协调、资源的可用性和反应。主管机关对参加另一缔约国政府演习的公司应予以认可。

5. 应急操舵演习

应急操舵演习至少每3个月进行一次，内容包括在舵机室内直接控制操舵装置与驾驶台的通信程序和转换动力供应的操作。操舵装置的试验核查以及应急操舵演习的详细内容应记入航海日志。

（四）培训安排

按照规定，船员的船上培训安排应满足下列要求。

1. 培训时间

不迟于船员上船（如果是定期安排轮派上船的船员应在不迟于第一次上船）后的2周内进行救生、消防设备的船上训练。在装有吊架降落救生筏的船上，在不超过4个月的间隔期内应进行一次该项设备用法的训练。

2. 培训内容

每次授课应讲授船舶救生、消防设备的用法及海上救生须知方面的课程，包括以下内容：气胀式救生筏的操作与使用；低温保护与体温过低的急救护理；在恶劣天气和海况中使用救生设备所必须的专门知识；消防设备的操作与使用。

（五）训练手册

每一船员餐厅、娱乐室、船员住舱应配备一本根据SOLAS公约要求编写的训练手册。手册应使用船舶的工作语言进行编号。

手册的内容应包括救生、消防等多种应急训练的内容。

救生部分应包括救生设备和最佳救生方法的须知和资料，涵盖以下内容：救生衣和救生服的穿着方法；在指定地点集合；救生艇筏的登乘、降落和离开；在救生艇筏内降落的方法；从降落设备上脱开；降落区域内防护方法与防护设备的用法；降落区域的照明；所有救生属具的用法；所有探测装备的用法；海锚的用法；用图解说明无线电救生设备的用法；发动机及辅助设备的用法；救生艇筏和救助艇的回收，包括存放和系固；暴露的危险和穿用保暖衣服的必要性；使用救生艇筏设备的最佳方法；拯救的方法，包括直升机救助装置（吊绳、吊篮和吊担架）、连裤救生圈、海岸救生工具和船舶抛绳设备的用法；应变部署表与应变须知所列出的所有其他职责；救生设备应急修理须知。

消防部分应包括以下内容：消防演习的程序和步骤；灭火消防系统与设备的操作与使用；消防员各种装备的使用方法；有关烟气的危害、电气火灾、易燃液体和类似的船上常见危险的预防方法和防火安全经验做法；有关灭火行为和程序的应知、应会内容；火灾报告及使用手动报警按钮的程序；火的类型、灭火原理及应选用的灭火介质；火源辨别、火势及爆炸可能性的判断；防火门、挡火闸、挡烟闸的操作和使用；脱险通道系统和设备的使用；紧急逃生呼吸装置的使用；注满烟气的封闭处所的安全措施；厨房火灾的应急处理；机器处所火灾的应急处理等。

第三节　限制损害与搜寻救助

一、限制损害和救助本船的行动

船舶发生碰撞、搁浅、火灾、爆炸后，为了避免和减少人员伤亡、财产损失和环境污染的发生，应迅速采取各种救助本船的行动。救助本船的行动原则是查清受损情况，立足自救，适时争取外界救援。

（一）船舶碰撞后应采取的行动

因碰撞双方船舶种类、大小、碰撞时的速度及角度的差异，对双方船舶造成的损害和危险程度不尽相同，宜采取的应急行动也各异。概括地说，船舶发生碰撞后，应采取的应急行动有以下几个方面：

1. 发出警报

船舶发生碰撞时，应立即发出警报，告诉船员紧急情况已出现。同时，通知船长和机舱，准备采取应急措施。

2. 正确操船

如我船船首撞入他船船体时，切忌立即倒车退出，应先开微速进车顶住对方，必要时可用缆绳系住，并配合用车，保持顶住对方破洞的姿态，使本船能与对方船体靠紧以减少进水量，待对方适当采取堵漏措施并征得对方同意后，方可倒车脱开。如果情况危急而附近又有浅滩，可将他船顶向浅滩搁浅。如我船船体被他船撞入时，应尽可能使本船停住，消除前进或后退的惯性以减少进水量，关闭破洞舱室前后的水密装置，当各项堵漏器材准备妥善后方可同意对方倒车脱开。为保护破损部位及便于堵漏，应操船使破损位置处于下风侧。

3. 应急部署

碰撞发生后，大副应亲率水手长、木匠到现场检查船体破损程度及邻近舱室损伤情况，轮机部二管轮测量各油舱液位，若船体碰撞位置在机舱，轮机长应负责机舱内部的破损及损害控制并立即向船长报告。船长根据船舶发生碰撞的性质、具体情况，可酌情分别发出堵漏、人员落水、消防、油污等应急部署警报，并采取适当的应急措施。

4. 事故记录

发生碰撞的船舶应互通船名、国籍、船籍港，妥善记录碰撞发生的详细情况。发生碰撞的船舶在不严重危及自身安全的情况下，应尽力救助遇难人员。

5. 行动决策

因船体破损进水有沉没危险时，如条件许可（如近岸航行）可择地抢滩搁浅，等待外界救援。如双方均有沉没危险，船长在决定弃船后，发出弃船警报信号，并迅速发出遇难求救信号。

（二）船舶搁浅、触礁后的应急行动

搁浅是由于水深小于船舶实际吃水使船体搁置水底上，而触礁则是指船体与礁石触碰。无论搁浅还是触礁，尤其是触礁，严重者可能导致船体的破损。船舶在发生搁浅、触礁事故后，视具体情况采取下列行动。

第一，值班驾驶员立即停车并报告船长，船长随即通知机舱，发出警报，召集船员，防止用车或用舵企图盲目脱浅或摆脱礁石。

第二，设法判断搁浅、触礁部位及船舶的损害程度。船舶搁浅、触礁后，首要的工作是搞清搁浅、触礁的部位和船体损害情况。为此，大副应在现场查看具体情况并指挥有关人员做连续测量和记录；木匠负责测量淡水舱、污水沟（井）、压载舱的水位变化情况；机舱有关人员测量各油舱（柜）的液位变化情况，以便判断船体破损位置和进水情况；三副或水手长带领水手测量船舶周围水深，自首两舷向后每10米测一个点，尤其是船首尾的水深变化情况，以便判断搁浅部位和螺旋桨、舵叶是否受损，同时还应对海底底质取样分析，以判明底质对船体磨损和对锚的抓力的影响。将以上情况记入航海日志。机舱人员检查主机、辅机、舵机是否受损，并按船长指示，保持船舶动力处于良好工作状态。

第三，如船体进水或漏油，应立即执行堵漏或油污应急部署。

第四，连续定位。二副应在驾驶台协助船长，在大比例尺海图上按一定的间隔重复定位，并记录定位时的船首向，估算潮水和流向及采取的应急措施。

第五，为防止因严重横倾而无法放艇，应先放下高舷救生艇以备急需。

第六，确定脱浅方案。船长根据情况调查，结合当时当地的天气、海况、潮汐情况，做出船舶能否起浮、脱浅的判断和实施方案。

第七，船舶低潮时搁浅且不严重时，根据搁浅部位，可采取调整首尾吃水改变纵倾或转移燃油或压载水改变横倾，以及排出压载水、淡水，抛货（船舶要与租家以及 P&I 联系，宣布共同海损）减小吃水等措施，争取下一个高潮时起浮自力脱浅。如果搁浅处是泥沙底质，一般在高潮前 1 小时倒车，当倒车无效时，可改用半进车配合左右满舵来扭动船体，然后再倒车，如果搁浅/触礁处是礁石，一定要等船浮起后再慢倒车，以免触伤船底。如可能，可送出一锚或双锚，通过绞锚配合主机脱浅。

第八，大型船舶在高潮前后搁浅，难以自力脱浅或自力脱浅无效果时，船长应考虑并经船东同意，申请外援脱浅。无论何种船舶，在申请外援脱浅时，应及早准备好下列资料：船舶资料；货种、重量、分舱、油水情况，有无危险品；搁浅/触礁前的航向、航速，搁浅/触礁时间，现在首向；搁浅/触礁前后的吃水及其有无变化；主机及甲板机械状况；搁浅/触礁后曾采取的措施、效果；船位、船边水深及潮汐等情况。

第九，在等候自力脱浅时或外援脱浅期间，应根据天气、海况及等候时间的长短，适当采取固定船位的措施，包括用锚和向舱室灌水的方法，防止船体打横、严重横倾、断裂、被推上高滩，甚至倾覆。

第十，脱浅后发现大量进水且堵漏无效，表示已处于危险状态，如可能，应迅速驶往安全地段进行抢滩或弃船。

（三）船体破损漏水的应急行动

船体因碰撞、搁浅、触礁、爆炸等原因，使水线下船体破损进水后，船舶应立即采取下列应急行动。

第一，发出堵漏应变报警信号，召集船员。如果破损部位已明确，船员则应按应变部署表规定的职责和分工，携带堵漏器材迅速赶赴现场，如破损部位尚需判断，则应按现场指挥的意图行动，查明进水部位。

第二，如果出现溢漏现象，应立即关闭该油舱（柜）在甲板上的所有开口，包括透气阀，并发出油污应急警报。

第三，查明船体进水部位。为了确定进水部位，现场指挥应指挥有关人员分别采取下舱实地查看或测量各油、水舱（柜）液位变化或在适当部位倾听是否有进水的声音等办法，确定进水部位。在舷侧，还可以利用自制的工具探测进水位置及破损面积的大小。

第四，破损部位一经查明，应立即关闭其附近相邻舱室的水密门及其他水密装置（如配有船舶破损控制图，则按该图的标示程序操作）。如果破损面积较大，用一般的堵漏工具难以短时间奏效时，应对相邻的舱壁进行加固和支撑。

第五，如果船舶仍在航行中，则应减速以减少水流、波浪对船体的冲击，必要时应停船或改变航向，将破损部位置于下风（流）舷，减少进水量。

第六，机舱人员除应保持主机、辅机处于良好可用状态外，应全力排水，并协助堵漏队在现场开展抢修和堵漏工作。

第七，正确地估算进水量（进水量与船速快慢、破损面积的大小及破损位置在水面下的深度有关），并依据本船的排水设备和实际的排水能力，对险情的发展做充分的估计，以便决策下一步的应急行动，包括排水状态下自力航行、请求援助、抢滩或弃船等措施。

第八，为了调整船体的横倾和纵倾，根据本船的实际情况，慎重选择适当方法保持船体平衡。常用的方法有三个。移驳法：向破损相反一侧调驳油、水。此法的优点是不增加船舶载荷，不损失储备浮力，但要防止重心提高，减少稳性，而且可移驳的油水数量有限，故此法效果不明显，只适用于调整纵、横倾不大的情况。对称注入法：向破损相反一侧注入海水。此法增加船舶载荷，损失储备浮力，只适用于水密舱室多而小的船舶（如客船、军舰等），一般船舶必须慎用。减载法：将横、纵倾一侧的油、水排出，或将该侧的货物抛弃或向他船驳载以减轻该侧的重量。此法可减少船舶载荷，增加储备浮力，对船舶安全有利，但排油、抛货应慎重，要及时宣布共同海损。无论如何，采取的任何措施都应充分考虑对船舶的稳性和强度的影响。

第九，救生艇应降至水面备妥，以备急需，防止出现因严重横倾而无法降落的情况。

第十，详细记录船舶抢救过程，并按要求向沿岸国主管机关及船东报告。

（四）船舶火灾时的应急行动

船舶消防安全目标为防止火灾和爆炸的发生、减少火灾造成的生命危险和对财产及环境的破坏危险，并将火灾和爆炸抑制、控制和扑灭在火源舱室内。船舶在发生火灾或爆炸时应当根据船舶火灾特点，按照应变部署采取应变行动，保护人员、船舶、货物安全以及海洋环境。

1. 船舶灭火行动应遵循的顺序

船舶发生火灾后，为达到迅速有效灭火、减少损失的目的，一般应按查明火情、控制火势、组织救援、检查清理的顺序采取行动。

（1）查明火情

现场指挥（大副）应指挥灭火人员尽快查明火源及火灾的性质、火场周围情况，以便确定合适的扑救方案，使用适当的灭火剂和正确的扑救方法。

（2）控制火势

在探明火情的基础上可立即展开灭火行动，控制火势，或疏散、隔离火场周围的可燃物，喷水降低火场周围的温度，切断电源，关闭通风，封闭门窗等，防止火势蔓延。

（3）组织救援

设法及时解救被火灾围困的人员及伤员，将其转移至安全地带。

（4）检查清理

火灾被基本扑灭之后，应及时清理、检查现场，发现存在或可能存在的余火和隐蔽的燃烧物要立即熄灭和移除，防止死灰复燃。

2. 船舶火灾的应急行动

船舶灭火成功与否，取决于灭火计划的确定、船员的素质、灭火设备的状态、正确的指挥和有效的配合。船舶发生火灾后，应采取的应急行动如下。

第一，火情发现者应立即用快捷可行的方式报警（如呼叫或用设在走廊内的手动报警按钮等），并用就近的灭火器材尽力扑救。

第二，航行中，驾驶台接到报警后，立即发出消防警报，全体船员应立即按应变部署表规定的分工和职责就位，服从现场指挥的统一调度。

第三，船长应根据具体情况决定灭火方案，并对是否可能引起爆炸做出判断。

第四，在确认着火舱室无人时，应关闭其通风口及一切开口，停止通风，切断通往火场的电源，将火源附近的可燃物转移，控制火势。

第五，航行中应将火场置于下风或顺风航行或停船，在港内时应立即停止货物作业，视具体情况做好拖带出港的准备。

第六，使用 CO_2、蒸汽等大型灭火设施灭火时，在施放之前应确保现场人员全部撤离，封闭现场，然后按现场指挥的命令正确地操作和施放。

第七，保证人员安全。如有人被困火场，应立即采取救助措施，客船上应将旅客转移至安全区域，防止有人跳水逃生。

第八，按规定向有关主管机关或沿岸国报告，当判断自力灭火无望时，应尽早请求消防援助或做好弃船准备。

3. 常用的灭火方法

火灾的发生离不开"燃烧三要素"，即可燃物质、助燃物质和火源。灭火的方法就是针对三要素而采取的冷却法、隔离法、窒息法等。只要三要素中的任一要素被迅速控制，即可达到灭火的目的。根据火源所处的不同位置以及火灾种类的不同，所采取的灭火方法、使用的灭火设备也有所不同，现场指挥应在查明情况的前提下正确选择使用。

(1) 机舱火灾

扑灭机舱的火灾时以喷雾水枪掩护灭火人员；打开机舱天窗排放机舱内的热气和烟雾，防止灭火人员被浓烟和巨大的热浪包围；因火势过猛而无法进入机舱灭火时，可尝试从轴隧或逃生口进入，往往机舱底部的温度较低，烟雾较淡，且易于接近火源；使用 CO_2 固定灭火系统时，必须先撤离所有人员，再封闭一切开口，然后快速一次性施放足量的灭火剂。

(2) 货舱火灾

扑灭一般货船的货舱火灾时，如使用 CO_2 固定灭火系统，应首先关闭舱盖、通风及所有开口，然后一次性施放足量灭火剂，但不能轻易开舱，防止复燃。如有黄麻、棉花等易燃类物质的燃烧，至少要在灭火后 48 小时才能开舱；如使用水灭火系统，应估算大量注水后船舶损失的浮力和稳性。

(3) 起居处所火灾

扑救起居处所火灾时应首先查明是否有被困人员并设法抢救；迅速关闭防火门、舷窗，切断通风，用水冷却舱壁，防止火势蔓延；扑救房间内的火灾，尽量不要开门，减少空气进入，水枪可从门下部的百叶窗处伸进喷射。

(4) 危险品火灾的扑救

危险品的种类繁多，性质复杂，船舶装运危险品必须按照有关国际公约和我国有关规定进行，一旦发生火灾，按其理化性质，采取正确的扑救措施。

爆炸品火灾的扑救：最有效的灭火方法是大量喷水，使燃烧的物质急剧降温（但与水发生反应者除外）。可以使用泡沫和 CO_2 灭火剂，但效果较差。不能用沙土掩盖的窒息灭火法。

压缩、液化气体火灾的扑救：高压下储存在压力容器内的气体种类较多，具有易燃、助燃、剧毒等性质，受热或在剧烈撞击下可能燃烧、爆炸。扑救方法宜用大量喷水冷却，也可用 CO_2、泡沫或沙土等方法扑灭。

易燃液体火灾的扑救：对不溶于水的油类火灾，扑救时宜用泡沫、干粉、沙土等方法，但不能使用水冲冷却法；而对能溶于水的易燃液体，则可用水扑救。

自燃物品和遇水燃烧物品火灾的扑救：扑救一级自燃物品火灾可用干粉、沙土等灭火剂，但不能用水；扑救遇水燃烧物品火灾，可用沙土、干粉等灭火剂，但不能用水和泡沫灭火剂。

二、国际航空和海上搜寻救助

（一）目的

其目的是对下列人员提供指导：

第一，船舶、艇筏上的操作人员，以及可能被召集使用设施支援搜救行动的人员；

第二，在险情范围内协调多个搜救设施的现场协调人；

第三，遭遇实际或潜在紧急情况，并可能需要搜救援助的人员。

（二）有关船长的搜救义务和程序

对遇险船舶或航空器实施援助的责任是基于人道主义考虑和长期形成的国际惯例。

第一，当船长在海上接到任何方面提供的关于海上人员遇险的信息时，应全速前往为其提供援助，如有可能应通知遇险人员或搜救机构，本船正在前往救助中。无论遇险人员的国籍、地位及其被发现的情形如何，均要对其提供救助义务。如果接到遇险警报信号的船舶不能前往救助，或因特殊情况认为前往救助为不合理或不必要时，该船长必须将未能前往救助遇险人员的理由载入航海日志，并考虑到IMO的建议，通知相应的搜救机构进行救助。

第二，当事国政府应协调并合作以确保解除那些向海上遇险者提供援助让遇险者上船的船长的责任，尽可能不使其偏离预定航程更远，解除船长的责任不会威胁到海上人命安全。搜救区域所在的当事国政府应承担保障开展这种协调和合作的首要责任，从而使受援的幸存者能够从施援船舶上被转移至安全场所，实施以上行动应考虑到事件的特殊环境和IMO制定的导则。在这些情况下，当事国政府应尽快为被救人员下船做出安排。

第三，遇险船的船长或有关的搜救机构在与应答过遇险信号的各船船长协商后，有权召请其中被认为最有能力给予救助的一艘或数艘船舶前来救援；被召请的一艘或数艘船舶的船长有义务履行应召责任，继续全速前往以援助遇险人员。

第四，当船长获知一艘或数艘其他船舶已被召请并正在履行应召，而其所在船舶未被召请时，应予解除第一条所责成的义务。如有可能，应将这个决定通知其他被召请的船舶和搜救机构。

第五，当船长从遇险人员或搜救机构或已到达遇险人员处的其他船长处获知不再需要提供救助时，应解除第一条所责成的义务；如果其所在船舶已被召请，应解除第三条所责成的义务。

第六，让海上遇险人员上船的船长应在船舶的能力和限度内，人道地对待遇险人员。

（三）实施救助的船舶的初始行动

实施救助的船舶在救助前的不同阶段应积极应对，以备开展下一步行动。

1. 遇险通知方法

第一，海上另一船只直接发出或转发的报警信号或遇险呼叫；

第二，航空器发出的遇险呼叫或遇险信息，通常由海岸电台（CRS）转发；

第三，船舶报警设备发出的警告，然后岸对船转发；

第四，附近遇险航空器/船舶/潜水器发出的视觉或音响信号。

2. 紧急行动

当船舶收到遇险信息后应采取下列紧急行动。

第一，确认收到遇险信息。如可能，搜集遇险航空器/船舶/潜水器的下列信息：遇险航空器/船舶/潜水器的位置；遇险航空器/船舶/潜水器识别、呼号和名称；航空器/船舶/潜水器上的人数；遇险或事故伤亡的性质；所需的援助类别；死亡人数（如有的话）；遇险船航向和速度；航空器/船舶/潜水器类别及其货物；任何其他可能有助于搜救的相关信息。

第二，要在2182KHz（无线电话）、FM 156.8MHz（16频道，无线电话用于船舶遇险）、AM 121.5MHz（无线电话用于航空器遇险）国际频率上保持连续值守和/或GMDSS监视。

第三，将下列信息通知遇险航空器/船舶/潜水器：本船的识别、呼号和名称；本船船位；本船航速和预计到达遇险航空器/船舶/潜水器现场的时间（ETA）；遇险航空器/船舶/潜水器对本船的真方位和距离。

第四，采取一切措施随时了解遇险航空器/船舶/潜水器的位置〔如：雷达标绘、海图作业、全球定位系统（GPS）〕。当非常接近遇险航空器/船舶/潜水器时，应安排更多的瞭望人员使之处于视线内，并协调遇险交通的船舶或岸台应与搜救任务协调员（SMC）建立联系，传递所有可获取的信息，必要时随时进行更新。

3. 驶往遇险区

船舶在驶往遇险区时，应当：

第一，与驶往同一遇险区的船舶间建立交通协调；

第二，开启雷达对附近船舶进行雷达标绘；

第三，估计其他援助船抵达遇险现场的时间（ETA）；

第四，评估遇险情况以便准备现场行动。

4. 船上准备工作

驶往现场援救遇险航空器/船舶/潜水器的船舶应备好下列设备。

（1）救生和救助设备

救生艇；气胀式救生筏；救生衣；船员用救生衣；救生圈；救生裤；与已投入救助的船、艇进行通信联络的便携式 VHF 电话；抛绳器；浮式救生绳；撇缆；无火花艇钩或多爪钩；短柄斧；救生篮；担架；引航员梯；攀网；国际信号规则；具有测向（DF）功能的无线电设备；（如需要）备用品和救生设备；消防设备；便携式喷射泵；望远镜；水瓢和桨。

（2）信号设备

信号灯；探照灯；手电筒；浮式 VHF/UHF 示位信标；浮灯；烟雾发生器；火焰和烟雾浮；染色标记；扬声器。

（3）医疗援助设备

担架；毯子；医用物品或药品；衣服；食品；遮蔽物。

（4）其他设备

如配备用于在船舷使用吊货网将幸存人员吊起的起吊装置；装在两舷从船首至船尾的水面处便于艇筏系靠的绳索；在最低层风雨甲板上，帮助幸存人员登船的导航梯和安全索；备妥用作登船点的船舶救生艇；用于与遇险船或救生艇连接的抛绳器；如进行夜间作业，需在适当位置装好强力泛光灯。

（四）搜寻计划

为了有效地实施搜寻工作，必须确定搜寻计划。搜寻计划通常由搜救任务协调员提供，否则，由现场协调人制订。此时，现场协调人应通过计算遇险者的漂流值，确定搜寻目标存在概率最高的位置，并将该位置定为搜寻基点，以该点为中心对所在区域进行搜索。

1. 确定搜寻基点时应考虑的因素

第一，搜救事件的报告位置和报告时间；

第二，任何补充信息，诸如测向方位或观测到的情况；

第三，事故的发生与搜救设施到达的时间间隔；

第四，依据漂移估算方法，估计遇险航空器/船舶或救生艇筏的水面漂移方向和距离。

2. 搜寻区域

搜寻目标存在于一个概率区域。这主要是考虑到所通报遇险位置的不准确性、计算漂移距离有误差等因素。一般而言，搜寻区域是一个以所求得的搜寻基点为中心的区域。初始搜寻阶段，搜寻区域是以搜寻基点为中心，以 10 海里为半径画圆后，沿漂移方向所做该圆的外切正方形区域，如果时间允许，可根据一定的公式计算出搜寻圈的半径。以基准点为中心，以搜救半径为半径画圆，做该圆的外切正方形即为搜寻区域。如果几个设施同时进行搜寻，那么将该方形分成几个适当尺度的分区，并且相应地分配给这些搜寻设施。

3．搜寻模式及其实施

（1）扩展方形搜寻

扩展方形搜寻覆盖了最有可能的区域。当搜寻目标的位置在已经确认的相对有限的范围内时，使用最有效。始终以搜寻起点作为基准点，尤其适用于船舶或小艇搜寻落水人员或在很小或无风压漂移时搜寻其他目标。

（2）扇形搜寻

当准确知道搜寻目标的位置且搜寻范围较小时，扇形搜寻最为有效。扇形搜寻多用于搜寻以一个基点为中心的圆形区域。可以在基准点放置一个适当的标志，用作标识该搜救模式中心的参考或者助航标志。该搜寻模式的搜寻半径通常在 2 海里到 5 海里之间，并且每一次转向为 120°，通常向右转向。

（3）搜寻线搜寻

搜寻线搜寻通常用于船舶沿着一条已知航线失踪，没有留下任何迹象的情况。由于此种模式的计划和实施相对简单，通常用于初始搜寻中。

（4）平行扫视搜寻

当幸存人员的位置不确定，需大范围内运用多艘船舶进行搜寻时适合采用此种搜寻模式。参与搜寻的船只通常在 2 艘及以上。根据现场的具体情况，各船的间距可为估计的雷达探测距离的 1.5 倍。

（5）船舶—航空器协调搜寻模式

此时航空器从事大部分的搜寻工作，而船舶则按照现场协调人指示的速度沿一定方向前进以便航空器核对位置。当航空器经过船舶上空时，就很容易做出调整以保持在该搜寻模式的航迹上。

（五）搜寻开始

搜救任务协调员或现场协调人应在执行搜寻行动之前向搜寻设施提供遇险的相关细节和所有建议。

到达现场后，搜寻设施应听从现场协调人指挥，步调一致。当一搜寻设施早于其他设施到达现场时，应直接驶往基点，并采取扩展方形模式进行搜寻。当其他设施到达后，现场协调人应选择一个合适的搜寻模式，并把各搜寻分区分配给各设施。在能见度良好又有足够的搜寻设施时，现场协调人可以让第一个搜寻设施继续进行扩展方形搜寻，其他设施则在同一区域执行平行搜寻线搜寻。当能见度不良，或没有足够的搜寻设施时，最好让第一个到达现场的搜寻设施终止扩展方形搜寻，并准备开始进行平行扫视搜寻。当有几艘援救船舶共同搜寻时，平行扫视搜寻可能是有效的，特别是当没有确切的失事地点并且没有搜救航空器时。在这样的情形下，搜救一般没有规定的模式。现场协调人通常应当指挥各船按"分散齐头并进"方式前进，保持船舶间距为估计的雷达探测距离的 1.5 倍。

（六）搜寻结束

搜寻结束包括搜寻成功和搜寻失败两种情况。

1. 搜寻成功

一经发现遇险航空器/船舶或幸存人员，现场协调人应确定最好的救助方法并指挥装备最适宜的航空器/船舶驶往现场。在确认所有幸存人员的数量后，应询问幸存人员以下问题：

第一，有关遇难船舶/航空器的情况，载有人员的数量；

第二，是否有发现其他幸存人员或救生艇。

在获得这些信息后，应迅速转发给搜救任务协调员。当全部救助行动均已完成时，现场协调人应立即通知所有搜救设施终止搜救行动。

2. 搜寻失败

现场协调人必须做出是否终止不成功搜寻的决定（可行时，与搜救任务协调员协商）。在做出上述决定时，应考虑下列各项因素：

第一，在搜寻区域内活着的遇险人员存在的可能性；

第二，如果搜寻目标在搜寻过的区域内，搜索到该目标的可能性；

第三，搜寻单位能留在现场的时间；

第四，遇险人员继续存活的可能性。

（七）救助遇险人员

救助遇险人员包括救助海上遇难船舶和本船落水人员两种情况，需要进行救生艇或救助艇操作。

1. 救助海上遇难船舶

救助海上遇难船舶（因进水、火灾、船体破损已不能航行）的人员可视情形采取下述行动：

船舶管理理论与安全探索

第一，需本船放艇时（遇难船已不能放艇时），本船应驶抵遇难船的上风一侧，自本船下风舷放艇；收艇时，本船应绕航至遇难船的下风侧，等待救生艇驶靠本船下风舷后，再行收起。必要时可将艇拖至遇难船附近。

第二，如遇难船可放出救生艇或救生筏时，本船应驶往遇难船的下风侧停留，并等待对方救生艇驶来；也可驶至遇难船舯或船艉的近距离处，使本船位于遇难船上风侧，更便于遇难船放下的救生艇筏来靠本船的下风舷。

第三，作为救助作业的场所，应在本船的下风舷侧张挂救助网片，并在其两侧备好软梯，以便攀上本船，还应根据需要及早备好系艇筏用的绳索，以缓解艇筏靠上以后的振荡。

2. 人员落水

第一，发现有人落水，应立即投下就近的救生圈，自发烟雾信号；夜间应抛下自亮浮灯。

第二，发现者立即向值班驾驶人员报告，并继续瞭望不使目标丢失。

第三，值班驾驶人员在向船长报告的同时，确认落水者位置后应立即向落水者一舷操满舵，避免螺旋桨伤及落水者，同时加速旋回。

第四，发出人落水警报，进入人落水应变部署，有关人员应做好放下机动救生艇的准备。

第五，指派专人登高瞭望。

第六，随后进行救助落水人员的操纵，如 Williamson 旋回法、Scharnow 旋回法等，以使本船尽快接近落水人员。

3. 救助操作

（1）放艇

放艇之前做好一切准备工作，包括事先旋紧艇底塞、解除不必要的保护、艇的首尾系妥止荡索等。在风浪较大时，其降艇和救助要领如下。本船驶向落水者的上风一侧，准备释放下风舷的机动艇。最好是在本船停住后放艇。本船前进中放艇，则船速应小于 2 节以下。艇准备好后，2 人登艇，放艇时艇员集中于艇的中部并系住救生索。在降艇过程中，松艇至大船艇甲板略平时，刹住吊艇机，尽可能保持平稳。选择大浪过后的较平静海面（必要时可撒放镇浪油），立即松制动器，继续放艇，并松出止荡索。在救生艇降落下水前，发动艇机，以便艇降落至水面后可迅速驶离。当波峰即将到达时，将艇降至水面，当下一个波峰来临之前，同时解脱前后吊艇钩，如不能同时脱钩，应先脱后钩，并解去艇缆，用外舷舵进车驶离大船。

— 182 —

（2）救助

救生艇最好从落水者上风一侧接近，救助中将落水者置于下风舷。利用救生圈或网具将落水者救至艇内，及时保温，必要时，立即进行人工呼吸。若需立即将落水者送上本船，在风浪较大，救生艇难于驶回大船时，大船应驶至救生艇的上风舷侧，大船放出艇缆，救生艇驶向并带好艇缆。使用本船吊货装置或用网具从艇内将遇险人员吊起。

（3）收艇

派专人照管艇首缆，调整艇缆，使吊艇钩位于吊艇索下方；在大船横摇中挂吊艇钩时，应选择在船自另一舷横摇回复至中间位置时迅速挂钩，先挂前吊钩，后挂后吊钩，然后尽快在大船向另一舷横摇前把艇吊离水面；绞起救生艇，打开艇底塞，放尽艇内积水，收进艇索至救生艇存放位置。

第四节　海上事故的调查处理与分析

一、海事调查处理

船舶发生水上交通事故后，为了保障安全、经济或为解决民事纠纷，可能有多种机构或组织，如主管机关、保险人、投资人、行业组织代表不同的利益方进行海事调查。调查包括民事调查、行政调查。调查人员包括律师、海事调查官、检察机关人员、法院人员以及新闻媒体人员等。此外，对触犯刑法的海事可能会产生刑事调查。

（一）海事调查的意义

海事调查因目的不同，侧重点也不尽相同。国际海事调查的目的和作用是查明海事的原因，防止海事的再次发生。海事调查目的还包括判明并处罚责任人，以及为交通事故统计提供准确、及时的资料，提高水上交通安全管理水平，或者为海事所致的民事纠纷的解决提供依据。（行政性）海事调查由指定的主管机关依法进行，主管机关认为必要时，可以通知有关机关和社会组织参加事故调查。

（二）调查机构

船舶发生水上交通事故后，由法律授权的海事管理机构代表国家，为维护水上交通秩序、保障水上运输安全、保护公共财产和公民合法权益依法进行行政调查。

对于船舶污染事故的调查，国务院交通运输主管部门负责所辖港区水域内非军事船舶和港区水域外非渔业船舶、非军事船舶污染事故的调查处理（国家法律、行政法规另有规定的，从其规定）。国家海事管理机构负责指导、管理和实施船舶污染事故调查处理工作。各级海事管理机构依照各自职责负责具体开展船舶污染事故调查处理工作。船舶污染事故调查处理工作依照下列规定组织实施：特别重大船舶污染事故由国务院或者国务院授权国务院交通运输主管部门等部门组织事故调查处理；重大船舶污染事故由国家海事管理机构组织事故调查处理；较大船舶污染事故由事故发生地直属海事管理机构负责调查处理；一般船舶污染事故由事故发生地海事管理机构负责事故调查处理。

（三）调查程序

在接到事故报告后，主管机关应及时进行调查。调查应客观、全面，不受事故当事人提供材料的限制。调查程序一般包括以下4个方面。

1. 人员及准备

调查人员应具备航海、轮机或造船某一方面的专业知识，了解每一类海事的发生规律，受过专业的系统训练并具备丰富的经验。因为海事发生的环境特点可能使物证以及现场因为时间发生变化或消失，事故的见证人流动性较大，有必要建立一个程序使调查人员能迅速获得海事信息，始终做好出发的准备，一旦接到报告，立即赶赴事故现场，并有必要的通信和交通以及调查工具及其他支持作为保障。

2. 调查资料收集

调查人员可首先根据各种水上交通事故信息的来源，或当事人对事故的简要介绍，了解事故的大致情况，并以此来决定搜集证据的步骤和内容。应搜集的一般资料包括当事船只资料，事故发生的时间、地点、种类、后果，其他可以了解到的情况。进一步的资料搜集应根据不同的海事特点而具有不同的侧重点。

3. 证据的搜集

海事调查人员应搜集下列5种证据：①当事人与有关人员的陈述；②文书资料；③物证；④检验与鉴定意见；⑤检核与勘验记录。证据的搜集必须及时主动，全面客观，深入细致，以获得充分而确实的材料，并形成书面材料，建立档案。证据的搜集应保证证据的客观性、相关性和合法性。证据搜集的途径包括现场勘察、搜集物证、查询证人书证和视听资料的搜集、获得检验和鉴定意见。对搜集的证据需要进行审查判断，鉴别真伪，找出它们与事故事实之间的客观联系。

4. 事故原因分析

海事调查的基本目的是查明事故发生的原因。原因分析主要采取逻辑推理的方法，从安全管理的角度，用系统的观点，对人—船—环境各因素和各因素之间的相互作用进行逐一分析，找出导致事故发生的各种原因，再对这些原因进行具体分析，从而确定事故原因的主次和性质等，为提供防止类似事故再次发生的措施打下基础。

（四）调查的手段

根据调查工作的需要，主管机关可以采取以下手段进行调查：①询问有关人员；②要求被调查人员提供书面材料和证明；③要求有关当事人提供航海日志、轮机日志、车钟记录、报务日志、航向记录、海图、船舶资料、航行设备仪器的性能以及其他必要的原始文书资料；④检查船舶、设施及有关设备的证书、人员证书和核实事故发生前船舶的适航状态、设施的技术状态；⑤检查船舶、设施及其货物的损害情况和人员伤亡情况；⑥勘查事故现场，搜集有关物证。

海事主管机关人员在执行调查任务时，应当向被调查人员出示证件。调查过程中，可以使用录音、照相、录像等设备，并可采取法律允许的其他调查手段。海事主管机关因调查海上交通事故的需要，可以令当事船只驶抵指定地点接受调查。当事船只在不危及自身安全的情况下，未经海事主管机关同意，不得离开指定地点。被调查人必须接受调查，如实陈述事故的有关情节，并提供真实的文书资料。

船舶污染事故调查处理机构、船舶及其污染损害赔偿责任保险人和船舶污染事故受损害方，在船舶污染事故调查处理过程中需要委托有关机构进行技术鉴定或者检验、检测的，应当委托经认可的机构（我国为交通运输主管部门认定的机构）进行。

（五）调查报告

主管机关应当根据对海上交通事故的调查，做出海上交通事故调查报告书，调查报告包括以下内容：①船舶、设施的概况和主要数据；②船舶、设施所有人或经营人的名称和地址；③事故发生的时间、地点、过程、气象海况、损害情况等；④事故发生的原因及依据；⑤当事人各方的责任及依据；⑥其他有关情况。

在我国，海事调查报告是判明海事原因以及当事人责任的主要依据，也是有关机关，如公安、国家安全、检察、司法和海事仲裁委员会及其他机关和人员依法进行查阅、借用或参考的主要依据，同时也是海事统计分析的原始资料。

二、海事分析

海事发生后，进行海事调查、处理的最终目的是保障航海安全，也是为了对责任人的处罚起到教育或警示的目的。海事分析是事后性的总结或学习，所谓"前车之覆，后车之鉴"，海上交通安全与管理的发展正是建立在对无数次海事的经验与教训的总结的基础上的。进行海事的经验总结必须对海事进行科学、系统的分析，查明主要原因，抓住主要矛盾，从而为以后落实安全措施、避免类似事故重发提供依据。

（一）海事分析分类

通常所说的海事分析包括海事个案分析和海事统计分析。海事个案分析是针对某一具体的海事进行的分析，主要目的和重点在于确定海事发生的原因。海事统计分析是对所有或某类具有某一共同点的海事进行的宏观分析，重点在于总结海事的规律、概况及发展趋势等。

海事个案的原因分析与海事（原因）统计分析是相互支持的，海事（原因）统计分析得出的结果依赖于海事个案分析的结论，只有对每一起事故的原因做出了正确的分析，才有可能对所有或某类水上交通事故的主要原因做出统计分析。反之，对某一具体海事的原因的分析思路也受到海事统计结果的引导，即（分析者）对所有或某类海事的宏观原因的全面了解影响其对海事个案的分析，只有对所有或某类水上交通事故的宏观原因有全面的了解，对某一具体水上交通事故原因的分析才有明确的方向。为了做好事故原因的分析，分析者必须把握好事物的普遍性和特殊性。

（二）海事个案分析

就目前海事分析的现状来看，事故原因分析是一个薄弱环节，其原因似乎应归于长期以来缺乏对这一领域的研究，从而使实践活动难于得到比较完善的理论指导。海事原因分析的困难源于海事发生过程的复杂性和海上环境的特殊性。此外，由于指导思想的差异，对因果关系的认识必然会出现不一致的情况，即使是在海事过程已经明确的基础上，对事故原因或主要原因的认定也常常是存在争议的。

1. 海事个案分析方法

由于海事发生过程的复杂性和海上环境的特殊性，海事中通常包含着各种错综复杂的关系，这些关系有的表现为明显的因果联系，有的则是不明显的因果联系，有时候也可能是偶然联系。海事发生时，事物总是顺向发展的，原因发生在前，结果产生于后，某一结果又成为另一结果的原因。因此海事分析只能按逆向的方式去认识事故，一步一步地查明事故的前因后果。

掌握科学的认识论、方法论和分析工具，并结合海事的特点加以科学运用，是进行海事分析、落实安全管理措施的重要保证。从目前的海事分析实践看，海事分析中常用的分析方法主要有系统要素分析法、事故链（原因链）方法、因果链锁论、海事基本致因条件、事故树分析和因果分析等。

（1）系统要素分析法

系统要素分析法是根据系统的要素（包括"人、船、环境、管理"），由交叉复合要素分析到人、船、环境单要素，给出海事发生的表层原因，并由表及里，最后在政府和船舶公司等管理背景下，以表层原因为基础，分析海事的管理原因。

（2）事故链（原因链）方法

事故链（原因链）方法是将事故过程概念归结所谓萌生期、发展期、形成期或初期、中期、后期各个阶段发生的一系列事件，以利于揭示事故发生的过程，事故链始于事件链中必不可少的第一环，结束于事件链的最后一环（事故的直接原因）。事故链（原因链）方法在西方航运国家应用较广。

（3）因果连锁论

因果连锁论也称为"多米诺事故模型"，直到现在仍在简洁说明事故因果关系方面起一定作用。多米诺理论与事故链（原因链）的区别是，前者认为最终结果的产生仅由于前一个原因的作用（依次转化作用），而不是由于前几个原因的叠加作用。

（4）海事基本致因条件

海事基本致因条件归纳为自然条件、航道条件、船舶条件、交通条件和船员条件，并提出这些条件的单独作用、相互间的作用以及各条件在防止海事中所处的地位，即海事发生条件的作用机制，通常称之为海事结构。导致海事发生的组合类型可分为单一条件发生海事的作用机制、不涉及船员的复合条件海事的作用机制、含船员的复合条件海事的作用机制三类情况，并可构成 31 种海事。研究海事发生条件的作用机制，不但可以了解一般的海事致因条件，而且还可以了解到条件怎样起作用和如何相互作用，从而为预防海事发生提供技术指导。

（5）事故树分析

用描述流程的逻辑方法来描述系统中非期望事件发生的概率，将逻辑树技术使用于系统安全的研究，在无任何限制条件下，由顶上事件开始向下分析能获得导致顶上事件发生的一切原因，用事件把这些原因通过逻辑门连接起来，能清楚地表示出哪些原因事件及其组合导致了顶上事件发生的动态过程，并可以找出导致以及阻止事故的基本事件的最小组合，即最小割集与最小径集，为安全决策提供依据。

（6）因果分析

因果分析又称"因果分析图"，对原因依次按树形结构展开分析，并可由大到小，由粗到细，追根寻源，直到能具体地采取措施解决问题为止。由于因果分析图形似鱼刺，因此也称为"鱼刺图"。因果分析对于涉及人、设备和环境的危险因素的分析是非常有效的，可以寻找影响系统安全的主要原因和具体原因。

2. 海事个案分析应用

海事个案分析的主要目的在于对事故原因或主要原因的认定，其结果为预防措施提供支撑，我国海事主管部门还将其用于判明责任、处罚责任者的依据。海事个案分析还是海事研究和教学的重要素材来源。

(三) 海事统计分析

与海事个案分析不同，海事统计分析是针对某一类的海事进行的，着重于发现宏观原因或共同点，目的在于探寻海事发生的统计规律和主要影响因素。

1. 海事统计分析的意义

海事统计分析结论用途广泛，可以为不同层次的安全管理提供指导。IMO 可以根据海事统计规律组织进行公约的制定、修正，缔约国政府可以根据海事统计规律进行立法或采取行政管理措施。海事统计规律也可以用来检验某一管理措施的成效性。

此外，航运企业可以根据海事统计规律进行投资或管理的决策；海事教育培训机构可以将海事统计规律纳入教学内容中，从而培养学生的安全意识；船员可以根据海事统计规律进行经验的总结和学习，不断增强安全和环保意识，提高安全管理能力。

因此，先进的航海国家都有严格的海事统计和资料公布制度。这使海事统计资料得以被广泛地分析研究和用于海事预测、预防，引导安全管理人员明确安全教育和管理的重点所在，从而最大限度地发挥海事统计资料的安全效能和经济效能。

统计分析得出的海事发生规律，具有一定的普遍性，但统计规律是根据过去发生的事故得出的，而且仅是海事发生原因或规律的主流并非全部。在应用统计规律预测未来海事时还具有较大的局限性。

2. 海事统计方法

海事统计分析的前提是根据统计的指导思想和统计分析目的，确定海事统计的要素。例如：为推定（某一地区）安全管理状况走势，可以按逐年海事艘数/吨位进行统计；为确定交通环境管理的重点（地点），则按海区、水域统计海事；为确定重点管理的船舶类别，则需要按船舶种类进行统计。

进行海事统计技术分析的方法主要有数理统计分析、数学模型分析、灰色关联分析、灰色预测以及管理辅助技术等。海事统计的结果形式可以是表格、直方图、饼图、曲线等。随着科学技术的进步，计算机及数据库或专家系统已成为海事统计分析的重要手段，对海事进行大规模、多因素和较全面的统计分析已成为可能。

3. 主要统计结论

根据有关部门或文献的长期统计结果，许多海事发生规律已经在海事界达成共识，对船舶的安全管理以及船员的安全操作有重要的参考作用，这些规律包括但不限于以下几种：

（1）事故类型

发生频率较高且损害较大的海事主要有碰撞、搁浅、火灾和爆炸。

（2）事故频发海域

海事频发海域主要是港口、海区、航道与海峡。主要原因是通航水域受限；海事发生的频率随交通密度的增大而增大。

（3）自然因素

大风、急流、能见度不良，以及航道的浅窄弯曲，是对航行安全威胁较大的自然因素，特别是能见度的影响最大，雾航碰撞占碰撞总量的比例高达40%。

（4）船龄

发生重大海事和全损的船舶大部分是15年以上的老龄船，其结构和设备趋于全面老化，任何一方面的疏忽都可能导致事故能量的意外释放而造成海事。

参考文献

[1]张德佳,王翔宇,李醒.船舶精通急救[M].大连:大连海事大学出版社,2022.08.

[2]王志明.航海学(第3版)[M].上海:上海浦江教育出版社,2022.12.

[3]吴志良.船舶电力系统[M].大连:大连海事大学出版社,2021.11.

[4]赵群.船舶机舱自动化[M].北京:北京理工大学出版社,2021.07.

[5]沈智鹏.船舶机舱控制系统[M].大连:大连海事大学出版社,2019.09.

[6]高峰,沈文君,胡克,李焱,金瑞佳,张慈珩.船舶系泊安全保障技术的创新研究与应用[M].南京:河海大学出版社,2021.12.

[7]林叶春.船舶电气与自动化船舶电气管理级[M].大连:大连海事大学出版社,2020.08.

[8]邱赤东,高兴斌,安亮,吴俊,杨明.船舶机舱自动化[M].大连:大连海事大学出版社,2020.11.

[9]马昭胜.船舶电气设备维护与修理[M].北京:机械工业出版社,2020.05.

[10]鄢和诚,申伟.船舶废气清洗系统[M].大连:大连海事大学出版社,2020.09.

[11]吴国强,李亮宽.船舶防污染技术[M].哈尔滨:哈尔滨工程大学出版社,2019.01.

[12]缪克银,刘晓峰.船舶定位与导航[M].大连:大连海事大学出版社,2019.03.

[13]薛士龙,刘以建,蔡志峰.船舶电气控制技术[M].上海:上海交通大学出版社,2018.12.

[14]范中洲,刘新卓,鲍君忠.船舶保安意识与职责[M].大连:大连海事大学出版社,2021.12.

[15]韦伟,谢荣.船舶检修技术[M].哈尔滨:哈尔滨工程大学出版社,2020.06.

[16]冯志.船舶食品保障研究[M].成都:四川大学出版社,2021.10.

[17]孙方道.船舶工程基础力学[M].北京:北京理工大学出版社,2021.01.

[18]孙菊香.船舶气囊下水理论与应用技术[M].上海:上海交通大学出版社,2021.08.

[19]刘建明,戴雨,蔡厚平.造船工程安全与管理[M].哈尔滨:哈尔滨工程大学出版社,2021.09.

[20]王凤武,吴兆麟.恶劣天气条件下船舶开航安全性评估[M].大连:大连海事大学出版社,2018.06.

[21]赵传贝.船舶保安意识与职责[M].成都:西南交通大学出版社,2018.07.

[22]郑中义.船舶与船员管理[M].大连:大连海事大学出版社,2019.06.

[23]朱金善,鲍冯军,席永涛.船舶避碰[M].大连:大连海事大学出版社,2019.09.

[24]胡铁牛.船舶静力学[M].上海:上海交通大学出版社,2022.03.

[25]郑学贵,沈蔷.船舶管路系统调试[M].北京:北京理工大学出版社,2022.01.

[26]张显库,张国庆.船舶智能航行控制系统[M].大连:大连海事大学出版社,2022.03.

[27]薛征宇,许长青,汪旭明.船舶电力拖动系统[M].大连:大连海事大学出版社,2021.06.

[28]闫佳兵,张晓冬,邵光.船舶动力设备维修[M].北京:北京理工大学出版社,2021.06.

[29]孙月秋.船舶管系制作与安装[M].北京:北京理工大学出版社,2021.07.

[30]华春梅.船舶电路基础[M].北京:北京理工大学出版社,2021.09.